International
Sinology

第 **2** 辑

国际汉学译丛

张西平　张朝意　主编
任大援　杨慧玲　薛维华　副主编

学苑出版社

图书在版编目（CIP）数据

国际汉学译丛 . 第 2 辑 / 张西平，张朝意主编 . —北京：学苑出版社，2023.8
　　ISBN 978-7-5077-6743-8

　　Ⅰ . ①国… Ⅱ . ①张… ②张… Ⅲ . ①汉学—研究—世界—文集 Ⅳ . ① K207.8-53

中国国家版本馆 CIP 数据核字（2023）第 159911 号

出 版 人：洪文雄
责任编辑：李　媛　王见霞
出版发行：学苑出版社
社　　　址：北京市丰台区南方庄 2 号院 1 号楼
邮政编码：100079
网　　　址：www.book001.com
电子邮箱：xueyuanpress@163.com
联系电话：010-67601101（营销部）、010-67603091（总编室）
印 刷 厂：北京建宏印刷有限公司
开本尺寸：787 mm×1092 mm　1/16
印　　张：18
字　　数：250 千字
版　　次：2023 年 8 月第 1 版
印　　次：2023 年 8 月第 1 次印刷
定　　价：98.00 元

《国际汉学译丛》编辑委员会

主　编：张西平　张朝意
副主编：任大援　杨慧玲　薛维华

国内编委：

阿日娜	曹煜晴	常福良	车　琳	丁　超	杜卫华	郭连友	卢梦雅	李洪峰
李　颖	李玉良	李毓中	刘欣路	金国平	柯　静	柯　卉	罗　莹	穆宏燕
彭　萍	苏莹莹	孙立新	田卫卫	王广生	王纪澎	王建斌	王苏娜	文　铮
肖　音	谢明光	杨　宾	于桂丽	张　冰	张敏芬			

外籍编委：

安部聪一郎（ABE Soichiro）　　　　白罗米（Luminita Balan）
马场公彦（Baba Kimihiko）　　　　韩可龙（Henning Klöter）
好麦特（Hamed Vafaei）　　　　　汲喆（Ji Zhe）
科布泽夫（A. I. Kobzev）　　　　　雷米·马修（Rémi MATHIEU）
陆昊安（José Antonio Cervera）　　欧安娜（Ana Cristina Alves）
沈友友（Giorgio Erick Sinedino de Araujo）　西村阳子（Nishimura Yoko）
谢玉冰（Charassri Jiraphas）　　　叶昆霆（GAGNE Quentin）
尤锐（Yuri Pines）　　　　　　　　郑文泉（Tee Boon Chuan）

Liljana Arsovska

本书为北京外国语大学中华文化国际传播研究院所主持的北京外国语大学"双一流"建设重大标志性项目"文明互鉴：中国文化与世界"（2021SYLZD020）研究成果。

目 录

西方早期汉学研究

003　罗明坚与利玛窦的《葡汉辞典》新探
　　　［意］拉乌尔·赞波尼（Raoul Zamponi）　著
　　　万云路　译

042　第一本中文教理问答笔记（1582—1584）
　　　［法］戴遂良（Léon Wieger）　著
　　　何念伦　译

055　中文渔网中的耶稣会士的鱼：阿塔纳修斯·基歇尔与景教碑的翻译
　　　［美］毕墨惜（Timothy Billings）　著
　　　卢文芸　刘孝燕　译

中外文化交流史研究

113　关于两位在德国旅行的中国人
　　　［德］洛伦兹·奥肯（Lorenz Oken）　著
　　　江雪奇　译

143　从驻美公使梁诚的一幅肖像画谈起
　　　［美］沃尔特·米尔·怀特霍尔（Walter Muir Whitehill）　著
　　　叶霭云　何秀珊　译

157　19世纪初叶中国的义和拳组织
　　　［法］沙畹（Emmanuel-Édouard Chavannes）　著
　　　马骥　译

中国文史研究

165　《续高僧传·阇那崛多传》笺注
　　　［法］沙畹（Emmanuel-Édouard Chavannes）　著
　　　胡章龙　译

180　在华教会大学与中国人文和艺术研究
　　　洪业（William Hung）　著
　　　张红扬　译

193　马伯乐《书经中的神话传说》节译
　　　［法］马伯乐（Henri Maspero）　著
　　　刘国敏　卢梦雅　译

224　论我对中国诗人的无知
　　　［法］克洛德·华（Claude Roy）　著
　　　蒋向艳　译

262　中国俗文学的开端
　　　［法］保罗·戴密微（Paul Demiéville）　著
　　　孟丽娜　译

270　《金瓶梅》英译本《爱欲塔》前言
　　　［美］阿尔伯特·艾利斯（Albert Ellis）　著
　　　齐林涛　译

275　《国际汉学译丛》征稿启事

277　《国际汉学译丛》体例与格式

西方早期汉学研究

罗明坚与利玛窦的《葡汉辞典》新探*

［意］拉乌尔·赞波尼（Raoul Zamponi） 著

万云路 译

译者按：本文作者拉乌尔·赞波尼（Raoul Zamponi），意大利语言学家，德国马克斯·普朗克进化人类学研究所（Max Planck Institute for Evolutionary Anthropology）助理研究员。此前曾在锡耶纳大学任职，主持过意大利、德国和美国的语言学研究项目。研究方向包括历史语言学、语言类型学、对比语言学和亚洲语言研究等。其《罗明坚与利玛窦的〈葡汉辞典〉新探》一文被收录在菲利普·米尼尼（Filippo Mignini）主编的论文集《人文精神 利玛窦纪实：文献、成就、诠释》（*Humanitas. Attualità di Matteo Ricci: Testi, fortuna, interpretazioni*）中，于 2011 年由意大利 Quodlibet 出版社出版。在该文中，拉乌尔·赞波尼对《葡汉辞典》的作者、编纂时间和地点以及辞典中汉语族不同方言的特征进行了分析。

---

* 本篇原文为意大利语，原作者在 2011 年出版论文的基础上进行了少量的扩充和更新（包括部分正文内容、表格和注释），并授权译者对新版论文进行翻译。文中手稿影印图 1—图 3 来自罗马耶稣会档案馆，译者感谢档案馆秘书处的 Hélène Reychler 先生及原文作者 Raoul Zamponi 博士的协助。图 4 来自葡萄牙国家图书馆公开的电子文献资源。

本文要讨论的是一部"没有标题"[1]也"没有署名"[2]的手稿，甚至没有明确的编写时间和地点[3]。该手稿是一部葡语-汉语辞典（简称DPC[4]），内容丰富[5]，具有重要价值，被认为是迄今所知最早的一部西方语言-汉语官话辞典[6]，也是最早用现代外语编写的一部葡语-外语双语辞典，[7]在该辞典中，欧洲人首次尝试用拉丁字母转写大量汉字。[8]1934年，汉学家、耶稣会士德礼贤（Pasquale M. D'Elia, 1890—1963）在罗马耶稣会档案馆（Archivum Romanum Societatis Iesu）发现了一份保存至今的零散手稿[9]，其中第32—165页是《葡汉辞典》的内

---

[1] Carlos Assunção, Silvio Neto, and Gonçalo Fernandes, "The First Portuguese-Chinese Dictionary: Contributions to the Discussion of the Context of Production and Authorship," *Beiträge zur Geschichte der Sprachwissenschaft*, 29（2019）：49–70.

[2] Luís F. Barreto, "A fronteira cultural," *Revista Macau*, II série, 58（1997）：42–56.

[3] Luís F. Barreto, "Review Essay: John W. Witek, SJ（ed.）, Dicionário português-chinês（Attributed in this Edition to）Michele Ruggiero [sic] and Matteo Ricci," *Bulletin of Portuguese/Japanese Studies*, 5（2002）：117–126.

[4] 原文写作意大利语 *dizionario portoghese-cinese*，译自葡语的 *dicionário português-chinês*。——译者注

[5] W. South Coblin, "Reflections on the Study of Post-Medieval Chinese Historical Phonology," *Dialect variations in Chinese – Papers from the Third International Conference on Sinology, Linguistics Section, Institute of Linguistics, Preparatory Office*. ed. Dah-an Ho. Taipei: Academia Sinica, 2002, pp. 23–50.

[6] Gregory James, "Culture and the Dictionary: Evidence from the First European Lexicographical Work in China," *Historical Dictionaries and Historical Dictionary Research: Papers from the International Conference on Historical Lexicography and Lexicology, at the University of Leicester*. eds. Julie Coleman, Anne McDermott. Tübingen: Max Niemeyer, 2012, pp. 119–135.

[7] 该论点来自一篇葡汉辞典相关的论文，论文不长但有重要价值，其论文题目反映了作者观点：Dieter Messner, "O primero dicionário bilingue português que utilizza uma língua estrangeira moderna,"（第一部使用外语的葡萄牙语双语词典）*Verba Hispanica*, Vol.5 No.1（1995），pp. 57–65。

[8] 辞典中还收录了首次用拉丁语转写的粤语、客家话和闽南语（泉漳片）词汇（见Barreto, "Review Essay," 2002, *op. cit.*）。

[9] Luís F. Barreto, "Macao: An Intercultural Frontier in the Ming period," *History of Mathematical Sciences in Portugal and East Asia II：Scientific Practices and the Portuguese Expansion in Asia（1498–1579）*. ed. Luís Saraiva. Singapore: World Scientific Publishing Co, 2004, pp. 1–22.

容。① 大多数人认为该辞典是耶稣会士罗明坚（Michele Ruggieri）（斯皮纳佐拉，1543—萨莱诺，1607）与利玛窦（Matteo Ricci）（马切拉塔，1552—北京，1610）在中国肇庆居住时共同编写的，编写时间是1583—1588年。

一、辞典的标题

手稿的第一页是德礼贤手写的一条注释，日期是1934年10月6日，他在注释中将《辞典》及整部手稿命名为《欧华辞典》（*Dizionario europeo-cinese*）。之后他在一次会议上发表了有关这部作品的首次论述。② 后来，德礼贤③ 又将其命名为 *Dizionario portoghese-cinese*《葡汉辞典》，到了2001年，魏若望（John W. Witek，1933—2010）重印了手稿中的辞典部分，④ 并沿用了《葡汉辞典》的名称，其他研究这部作品的人也都采用了这个名称（包括辞典的各种译本），有的是自己直译出名称，有的是参考了魏若望的重印本，因此，本论文中使用的也是《葡汉

---

① 人们一度认为该辞典已遗失。参见 Joseph A. Levi, *O dicionário português-chinês de Padre Matteo Ricci, S.J.（1552—1610）: uma abordagem histórico-linguistica*, New Orleans: University Press of the South, 1998, p. 15。

② Pasquale M. D'Elia, "Il primo dizionario europeo-cinese e la fonetizzazione italiana del cinese," *Atti del XIX Congresso Internazionale degli Orientalisti: Roma, 23–29 settembre 1935*. Roma: Tipografia del Senato, G. Bardi, 1938, pp. 172–178.

③ Pasquale M. D'Elia, *Fonti ricciane: documenti originali concernenti Matteo Ricci e la storia delle prime relazioni tra l'Europa e la Cina（1579–1615）*. Vol. II, pte. II, libri IV-V: *Da Nanciam a Pechino（1597–1610–1611）*, Roma: La Libreria dello Stato, 1949, p. 32, n. 1.

④ Michele Ruggieri and Matteo Ricci, *Dicionário português-chinês* = 葡漢辭典 = *Portuguese-Chinese dictionary*, Editado por John. W. Witek. Lisboa: Biblioteca Nacional Portugal; Macao: Instituto Português do Oriente（IPOR）; San Francisco: Institute for Chinese-Western Cultural History, San Francisco, 2001.

辞典》这个标题。①

二、作者

汉学家德礼贤认为《葡汉辞典》是罗明坚与利玛窦共同编写的，②上文提到的那篇注释正是出自他手，注释原文如下：

> È il primo del genere. / La romanizzazione è italiana, probabilmente del Ricci – spesso scrittura del Ruggieri. / Al Principio c'è il primo / catechismo verso il 1583–1588 e alcune nozioni di cosmografia. / Dicembre di 1583–1588. Molto prezioso. / 6.10.34 / P. M. D'Elia, S.J.

（这是一部罗明坚与利玛窦共同完成的欧语 – 汉语辞典。是同类辞典中的第一部。其中的意大利语注音形式可能是由利玛窦提供，再由罗明坚记录下来的。辞典开头第一篇关于天主教教理的论述，创作于1583—1588年，还有一些关于宇宙的基础知识。1583—1588年12月。非常珍贵。1934年10月6日。耶稣会士德礼贤神父。）③

事实上，辞典中的"欧语部分"，包括葡萄牙语词条和汉语词的拉

---

① 然而，巴雷托（Luís F. Barreto）在论文（Barreto, "Review Essay," *op. cit.*, pp. 124–125）中表示不应该用这样的题目，并建议将辞典命名为 "Vocabulary of the language of China with the equivalents in Portuguese, done by some priests and catechists from the Company of Jesus as well as by other scholarly and working Chinese and Portuguese"（中国语言词汇及其在葡萄牙语中的对应词，作者是耶稣会神父和传教士、有学问且勤劳的中国人和葡萄牙人），因为该辞典是多位编者的共同作品（Barreto, "Macao: An Intercultural Frontier in the Ming period," *op.cit.*）。

② D'Elia, "Il primo dizionario europeo–cinese," *op. cit.*

③ 括号中为译者添加的译文，原文中无。——译者注

丁注音，既有罗明坚也有利玛窦的笔迹[1]。辞典的第二部分，即字母 D 到 Z（参见第 72r—156r 页）的大量葡语词条，以及第一、第二部分中，汉语译词的拉丁注音，都应该出自罗明坚之手，不过，在比较了《葡汉辞典》中的笔迹和普利亚[2]出生的罗明坚亲笔信的笔迹后，魏若望[3]表达了与德礼贤不同的观点。他认为，辞典的第一部分，即 A 到 C 的词条（参见第 32r—66v 页），[4] 应该是利玛窦写的。不过，这种争论没有太大意义，因为这些词条是由两位耶稣会士共同编写的[5]，而且我们还要考虑到这部辞典本身的性质。如巴雷托所说，[6]《葡汉辞典》实质上是利玛窦和罗明坚制作的一种教学工具，在澳门学院的其他（欧洲）传教士可能也使用并修改过[7]，也就是说，可能有许多耶稣会传教士反复查阅过这部词汇书，不仅仅是罗、利这两位意大利传教士在使用，因此，也就不难解释为何两人没有用自己的母语编辑这部辞典了。[8]

如果把这部辞典当作集体作者的作品，就要弄清楚是谁在纸上写下

---

[1] D'Elia, "Il primo dizionario europeo–cinese," *op. cit.*, pp. 172–178.

[2] 即 Puglia，意大利南部的一个大区。——译者注

[3] John W. Witek, "Introdução," in Ruggieri and Ricci, *Dicionário português-chinês, op. cit.*, p. 19.

[4] 《葡汉辞典》第 32r 页参见后文中的图 1 和图 2。——译者注

[5] Coblin, "Reflections on the Study of Post-Medieval Chinese Historical Phonology," pp. 23–50.

[6] Barreto, "Review Essay," *op. cit.*, p. 120.

[7] *Ibid.*, pp. 117–126.

[8] 这部辞典的特点是它是一部葡萄牙语-汉语单向词典，需要一定的查阅技巧（要熟悉拉丁字母，了解相应的书写规则），不过在 16 世纪晚期，对母语是汉语（汉语族）的人来说这是很难的事情。有些葡语词条旁还有拉丁语对应词或意大利语对应词，其中的一部分可能是利玛窦和罗明坚添加的，因为原葡语词的语义模糊不清。其他一些新添的（拉丁语）对应词是用来区分葡语同形词和多义词的不同词义的（见 Coblin, "Reflections on the Study of Post-Medieval Chinese Historical Phonology," pp. 23–50.）。有意思的是，由罗明坚编写的 D–Z 部分中有三处新添的词，它们都带有普利亚方言的特征。如第 132v 页，potra（疝气）一词的旁边有 culha（睾丸），如今，在意大利南部部分方言中仍在使用 cuglia（发音与 culha 相近——译者注），意为"腹股沟疝"（在斯皮纳佐拉方言中发音为 [ˈkoj:ə]）。第 144v 页，siva（即 siba, 墨鱼）一词的旁边写着 secce，在斯皮纳佐拉方言中指"墨鱼"，发音为 [ˈseʧ:ə]。第 153v 页，ventaãs（鼻孔）一词的旁边写着 nasca，在意大利南部方言中既指"鼻孔"亦指"塌鼻子"。

图1 《葡汉辞典》(*Jap.–Sin. I, 198*) 第32r页，罗马耶稣会档案馆

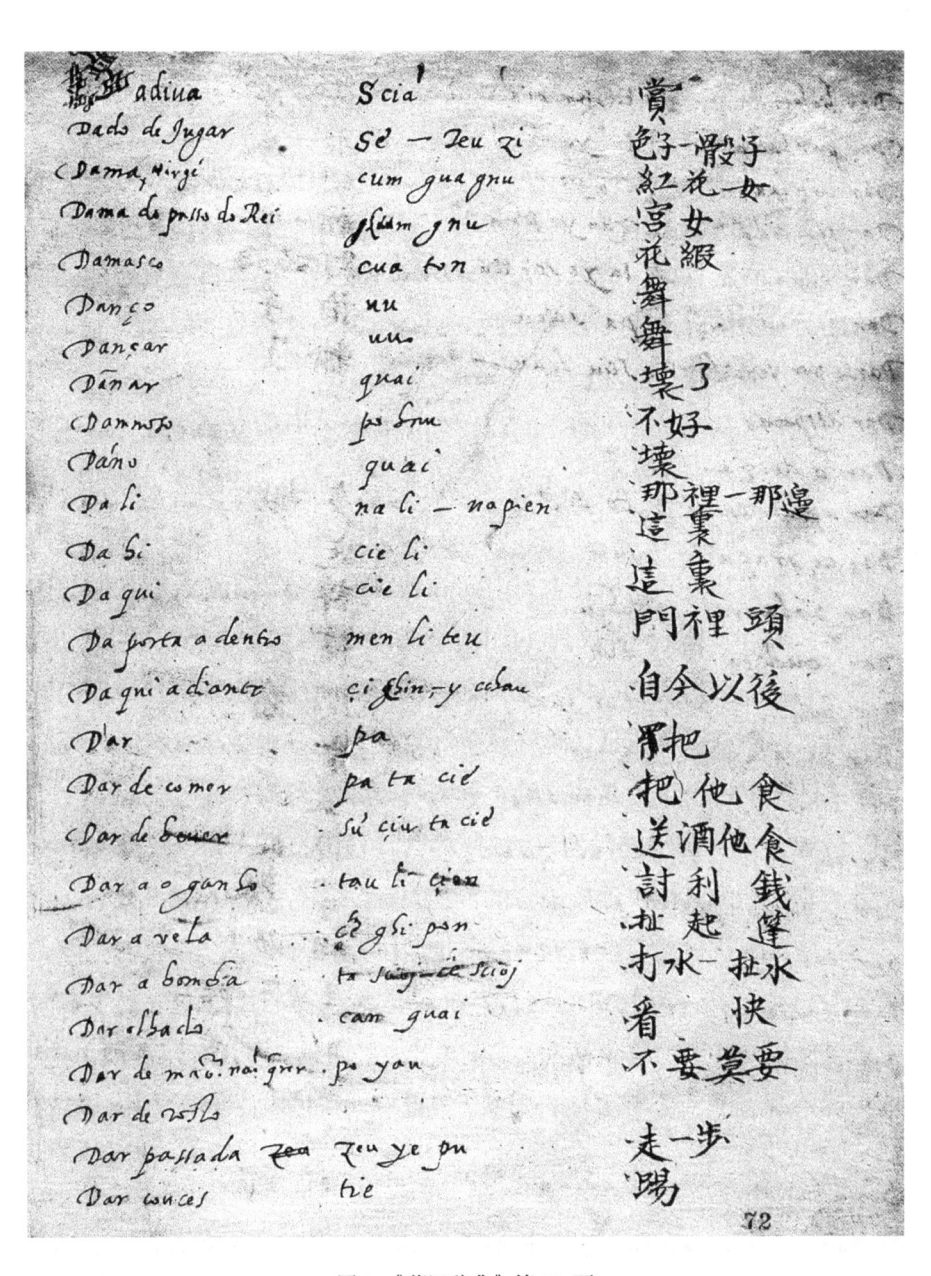

Dadiua	Sciá	賞
Dado de Jugar	Se — Teu zi	色子 骰子
Dama, virgē	cum gua gnu	紅花女
Dama da paʃʃo do Rei	Khum gnu	宮女緞
Damasco	cua ton	花緞
Danço	uu	舞
Dançar	uu	舞
Danar	quai	壞了
Danoso	po hao	不好
Daño	quai	壞
Da li	na li — na pien	那裡 那邊
Da ʃi	cie li	這裏
Da qui	cie li	這裏
Da porta a dentro	men li teu	門裡頭
Da qui a diante	ci ghin y ceu	自今以後
Dar	pa	把
Dar de comer	pa ta cie	把他食
Dar de bouer	su ciu ta cie	送酒他食
Dar a oganso	tau li cien	討利錢
Dar a veta	ce ghi pon	扯起蓬
Dar a bomba	ta suy ce suoy	打水 扯水
Dar olhado	cam quai	看快
Dar de maō nai gnr	po yau	不要 莫要
Dar de resto		
Dar passada	Teu ye gu	走一步
Dar conces	tie	踢

图2 《葡汉辞典》第72r页

了汉语对应词，又是谁把这些汉字的读音告诉了罗明坚，以及他们的具体贡献。

仔细观察笔迹可以发现，辞典中的"汉语部分"，即那些汉语对应词，应当出自一位中国抄写员的巧手。只有个别补写的汉语词，比如写在原有汉语对应词旁、提供补充信息的词，或是给原本没有对应词的词条添加的汉语词，应该多数是欧洲人所写，因为这部分的笔迹与前文不同，字体也或多或少有些潦草。

但也有人认为，把大量手写汉字的读音教给罗明坚的中国人应该不止一位，因为辞典中的拉丁注音系统有非常明显的不同地方"方言"的特点。① 辞典中出现了南方方言的发音，因此巴雷托② 认为，其中收录的一些词汇和表达方式，应该取材自（在澳门的）葡萄牙商人和他们的中国翻译，来自海员③、参议院和中国的海洋及贸易组织；杨福绵④ 提出，协助罗明坚和利玛窦的汉语"老师们"应该出生于广东和福建，他们的母语自然也不是汉语官话。他还认为，在这些老师中，至少有一人说的是客家话，另一个说的是福建话，并且可能来自厦门。

仔细分析罗明坚誊写的汉语对应词后可以发现，《葡汉辞典》中有大量的非官话的其他汉语族语言的词汇。

这些汉语词的拉丁注音形式，有些很明显属于"南方方言"，但无法统一归类于某一种特定的语言系统：这些注音形式可能分属于不同的语言，包括粤语、客家话和/或泉漳片。⑤ 而且，在《葡汉辞典》中，有些词条既有"南方方言注音形式"，也有对应的"带有南方方言特征

---

① Barreto, "A fronteira cultural," p. 55; Paul F.-M. Yang, "Dicionário português-chinês de Michele Ruggieri e Matteo Ricci: introdução histórico-linguística," in Ruggieri and Ricci, *Dicionário português-chinês, op. cit.*, pp. 56–62.
② Barreto, "Review Essay," *op. cit.*, p. 120.
③ 这些海员一般在固定航线上航行。
④ Yang, "Dicionário português-chinês," *op. cit.*, p. 68.
⑤ 泉漳片属于闽南语系。——译者注

的"官话注音形式。(见表1)①

有些注音形式让人联想到客家方言,虽然无法确定具体是哪一种客家话,但很显然是分布在广东东部地区的方言(见本文最后的附录)。这些注音形式中的大多数在官话中有着不同的注音形式(表2)。

此外,还有一些可能源于粤语的注音形式,一般来说,这些字也有对应的官话注音形式(表3)。

最终可以整理出一些可能来源于厦门方言的泉漳片注音形式。同样地,在这些注音形式中,有一部分既有方言注音形式,也有对应的官话注音形式,它们同时存在于《葡汉词典》里(表4)。

现在值得注意的是,有些"南方方言"注音形式采用的是官话的发音规则,比如,韵尾[t]和[k]的脱落(参见表2中的"脚"chio[kjo]<[kjok],以及"活"fa[fa]<[fat];表3中的fa;表3中的"得"ta[ta](或[tɐ])<[tɐk];表4中的"法"cua[xwa]<[hwat],"服"cuo[xwɔ]<[hɔk],"蝠/伏"ho[hɔ](或[ɔx])<[hɔk],以及[h]的软腭化,有时还伴随后续元音的双元音化(参见表4中的"法"cua[xwa]<[hwat],"费"cuei[xwɛi]<[hui],"服"cuo[xwɔ]<[hɔk])。观察整部《葡汉辞典》中罗明坚转写的汉语族南方方言注音的分布情况,可以发现不同方言形式出现的频率是相同的。表2中的客家话注音出现在手稿的第1页(32v)和倒数第2页(155r),表3中的粤语注音出现在第2页(33v)和第96页(127r)。不过,辞典中的泉漳片元素并不多,没有集中在特定的某几页上,而是仅在辞典的第二部分零星出现过(见表4)。此外,辞典中有几页同时记录了客家话、粤语和泉漳片注音。比如第129r页,其中既有泉漳片

---

① 表1以及后面的表2、表3和表4中粤语的注音形式属于"标准粤语"。而客家话的注音形式分属于不同方言(表中未具体指出);所有泉漳片的注音形式都来源于厦门方言。官话的注音形式则既包括金尼阁(Nicolas Trigault)在《西儒耳目资》(1626)中记录的明末官话发音,也包括当今的普通话发音。可以看到,表1—表4中方括号里的是宽式国际音标(broad phonetic transcription),但都没有声调。

表 1 《葡汉辞典》中有汉语族南方方言特征的注音形式

汉字	南方方言拉丁注音	官话发音	页码	粤语发音	客家话发音	泉漳片发音	官话（1626）	普通话	可能的"南方方言"来源
艰	⟨can⟩	—	122r / —	[kaːn]	[kan]，[kjen]	[kan]	⟨kiĕn⟩[kjen]	[tɕjen]	粤语、客家话、泉漳片
該	⟨coi⟩	⟨cai⟩	80v, 83r, 122r, 123v / 76r, 119r	[kɔːi]	[koi]，[kai]	[kai]	⟨kāi⟩[kai]	[kai]	粤语、客家话
盖	⟨coi, coy⟩	⟨cai⟩	53r, 56r, 58v, 63r, 89v, 104r, 147v, 148r / 78r, 89v	[kɔːi]，[kʰɔːi]	[koi]	[kai]	⟨kái⟩[kai]	[kai]	粤语、客家话
康	⟨cum⟩	—	153r / —	[hɔːŋ]	[kʰoŋ]	[kʰoŋ]	⟨'kām, kám⟩ [kʰaŋ, kaŋ]	[kʰaŋ]	客家话、泉漳片
化	⟨fa⟩	⟨cua⟩	115v, 130v / 35r-154r passim	[faː]	[fa]	[hwa]	⟨hóa, hōa⟩[xwa]	[xwa]	客家话
火	⟨fo⟩	⟨cuo⟩, ⟨guo⟩	121r / 34v-149r passim	[fɔː]	[fo]	[ho]	⟨hǔo⟩[xwɔ]	[xwo]	粤语、客家话
海	⟨hoi⟩, ⟨hoy⟩	⟨hai⟩	88r-140v passim / 58v, 62r, 122r	[hɔːi]	[hoi]	[hai]	⟨hǎi⟩[xai]	[xai]	粤语、客家话、泉漳片
辇	⟨lien⟩	—	131r / —	[liːn]	[ljen]，[len]	[ljan]	⟨niĕn⟩[njen]	[njen]	客家话、泉漳片
拍	⟨pa⟩	—	72v / —	[pʰaːk]	[pok]	[pʰa]	⟨'pĕ⟩[pʰɛʔ]	[pʰai]	粤语、泉漳片
碑	⟨pi⟩	⟨pai⟩	56r, 57v, 118r / 53v, 127v	[pei]	[pi]	[pi]	⟨poēi⟩[pwei]	[pei]	客家话、泉漳片
斗	⟨tau⟩	⟨teu⟩	129r / 45r, 118r	[teu]	[teu]	[tau]	⟨téu⟩[teu]	[tou]	粤语、泉漳片
荳	⟨tau⟩	⟨teu⟩	100r / 94r, 100v, 101v, 107v, 111v	[teu]	[tʰeu]	[tau]	⟨téu⟩[teu]	[tou]	粤语、泉漳片
偷	⟨tau⟩	⟨teu⟩	41r, 143r / 45r, 95r, 104v, 141r	[tʰeu]	[tʰeu]	[tʰau]	⟨teŭ⟩[tʰeu]	[tʰou]	粤语、泉漳片
袋	⟨toi⟩	⟨tai⟩	39r / 87v, 142r	[tɔːi]	[toi]	[te]	⟨tái⟩[tai]	[tai]	粤语、客家话
藁	⟨tum⟩	—	104v / —	[tɔːŋ]	[tʰoŋ]	[toŋ]	⟨tàm⟩[taŋ]	[taŋ]	粤语、客家话、泉漳片
藥	⟨yo⟩	—	43v, 53r, 88v, 109v, 118r, 119r, 131r, 133r / —	[jœːk]	[jok]，[tsok]	[jɔk]	—	[jɑu]	粤语、客家话、泉漳片
在[1]	⟨zoi⟩	⟨zai, zaj⟩	35r-155r passim / 85r-144v passim	[tsɔːi]	[tsʰoi]，[tsʰai]	[tsai]	⟨çái, çāi⟩[tsai]	[tsai]	粤语、客家话

1 金尼阁的《西儒耳目资》中写作"儎"。

表 2 《葡汉辞典》中的客家话注音形式

汉字	客家话拉丁注音	官话发音	页码	客家话发音	粤语发音	泉漳片发音	官话（1626）	普通话
间	⟨chian, chiā⟩	⟨chiē⟩	40v–121r passim / 131r	[kjan]	[kaːn]	[kan]	⟨kiēn⟩[kjɛn]	[tɕjɛn]
根	⟨chin⟩	⟨chē, chen⟩	137r / 45r–111r passim	[kin]	[kɐn]	[kun]	⟨kēn⟩[kɛn]	[kən]
脚	⟨chio⟩	⟨chieu⟩	44v–150v passim / 115v	[kjok]	[kœːk]	[kʰa]	—	[tɕjau]
活	⟨fa⟩	—	93r, 155r / —	[fat]	[wuːt]	[hwat]	⟨kuŏ⟩[kwɔʔ]	[xwo]
环	⟨fan⟩	⟨guā⟩	129r / 45r	[fan]	[waːn]	[hiŋ]	⟨hoân, hoân⟩[xwan]	[xwan]
换	⟨fan⟩	—	121r / —	[fan]	[wuːn]	[hwan]	⟨huón⟩[xwɔn]	[xwan]
糊	⟨fu⟩	⟨cu, gu⟩	130v / 82r, 100r, 107v	[fu]	[wuː]	[ho]	⟨hû⟩[xu]	[xu]
户	⟨fu⟩	⟨cu⟩	103v / 76v	[fu]	[wuː]	[ho]	⟨hù⟩[xu]	[xu]
婚	⟨fun⟩	⟨cuō⟩	118r / 58r	[fun]	[fɐn]	[huŋ]	⟨hoēn⟩[xwɛn]	[xwən]
分	⟨fun⟩	⟨fē, fen, feũ, fuẽ⟩	123v / 43r–139r passim	[fun]	[fɐn]	[pun]	⟨fuēn⟩[fwɛn]	[fən]
内	⟨lui⟩	—	128v, 149v / —	[lui]	[nɔːi]	[lue]	⟨nûi⟩[nui]	[nei]
辫	⟨pan⟩	⟨pien, piẽ⟩	61v / 83v, 139r	[pan]	[piːn]	[pjɛn]	⟨piên⟩[pjɛn]	[pjɛn]
堆	⟨toi⟩	⟨tui⟩	76v / 42v, 120v, 126v, 140r	[toi]	[toi]	[tui]	⟨tūi⟩[tui]	[twei]
短	⟨ton⟩	⟨tuŏ, tuon⟩	32v, 53v, 63v, 83v, 89v / 105v, 133r	[ton]	[tyːn]	[twan]	⟨tuòn⟩[tuɔn]	[twan]
锻	⟨ton⟩	—	72r / —	[ton]	[tyːn]	[twan]	⟨tuón⟩[twɔn]	[twan]

表 3 《葡汉辞典》中的粤语注音形式

汉字	粤语拉丁注音	官话发音	页码	粤语发音	客家话发音	泉漳片发音	官话（1626）	普通话
柑	⟨con, cõ⟩	—	111r, 113r / —	[kɐm]	[kam]	[kam]	⟨kān⟩[kan]	[kan]
敢	⟨con⟩	⟨cã⟩	90r / 119r	[kɐm]	[kam]	[kam]	⟨kàn⟩[kan]	[kan]
小	⟨siu⟩[1]	⟨sciau, siau⟩	57v / 35v–155r passim	[si:u]	[sjau]	[sjau]	⟨siáo⟩[sjau]	[ɕjau]
得	⟨ta⟩	⟨te⟩	33v, 78v, 107v / 34r–155r passim	[tɐk]	[tet]	[tik]	⟨tĕ⟩[tɛʔ]	[tɤ]
凳	⟨tã⟩	—	94r / —	[tɐŋ]	[ten]	[tin]	⟨tém⟩[teŋ]	[təŋ]
天	⟨tin⟩[2]	⟨tien⟩	127v / 40v–154r passim	[tʰi:n]	[tʰjen]	[tʰjan]	⟨'tiēn⟩[tʰjen]	[tʰjɛn]

1、2 不排除 ⟨siu⟩ 和 ⟨tin⟩ 是笔误的可能性，它们原本应写作 ⟨siau⟩ 和 ⟨tien⟩。

表4 《葡汉辞典》中的泉漳片注音形式

汉字	泉漳片拉丁注音	官话发音	页码	泉漳片发音	粤语发音	客家话发音	官话（1626）	普通话
法	⟨cua⟩	⟨fa⟩	150r / 44v–151v passim	[hwat]	[faːt]	[fap]	⟨fă⟩ [faʔ]	[fa]
费	⟨cuei⟩	⟨fi⟩	131v / 87r, 93r	[hui]	[fei]	[fui]，[fi]，[pui]，[pi]	⟨fĭ⟩ [fi]	[fei]
服	⟨cuo⟩	⟨fo⟩	154r / 81v–154r passim	[hok]	[fʊk]	[fuk]	⟨fŏ̆⟩ [foʔ]	[fu]
降	⟨han⟩	⟨chiă, chian⟩	139r / 73r, 78r	[haŋ]	[kɔːŋ]，[hɔːŋ]	[koŋ]，[hoŋ]	⟨kiám⟩ [kjaŋ]	[tɕjaŋ]
蝠	⟨ho⟩	—	120v / —	[hok]	[fuk]	[fuk]，[pʰit]	⟨fŏ̆⟩ [foʔ]	[fu]
伏	⟨ho⟩	⟨fu⟩	139r, 144r / 65r, 139v	[hok]	[fʊk]，[pʊk]	[fuk]，[puk]	⟨fŏ̆⟩ [foʔ]	[fu]
粘	⟨liě⟩	—	128r / —	[ljam]	[niːm]	[njam]，[njam]	⟨niĕn⟩ [njɛn]	[njɛn]
纽	⟨liu⟩	⟨niu⟩	130v / 53r, 115r	[lju]，[nju]	[nau]	[nju]，[neu]	⟨niĕu⟩ [njɛu]	[njou]
璐	⟨lo⟩	⟨nau⟩	141r / 56v	[lo]	[nou]	[nau]，[no]，[lau]	⟨nào⟩ [nau]	[nau]

注音的 tau "斗"（表4），还有客家话注音的 fan "環"（表2）。还有第 130v 页，在仅仅六行中同时出现了泉漳片注音的 liu "紐"（表4），粤语或客家话注音的 fa "化"（表1）以及客家话注音的 fu "糊"（表2）：

Piccaro do barete	mau liu	帽紐
Pedir	tau	討
Pedinte	chiau fa zi	叫化子乞丐
Pedir esmola	chiau fa	叫化
Piloto	cuo ciã	夥長
Pimẽta①	fu cau	糊菽②

我们曾设想，《葡汉辞典》中葡语词条的官话译词是由多位汉语译者合作完成的，但现在不得不将其推翻。事实上，应该是一个人独立完成了翻译任务：他可能出生于广东东部，母语是客家话，生活环境中既有粤语也有港口城市厦门的方言（他可能在那里居住过），因此，他下意识地使用了一些粤语的发音方式以及来源于厦门方言的泉漳片发音方式。接下来，我们可以讨论一下这位说客家话的翻译者是否也负责了《葡汉辞典》中"汉语部分"的誊写工作。

在《葡汉辞典》中，汉语对应词的注音是用拉丁字母拼写的，但有些是错误拼写，在此基础上，詹姆斯（James）③ 提出，这些拉丁化注音一定是根据书面上的汉字拼出来的，而没有经过口头翻译。詹姆斯指出，在第 33r 页，葡语词 Abraço（拥抱）④ 的汉语对应词为"抱一下"，注音为 pau — schia，其中的汉字"一"被误写成了一道分隔线，分隔线在辞典中非常常见，是用来区分同一葡语词条中的不同对应词的。在

---

① 这些葡语词的意义从上至下分别是："贝雷帽的帽缨""请求""乞丐""请求施舍""在固定航线上驾船航行的海员""胡椒"。

② 即"胡椒"。cau（可能是 ciau 的误写形式）的注音形式应该是 [tsjau]，对应它在官话（金尼阁 1626 年著作中标注为 çiāo）或客家话中的发音。

③ James, op. cit., pp. 131–133.

④ 手稿中葡语词开头字母均大写，在本文中保留原貌，后同。——译者注

第46v页，Asno brauo 被译作双音节词"野驢"①，但它的拉丁注音由三个音节构成：ye ma lu。其中汉字"驢"被错误地分解为两个汉字："馬"和"盧"。在第43r页，"安排"（是葡语词 Aparelhar 的对应词，意为"准备、安排、装饰"）的注音为 ngõ tiau，其中的"排"字（正确的注音应该是第132r页的 pai）被误认作"挑"字（注音应为 tiau，参见第33v、111v、126r、127v页），同时，在第47r页，"鈴肉"的注音为 lin gio（是葡语词 Atenazar 的汉语对应词，意为"钳紧，用钳子折磨"），说明其中的"鈴"字被误认作了"铃"字。②

《葡汉辞典》中有不少将汉字误写成其他相似汉字的情况（见表5），由此可见，有极大的可能，把辞典中的葡语词译成汉语对应词的人，与后来把汉字读音告诉罗明坚的人，不是同一位。

表5 《葡汉辞典》中部分误写（及正确）的汉字及注音

汉字	错误注音	正确注音	页码	近似汉字	注音	页码
大	ciã	ta	65v / 34r–151v passim	丈	chiã[sic], ciã	75v, 145v
炭	cuei	tan	57v / 58r	灰	cuei, quei	53v, 55v, 56r, 65r, 137v
鬚	fa	siu	50v / 76v, 78r	髮	fa	45v–152r passim
盒	hã	ho	52v / 142v	含	an, han	58r, 104v
貴	mai	quei, quej	57v / 32v–140r passim	賣	mai	57v–153v
烏	niau	u	62v / 107v, 122v, 137v	鳥	gniau, niau	44v–130r passim
秤	pin	cin	50r / 130r	平	pin	44r–153r passim

① 即野驴。——译者注
② 需要注意的是，"铃"也是错字，原应写作"鉗"，是编写汉语对应词的人的误写。

（续表）

汉字	错误注音	正确注音	页码	近似汉字	注音	页码
僕	po	can	51r, 53r / 104v	僕	po	93v
冰	scioi	pin	57r / 106r	水	scioi, scioj	35v–154v *passim*
布	schi	pu	47v / 96r–149v *passim*	市	sci, scj, ssi	101v, 118v, 133r
珠	sie	ciu	57r / 39v, 55r, 61r, 129v, 141r	失	scie	77v, 91v, 129v, 135v, 136r
綿	siẽ	miẽ, mien	57v, 62r, 63v / 39v, 52v, 53v, 102v, 125r	綫	siẽ, sien	104v, 113r
宰	sin	zai	35r / 119r, 119v	幸	schin	34v
地	ta	ti, ty	65v / 32v–153r *passim*	他	ta	32v–115v *passim*
富	tã	fu	32v / 33r, 91v, 140r	當	tã, tam, tan	33v–148v *passim*
顧	teu	juon, yuon	38r / 82v, 100v	頭	teu	32r–153r *passim*
由	tien	yeu	59r / 88v	田	tiẽ, tien	56v–143v *passim*
泉	yuõ	çiuõ	37v, 52r / 103v[1]	原	yuõ, yuon	34v, 49r

1 第103v页上的"泉"字被划掉了。

应该有一人提供了《葡汉辞典》中各个词条的汉语对应词，同时有另一位中国合作者（可能说的是客家话）把这些汉语词在官话中的（大致）发音告诉了罗明坚，但根据我们目前对利玛窦和罗明坚在澳门的中国随行人员的了解，还无法确定其身份。如果能证实这两人为《葡汉辞典》的编纂做出了重要贡献，那么无论如何，他们都应该和利玛窦、罗明坚一样，被认定为该著作的共同作者。

三、编纂时间和地点

几乎可以肯定的是，1588 年，罗明坚把《葡汉辞典》和他在中国写的其他文件带到了罗马，[1] 而在此之前，1582 年 8 月 7 日，利玛窦到达澳门，[2] 理论上来说，该辞典的创作时间应该在 1582—1588 年之间。杨福绵认为，[3]《葡汉辞典》应编写于 1583—1588 年，地点在肇庆，这里靠近广州，1583 年 9 月 10 日利玛窦和罗明坚在澳门定居。杨福绵做出如此推断的依据是现藏于罗马，和《辞典》装订在一起的散页文件，其中标注了上面的日期。但如巴雷托所说，[4] 这样的判断不够严谨。巴雷托[5] 提出了（后来又强调了一次）一个假设，《葡汉辞典》的创作地点应该是澳门和肇庆两地，从 1580 年开始，在澳门有"一群从事贸易、政治或宗教事务的葡萄牙人"收集了一些词汇。[6] 很显然，巴雷托忽略了迪特尔·梅斯纳（Dieter Messner）的发现，[7] 后者经过鉴定，确认《葡汉辞典》中的词条来源于杰罗尼莫·卡尔多索（Jerónimo Cardoso）编写的一部拉丁语字典[8]，并认为《辞典》不是在中国开始创作的，他强调

---

[1] 东印度耶稣会修道院院长范礼安（Alessandro Valignano）把罗明坚派到罗马，主要是让他组建一支教皇大使团去觐见中国皇帝朱翊钧（万历），以求在中国自由传教。后来，罗明坚再没能回到中国，因为原计划被取消了，而且他当时已经年迈，无法承担漫长且危险的旅程。很显然，罗明坚把《葡汉辞典》带到罗马的目的是在欧洲留下有关中国文化的重要证明：一份有关汉语及其"奇异"写法的书稿。参见 Francesco A. Gisondi, *Michele Ruggeri: missionario in Cina e primo sinologo europeo*, Milano: Jaca Book, 1999, p. 127, n. 17。

[2] 罗明坚已于 1579 年 7 月到达澳门。

[3] Yang, "Dicionário português-chinês," *op. cit.*, p. 42.

[4] Barreto, "Review Essay," *op. cit.*, p. 118.

[5] Barreto, "A fronteira cultural," *op. cit.*; *Id.*, "Review Essay," *op. cit.*; *Id.*, "Macao: An Intercultural Frontier in the Ming Period," *op. cit.*, pp. 1–22.

[6] *Ibid*, p. 52.

[7] Dieter Messner, "The First Portuguese Bilingual Dictionary Resorting to a Foreign 'Modern' Language – Chinese," *Review of Culture*, 2nd ser., 34–35（1998）: 281–291.

[8] Coblin, "Reflections on the Study of Post-Medieval Chinese Historical Phonology," *op. cit.*, pp. 23–50.

说,《辞典》中的一些专业技术用语(航海、商业和军事类)是在澳门的葡萄牙人所使用的,他们同时也记录下了一些"粗俗"的词汇,而罗明坚和利玛窦的葡萄牙语水平相对有限,应该不了解这些词。

另外,根据其他一些线索,本文作者认为《葡汉辞典》是在澳门构思并起草的,而不是在肇庆。首先,通过以下这封信可以发现,利玛窦刚一到达澳门就开始学习汉语了:

> 8月份我们抵达了港口,在海上停留了一个多月……很快我开始学习汉语。①

因此,编纂一部汉语辞典,把它当作学习过程中的重要工具,应该是神父们计划中的事。

另外有一点值得注意,和《葡汉辞典》装订在一起的还有一些附录页(见表6),其作者可能不是罗明坚或利玛窦,也不是那位负责誊写汉字的中国无名氏。附录页中列出了一些《辞典》中没有的葡语词汇简表,除了第157页之外,这些词汇旁都有对应的汉语字,这些汉字的写法有所不同,像是先把纸张横过来,再自上而下依次写下来。如杨福绵所说②,附录中列出的一些葡语词所指的是中国的特产、头衔和地名(比如 Am Sam "香山",cantaõ "广东",cha "茶",licjia③ "荔枝",misso "味噌",mandarim darmada④ "武官",mandarim de Letras "文官",Maquao "澳门");还有两个词(eclipse daluã⑤ "月食" 和 eclipse do sol

---

① "Arrivassimo a questo porto in agosto e stessimo poco più d'un mese in mare... Subito mi detti alla lingua cina." 1583年2月13日,从澳门寄给马尔蒂诺·德福尔纳里(Martino de Fornari)神父的信,Matteo Ricci, *Lettere（1580–1609）*(《利玛窦书信集（1580—1609）》), a cura di Francesco. D'Arelli, Macerata: Quodlibet, 2001, p. 45。

② Yang, "Dicionário português-chinês," *op. cit.*, p. 41.

③ 即 lichia。

④ 即 da armada。

⑤ 即 da lua。

"日食")反映了传教士在天文方面的知识。《辞典》之后的附录,如果没有利玛窦和罗明坚的协助,仅凭暂居肇庆的传教士和当地的翻译是无法完成的。1583年9月,两位神父搬去肇庆,可能此时就把《葡汉辞典》留在了澳门,供耶稣会学院的西方教友们使用(他们也对辞典内容进行了一些扩充)。

同时,也有其他证据证明《葡汉辞典》的编写起始时间不是1583年。通过利玛窦的信可以发现,到了1584年的秋天,利玛窦和罗明坚的汉语口语水平已经到达了一定高度:

> ……一年前我们开始建造房屋和教堂,如今马上就要竣工了;在这期间,我们没什么精力向当地人传教,因为所有的时间都花费在了日常工作和汉语学习上,感谢上帝,我们学得很好,所以只要有机会,我们就会用汉语传教和忏悔……我们还用汉语写了《天主经》(Pater noster)、《圣母颂》(Ave Maria)和天主十诫(Decalogus)。①
>
> 我们的汉语水平已经很高了,我觉得自己可以用汉语忏悔和传教了。②

此外,我们还了解到,到了1585年,利玛窦的汉字书写能力也达到了较好的水平:

---

① "...a ya un año que começamos una casa y capilla que acavaremos presto y en este inter emos entendido poco en[en]señar esta gente, por la ocupación de la labor y de aprender las letras en lengua china; en lo qual, por la gracia de Dios estamos tan adelante que ya podríamos predicar y confesar quando ubiese oportunidad... Tenemos impreso en su letra el Pater noster y el ave Maria, los mandamientos..." 1584年9月13日于肇庆寄给詹巴迪斯塔·罗曼(Giambattista Román)的信,Ricci, *Lettere, op. cit.*, p. 86。
② "Nella lingua siamo molto avanti e già mi pare che posso e confessare e predicare." 1584年11月30日于广东寄给耶稣会士阿奎维瓦(Claudio Acquaviva)神父的信,Ricci, *Lettere, op. cit.*, p. 93。

作为一个普通人,在上帝赐予我的那段稍纵即逝的日子里,我竭尽所能,慢慢适应并爱上了这片土地,我已经能流利地说汉语,并开始在我们的教堂里用汉语为基督徒讲道,之后,我们要继续向那些想入教的君子敞开大门。同样地,我仍在坚持阅读和书写汉字,尽管有成百上千的字要学;在没有任何帮助的情况下,我自己看懂了许多书。①

　　然而,从另一个角度看《辞典》,利玛窦和罗明坚对别人告知的汉语译词和发音疏于检查,说明他们的官话水平还处于初级阶段。两位耶稣会士可能没有注意到这位中国人提供的汉语译词有时是不准确的②,因为如上文中所见,他口述的汉字发音总是有汉语族南方方言词汇的特点,还引起了很明显的前后不一致的情况,比如在第154r页,我们找到了以下的例子,汉字"服"的官话注音是fo(〈fǒ〉,即金尼阁1626年著作中的[foʔ]),紧接着下一行就是有官话发音特征的泉漳片注音:从[xwɔ]到[hɔk](表4):

| Vestidura | y fo. ye tau | 衣服 – 透套領 |
| Vestido de doo① | schiau cuo | 孝服 衫 喪衣 喪服 |

---

① "Come huomo, che qua mi pare che ho da finire quei puochi giorni che Iddio mi concederà di vita, mi vo accomodando et affetionando alla terra quanto posso, et ogni giorno vo potendo più, perché già parlo correntemente la lingua e comenzai a predicare ai christiani nella nostra chiesa, e di qui avanti habbiamo d'aprire la porta anco ad alcuni gentili che lo desiderano. Il simil feci nel leggere e scrivere le loro lettere, che pur sono alcune migliaia; ché vo intendendo molti libri solo, et tutti con qualsivoglia agiuto." 1585年11月10日于肇庆寄给耶稣会士鲁多维科·曼塞利(Ludovico Manselli, 1574—1583)神父的信,Ricci, *Lettere, op. cit.*, p. 109.

② Coblin, "Reflections on the Study of Post-Medieval Chinese Historical Phonology," pp. 23–50.

① Vestidura 意思是"服装",Vestido de doo 意思是"丧服"。

《辞典》应该是在澳门编写的，1582年8月7日，利玛窦到达澳门，此后不久便开始构思。在和罗明坚一起迁往肇庆的几个月前，[①]写出了这部我们熟悉的（不完整的）作品[②]，杨福绵[③]在《辞典》中找到了有关创作的大概时间的线索，通过这个线索可以知道作品最后一页（第156r页）是在哪月哪天编写的。这个线索是一张拉丁语便条，在便条（罗明坚所写）的最后，提到了杰瓦斯（Gervasius）和普罗塔斯（Protasius），这两位圣人的纪念日是6月19日：

Laus Deo Virgniq̃ mr̃i.[④] / Diuis gervasio et protasio 〈.〉 Am.
Iesus

[①] 需要注意的是，此处提出的有关手稿创作时间和地点的证据，并不能完全证明利玛窦和罗明坚在肇庆时手里是否有上文提到的卡尔多索的拉丁文字典副本，而且，在后文中我们会看到（见 Coblin, "Reflections on the Study of Post-Medieval Chinese Historical Phonology," pp. 23–50."前文已出现过该文献完整信息，具体为：W. South Coblin, "Reflections on the Study of Post-Medieval Chinese Historical Phonology," Dialect variations in Chinese – Papers from the Third International Conference on Sinology, Linguistics Section, Institute of Linguistics, Preparatory Office. Ed. Dah-an Ho. Taipei: Academia Sinica, 2002, pp. 23–50.），《葡汉辞典》中的"欧洲语言"部分，是在卡尔多索的拉丁文字典的基础上编写的。根据利玛窦1585年11月寄给富里伽蒂（Giulio Fuligatti, 1549—1633）神父的一封信，我们知道两位耶稣会神父在肇庆居留时，手里仅有的西方书籍（非宗教类）就是两本天文学、数学的书：克拉维乌斯（Cristoforo Clavio, 1537/1538—1612）的《天球论》（In Sphaeram Ioannis de Sacro Bosco commentarius，罗马，1570年）和亚历山德罗·皮科洛米尼（Alessandro Piccolomini, 1508—1578）的《地球论》（De la sfera del mondo，威尼斯，1540年）。信中写道："我制作了一座钟，放在房间正门前，现在正绘制一张地图；我不知道是否能完成，因为除了克拉维乌斯神父和皮科洛米尼的著作之外，我手头没有其他书籍"（Feci un orologio nel frontespicio della casa et adesso ando con un globo celeste; non so come mi riuscirà perché non ho libri; se non la opera del p. Clavio et il Piccolomini），Ricci, Lettere, op. cit., p. 116。

[②] Barreto, "Macao: An Intercultural Frontier in the Ming Period," op.cit., pp. 1–22.

[③] Paul F.-M. Yang, "The Portuguese-Chinese Dictionary of Matteo Ricci: A Historical and Linguistic Introduction," Proceedings of the Second International Conference on Sinology, Section on Linguistics and Paleography, Vol. 1, Taipei: Academia Sinica, 1989, p. 207.

[④] 即拉丁语 Virginique matri。

（赞美上帝和圣母玛利亚。/ 致圣人杰瓦斯与普罗塔斯〈。〉阿门。耶稣）[1]

这条线索明确指向了 6 月 19 日这一天，而且根据我们的分析，很有可能是 1583 年的 6 月 19 日。[2]

四、手稿

如上文所说，手稿共有 190 张（按现在的说法，即 380 页），是中国纸，每张大小为 23 厘米 × 16.5 厘米，[3] 其中第 32—156 页是《葡汉辞典》。这份手稿被发现藏于罗马耶稣会档案馆，其馆藏编号为 *Jap.–Sin. I, 198*。有人认为，《辞典》后面的一些散页也于 1588 年被罗明坚带回了罗马，之后由一位档案馆职员将它和《辞典》装订在了一起，只是装订的顺序太过随意。这些散页的大致内容已在表 6 中列出。[4]

---

[1] 括号中为译者添加的译文，原文中无。——译者注

[2] 鉴于在 1582 年 12 月 18 日至次年 3 月底或 4 月初这段时间里，罗明坚不在澳门（准确来说是在肇庆），《葡汉辞典》的创作应该集中在两个时间段，首先是 1582 年 8 月 7 日至 12 月 18 日间，共十九周，之后是 1583 年三月底或 4 月初至 6 月 19 日间，共十一周。总之，在经过了约七个月的耐心工作后，才诞生了这部作品。

[3] 这些纸张（即书页）现在的页码是 1—189 页，其中一张的页码是 40a（见本文第五部分关于第 40a 页的注释）。有些是空白页：67、68、69、70、86。还有三张只有一面有字：66v、71r、85v。

[4] 关于散页（即《葡汉辞典》的附录页）内容的具体描述，请参阅以下两篇文章：Yang, "Dicionário português-chinês," *op.cit.*, pp. 41–42; Zhang Xiping, "New Advances in Research on Michele Ruggieri: Analysis of Separate Sheets from the *Portuguese-Chinese Dictionary*," *New Perspectives in the Studies on Matteo Ricci*, Ed, Filippo Mignini, Macerata: Quodlibet, 2019, pp. 95–130。

表6　罗马耶稣会档案馆 *Jap.–Sin. I, 198* 号文件内容

页码	文件类型	作者
3r–7r	一本标题为拉丁注音 *Pin ciù ven tà ssigni*（可能是"宾主问答辞意"，即"宾客和主人对话时的问题与回答的含义"）的册子。描述了一个假想的场景，其中一位中国学者和一位传教士针对家庭和日常生活展开了对话	罗明坚
12r–16v	天主教教义的简短介绍。全文都是汉字，没有拉丁注音，出自中国人之手，应该写于1586年	不详
17r–23v	对天体和地球的描述	不详
24r–26v	一张汉字表，其中有些字的音节的前半部分（即声母）相同，有的音节的后半部分（即韵母）相同	可能是罗明坚或利玛窦的汉语老师之一
27r–31v	词汇表：汉语反义词（及拉丁语对应词），部分有拉丁注音，四大方位词，四季，五大元素，天干，地支等；医学类术语；明朝十五省份名称等	不详
32r–156r	《葡汉辞典》	罗明坚和利玛窦
157r	一张单词表，列有二十一个葡语单词，都是p开头，按照字母顺序排列的，没有汉语释义。第一个单词是 parir（分娩），最后一个单词是 parte（部分）。很显然，这部分承接的是《葡汉辞典》第127r页的内容，在该页中，单词 Parar cauallo［sic］和 Particolar 之间有一个标记"┤──"，下面还有一句提示 "lees F."（见某页）	不详
158r–158v, 160r–169v, 172r–185v	一张简短的葡语单词表，有汉语对应词（没有拉丁注音），这一页和第157r页出自同一人之手，很有可能是对《葡汉辞典》的增补	不详
170r–171v	关于日晷图的描述。第170r页上有一张拉丁注音的名称表，列有中国十五省的名称，并标出了各自的纬度	不详
173r	日晷图	不详
186r–188v	关于新入教教徒蔡一龙（Martin）的判罚裁决书，1587年，他诬告罗明坚犯了通奸罪	不详
189r–189v	一张简短的单词表：其中一页的标题是"人門"（人门），另一页标题是"地門"（地门）。第189v页有两句拉丁语祈祷文和一些注释	这两句祈祷文是罗明坚写的

五、结构与内容

《葡汉辞典》总共收录了约 6500 个词条，根据葡语词开头字母的顺序排列（并不严谨），从 Aba de vestidura（衣服下摆，衣服边缘①）到 Zunir a orelha（耳鸣）。页面有三栏：左栏是利玛窦或罗明坚写的词条，右栏是汉字，对应大部分的葡语词，中间栏是罗明坚给大部分汉语词标注的拉丁注音。这里列举一些词条作为例子（摘自第 140r 页）如下：

Reuoluer	seu	搜
Reuer	zui cã	再看
Reuelar	chiã min	讲明
Reuirar②	fan zuon	翻转

从第 32 页的正面到第 34 页的正面还有第四栏，在汉语对应词的右侧，是葡语词的意大利语对应词。从笔迹上看，这一栏应该是罗明坚③写的，不仅如此，这几个意大利语单词还有普利亚方言的特点（如 abrusciarse④"烧"，callo⑤"热的"，cocozza⑥"瓢□□"，massaro⑦"村夫"，morsicare⑧"咬"，pressa"匆忙"）。

《葡汉辞典》中的词条准确来说有 6474 个。⑨有的词条仅有一个单词，这类词条居多，有的是复合形式的词（复合词或补语词，如第 58r

---

① 《葡汉辞典》中的汉语对应词为"裙子"。——译者注
② 以上葡语词从上到下的意思分别为："搜查、搜索""再看""揭示""翻转"。
③ D'Elia, *Fonti ricciane: documenti originali concernenti Matteo Ricci e la storia delle prime relazioni tra l'Europa e la Cina*（1579—1615），Vol. Ⅱ, p. 32, n. 1.
④ 在《葡汉辞典》第 33r 页，对应葡语词条 Abraçar。——译者注
⑤ 在《葡汉辞典》第 32r 页，对应葡语词条 Abafar-s［ive］-cobrir。——译者注
⑥ 在《葡汉辞典》第 33r 页，对应葡语词条 Abobora。——译者注
⑦ 在《葡汉辞典》第 32v 页，对应葡语词条 Abegan［sic］-villicus。——译者注
⑧ 在《葡汉辞典》第 33r 页，对应葡语词条 Abocanhar。——译者注
⑨ 包括（耶稣会档案馆某位职员）整理的单页第 40a 页正面的两个字，无法确定这两个字是谁的笔迹。

页，catorze mil "一万四千"，第148r页，Tea daranha①"蜘蛛网"），或是词组（固定搭配的几个词，如第45v页，A Redea solta "缰绳放松的，无约束的"，第73v页，De cabo a rabo "从头到尾"），或是多个单词构成的短语，其中并没有单独给出每一个单词的词义（如第57v页，carne de cabra "羊肉"，第135v页，quatro noites "四个夜晚"）。此外，还有三十九个词条是用来引导读者查阅其他相关词条的，如：Desgraça vide desastre（第80r页，Desgraça 参见 desastre），Maridar vide casar（第117v页，Maridar 参见 casar）。

只有两个单词注明了词性：De mais - aduerbiũ（非常地——副词，第75v页），以及 Iantar, verbo（吃晚餐——动词，第108r页），这个词条的下一行就是作为名词的 Iantar（同音同形异义词），意为"晚餐"。②

有些同形异义词会被视为不同的词，如 Vela "帆"和 Vela "监视，看守"（第153v页），一般来说会用一个同义词或对应的拉丁语词来区分词义：

| Vela | ciuõ põ | 船篷 |
| Vela vigia | scieu ti | 守的 |

通常来说，对多义词也会用这样的方式来处理，比如，obrigato "强制的；感谢的，感激的"（第123v页）：

| obrigado | schiu liau | 許了 |
| obrigado deuinctus | coi cio | 該着 |

有时，一些词条中包含多个单词，其中某个单词在其他词条中也出现过，不过，像这样的同形异义词并不多，比如，Toccar "触摸"和Toccar "吹响"（第149v页），Tronquo "亲属，家族"，Tronquo "枝

---

① 即 de aranha。
② 通过与 Iantar 搭配的不定冠词 hum 可以辨别出第二个 Iantar 的词义是"晚餐"。

干"（树的）和 Tronquo "监狱，监牢"（第153r页）：①

Toccar	mu.	摸
Toccar as trõbetas②	zui hau teu	吹號令
Tronquo	cau zu	高祖
Tronquo d'aruore③	mu teu	木頭
Tronquo	chiã	監

《葡汉辞典》的6474个词条中有5510个词条有释义。其余的964个词条主要集中在作品的第一部分，既没有对应词，也没有指向其他词条。概括来说，没有释义的词条有以下几种。

——在汉语中找不到直接对应词的葡语词（因此需要换一种表达方式或者给出释义），尤其是一些在当时的中国文化背景下不存在的词；比如，Bamquero④ "银行家"（第50v页），Biscoito⑤ "饼干"（第52v页），Bonança "贸易停滞"（第52v页），Bramido "鹿、熊的叫声"（第53v页），colchaõ⑥ "床垫"（第59r页）以及Vaõ gloria⑦ "自负"（第155v页）；

——收录在同一页上的两个词，其中一个来源于另一个词，且没有词义上的偏离；比如cabrito "小山羊" 与cabra "山羊"（第55r页），casinha "小房子" 与casa "房子"（第58r页），conheçimẽto "知识" 与conheçer "知道"（第60v页），以及以-mente为后缀的情态副词，比如Brandamente "轻轻地" 与Brando "轻轻的"（第53v页），

---

① toccar和tronquo即葡语中的tocar和tronco。
② 意思是"吹响号角"。
③ 即Tronco de aruore，意思是"树的枝干"。
④ 即Banqueiro。
⑤ 即Biscouto。
⑥ 即colchão。
⑦ 即Vaã gloria。

Breuemente "短暂地"与Breue[cousa] "短暂的（事物）"（第53v页）。

不过，除了以上这些例子，还有一些常用词没有对应词，比如，Avoar "飞翔"（第48v页），Batalha "战斗"（第51r页），以及quebrado "坏了，碎了"（第135v页），这些词可以被轻松译成汉语。

有些词条虽然引入了外来概念，但没有汉语对应词，在这些词条中，有很大一部分是基督教术语，要将其翻译成汉语，就要谨慎地创作些新词出来；比如，Amjo①"天使"（第42v页），Baptismo "洗礼"（第51r页），Bispo "主教"（第52r页），Clerigo "神职人员"（第63v页），cruxuficio "十字架"（第64r页），cristaõ②"基督徒"（第64vr页），cristandade③"基督教"（第64r页）以及Trindade "三位一体"（第151v页）（更多例子参见詹姆斯2004年的文章）。

再看那些有对应词的词条，由于葡语词汇的性质各不相同，其汉语对应词也比较复杂多样。一个词条中可能包含一个或多个汉语对应词（大多在中间用一条折线隔开），这些对应词有的是一个单字（如Lua "月亮"→iuo 月，第113v页），有的是多个词汇（如Outeiro "山丘"→siau san – yan san 小山 矮山，第125v页），有的是短语（Ornear. asno "驴鸣"—"驴"→lo chiau 驢叫，第125r页）。还有一些是用其他的词或短语描述出葡语词的概念（Fantasma "幽灵"→yau quai schien schin 妖怪现形妖精，第100r页；Praguexar④"诅咒"→chiã ta po hau—cuie pã 讲他不好—毁谤，第133r页）；Solta de cauallo⑤"马的绊绳"→pã ta ma chio 绑他马脚，第145v页）。

这些汉语对应词的词义还是比较符合葡语词的词义的。尤其当需要翻译的词是基础词汇，或是一个特定的实义词时，其汉语对应词

---

① 即 anjo。
② 即 Christão。
③ 即 Christandade。
④ 即 Praguejar。
⑤ 即 caualo。

的意义就和葡语词高度一致（比如 caualo "马" → ma 馬，第 58v 页；Enxofre "硫黄" → leu quã 硫黄，第 93v 页）；只有个别对应词的意义表达不完整或者未能表达出原义。与葡语词的原义相比，有些汉语对应词的词义可能有所扩大（见表 7，Buzia 与 Iustiçar cõ catana），或者有所缩小（见表 7，Azemala, Besta, Braço, Espingarda, Merchãte, Seda 以及 Unha de besta）。

表 7　与葡语词相比词义扩大或缩小的汉语对应词示例

页码	葡语词	葡语词义	汉语对应词
49v	Azemala	驼兽	lo 驢
52r	Besta	动物	to 駝
53r	Braço	手臂	scieu 手
54r	Buzia[1]	母猴	hau 猴
97r	Espingarda	枪	niau ciũ 鳥銃
109r	Iustiçar cõ catana[2]	用弯刀处决	1. zan 斬 2. 砍
118v	Merchãte	商人	fan gnieu ti 販牛的
143r	Seda	丝	gu ssi 胡絲
155v	Unha de besta	动物的爪	ma ti 馬蹄

1 即 Bugia（母猴）。
2 砍掉脑袋。

另外一些汉语对应词的词义与葡语词词义相近（见表8）。

表8　与葡语词词义相近的汉语对应词示例

页码	葡语词	葡语词义	汉语对应词
34v	Acutilarse	互刺	siã scia 相殺
59r	cometa	彗星	cuo sin 火星
65v	çisquo[1]	污秽	fen 粪[2]
94v	Escauar	挖掘	tiau 彫
108v	Iuiz	法官	cuon 官
114r	Luz	光	quam liam 光亮
117v	Matta ratos[3]	鼠药	mau cio lau sciu 猫捉老□□
121v	Musica	音乐	ciã co 唱歌
229v	Perpetuo	持续的	ciã ciã 常常
130r	Persuadir	说服	1. chiau 教 2. 訓
132r	Porselana[4]	瓷器	guoã 碗
136r	Queiso[5]	奶酪，乳酪	yeu gioj 牛乳
143r	Saude	健康	pin ngon 平安
150v	Tũba	坟墓	cuõ chia 棺架

1 即 cisco。
2 也被译作 çuzidade（çugidade 词条），意思是"污物"（第65v页）。
3 即 Mata ratos。
4 即 Porçolana。
5 即 Queijo。

有时，葡语词与汉语对应词的词义并不对等，这不仅仅是因为两者各自的结构不同，而是因为对原词义的误解（见表9）。

表9 词不达意的汉语对应词示例

页码	葡语词	葡语词义	汉语对应词
52r	Besta fera	野兽	to 鴕
52r	Bicha - serpens	游蛇—蛇	lũ 龍
55v	caduco	暂时的	lau tiẽ 老颠
63r	coxo	瘸的	chia chio 痂脚
63v	crauo	康乃馨	tin schiā 丁香
98r	Estar deitado	躺着	1. zoi na li sciui 在那裡睡 2. 何處睡
101v	fechar a bocca[1]	闭嘴	1. pi muoen 閉門 2. 関門
113v	Lombrigas doeça	虫—病	sin tũ 心痛
119v	Milho pera comer	可食用玉米	scio zi 菽子
137v	Rastejar	把某人绊倒	chin cie 跟迹

1 即 boca。

正如巴雷托提到的[1]，梅斯纳[2]认为，《葡汉辞典》中几乎所有词条都来源于一部《拉葡—葡拉双向词典》(*Dictionarium Latino lusitanicum & vice versa Lusitanico latinũ*)，于1570年在科英布拉（Coimbra）出版，编者是人文主义者杰罗尼莫·卡尔多索（1508—1569）。[3] 值得注意的是，在这部作品的第二部分，即葡语—拉丁语的部分（*Dictionarium, ex*

---

[1] Barreto, "Review Essay," *op. cit.*, pp. 117–126.
[2] Messner, "O primeiro dicionário bilingue," *op. cit.*
[3] *Dictionarium Latino lusitanicum & vice versa Lusitanico latinũ, cum adagiorum ferè omnium iuxta seriem alphabeticam perutili expositione: Ecclesiasticorum etiam vacabulorum interpretatione. Item de monetis, ponderibus, & mensuris, ad præsentem vsum accommodates*（拉葡—葡拉双向词典，以字母表顺序排列，包含了几乎所有的实用表达方式，以及基督教相关词汇的释义。此外还有符合现代用法的有关货币、重量和尺寸的表达方式）. Coimbra, João de Barreira（Ioan. Barrerius）.

Lusitano in Latinum sermonem，简称为葡拉词典）中附有一个葡语—拉丁语的目录（包含12000多个词条）。与《葡拉词典》相同，《葡汉辞典》中有些部分也没有严格遵循字母表的顺序排列（比如，第106r页的词条 Guardar，Guarda de gẽte 等被放在了 Gatear 和 Gaviaõ[①] 之间，相同的情况也出现在《葡拉词典》的第50r页），而且，有些开头音节相同的词条被分到了不同的"段落"。比如，《葡汉辞典》第63v页的CLARA cousa，CLERigo 和 CRiar，这几个词的拼写中包含了部分大写字母，这与《葡拉词典》（第28r页）中的情况相符，即在一个词条下面列出了三个"段落"，并分别用 ¶Cla., ¶ Cle. 和 ¶Cri. 这三个段落符号作为标记（见图3和图4）。

令人诧异的是，与《葡拉词典》相比，《葡汉辞典》中竟有大量拼写错误的单词（约占所有词条的36%），有些是利玛窦写的，有些是罗明坚写的，不过利玛窦写错的更多（他把辞典第一部分几乎一半的词条都写错了），罗明坚的错误则较少（写错了辞典第二部分近30%的词条）。[②] 我们只能把大量葡语单词拼写错误的原因归咎为转写卡尔多索词典中词条时的疏忽，而且两位传教士在编辑辞典时手头没有《葡拉词典》的手稿，是听人口述的，由此也可以推测，在整个编辑过程中，两位神父一直保持着紧密合作，但分工不同：一个负责抄写；一个负责口述。如果是利玛窦负责撰写辞典的第一部分，那么很有可能是罗明坚负责从《葡拉词典》中摘选词条并口述。如果从第72页开始以及之后的词条是罗明坚写的，那么有可能两位神父在商量之后曾互换角色。《葡汉辞典》中"欧语部分"的单词有拼写错误，不仅仅是因为编者不太熟

---

① 即 Gavião。
② 梅斯纳认为，罗明坚和利玛窦使用的葡语拼写方式是一种古早的方式，来自15世纪的文本，"The first Portuguese bilingual dictionary," *op. cit.*。另外，阿孙桑（Assunção）、内托（Neto）和费尔南德斯（Fernandes）列出几个例子，认为利玛窦在其中所使用的拼写方式，可能出自最早一批葡语出版作品的传统拼写方式，Assunção, Neto, Fernandes, "The first Portuguese-Chinese dictionary," *op.cit.*。

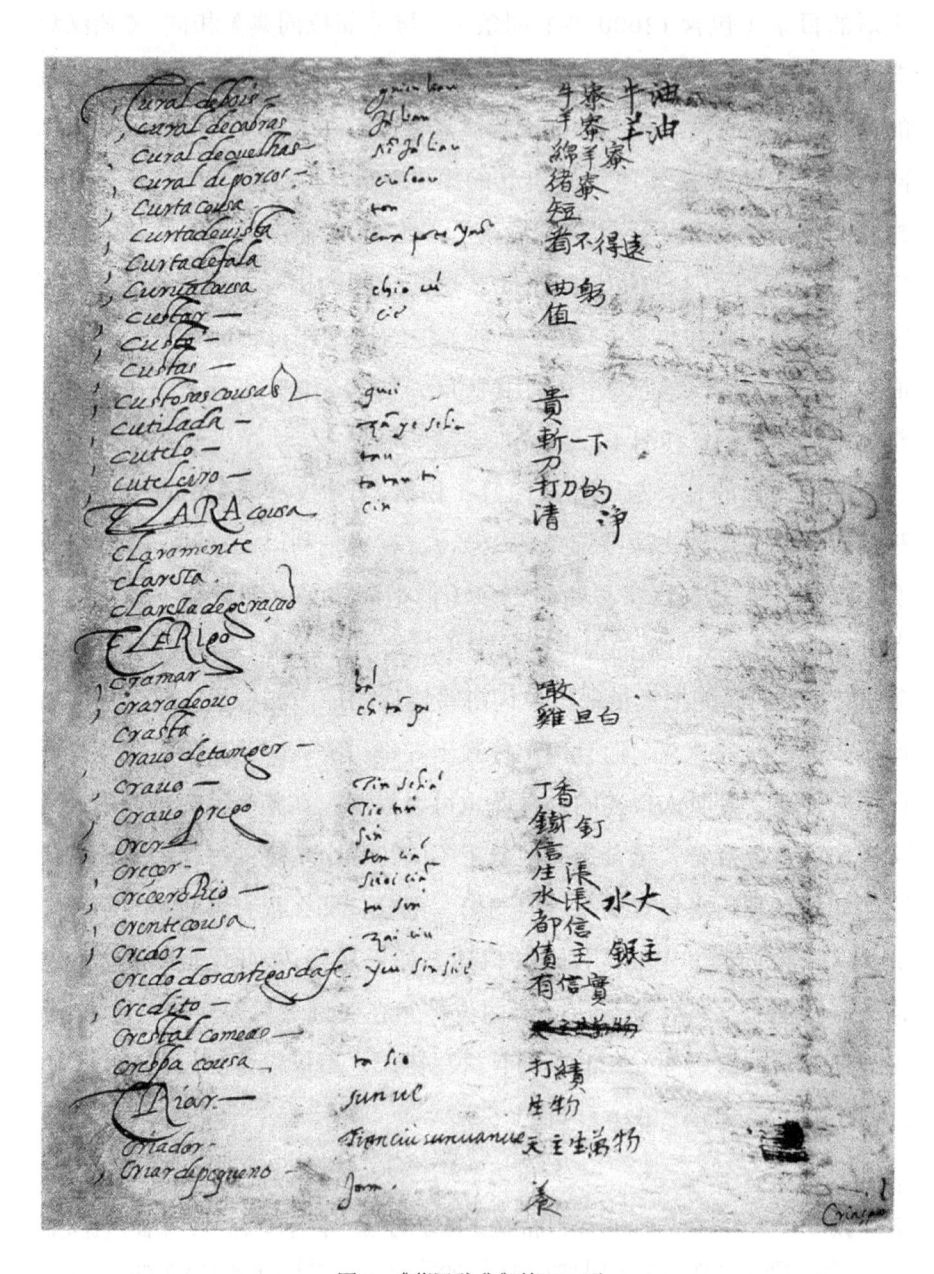

图 3 《葡汉辞典》第 63v 页

Lusitanicolatinum.

Cutilada.	Cæsio, nis.	¶Cri.	
Cutelo.	Gladius, ij, culter, i.	Criar de nada.	Creo, as.
Cutileiro. Machcropeus, i, cultrarius, ij.		Criador.	Creator, oris.
¶Cla.		Criar de pequeno. Nutrio, is, educo, as.	
Clara cousa. Clarus, a, ũ, perspicuus, a, ũ.		Criador deste modo. Altor, oris.	
Claramente.	Clare, perspicue.	Criação.	Educatio, onis.
Clareza. Perspicuitas atis, claritas, tis.		Criado que serue. Famulus, i, minister, i.	
Clareza de geração. Claritudo generis.		Criada que serue. Famula, æ, ministra, ę.	
¶Cle.		Criado de leite. Alumnus, i.	
Clerigo de Missa. Sacerdos, tis.		Criada de leite. Alumna, æ.	
Clerigo de Euangelho. Diaconus, i.		Criança. f. cortesia. Ciuilitas, atis.	
Clerigo de Epistola. Ypodiaconus, i.		Criança. f. menino, ou menina. Infans, tis	
Clerezia.	Clericatus, us.	puerulus, i.	
¶Cra.		Crime.	Crimen, nis.
Crarea.	Mulsum, i.	Criminal cousa.	Criminosus, a, um.
Cramar.	Exclamo, as, clamo, as.	Cristão.	Christianus, a, um.
Crara de ouo.	Albugo, inis.	Como cristão.	Christiane.
Crasta.	Deambulacrum, i.	Cristádade. Res Cristiana, orthodoxia, ę.	
Crauo de tanger. Barbitus, i.		Cristandade, obra de Cristão. Christia-	
Crauo.	Gariophyllum, i.	nismus, i.	
Crauo de orta.	Gariophyllatus flos.	Cristão velho.	Orthodoxus, a, um.
Craueiro. Gariophillarium, siue gario-		Cristão nouo.	Neophitus, a, um.
phylletum, i.		Cristal.	Cristalus, i.
Crauo. s. prego. Clauus, i.		Cristalino.	Cristalinum, i.
¶Cre.		Cristel.	Clister, ris.
Crer.	Credo, is.	Cristeleira.	Clisteraria, ę.
Crecer.	Cresco, is, adolesco, is.	Crismar.	Vngo, is.
Crecer a pulos.	Pululo, as.	Crisma.	Vnctio, onis.
Crecer o rio.	Inundo, as.	Criuo.	Cribrum, i.
Crecimento.	Incrementum, i.	Criuar.	Cribro, as.
Crente cousa.	Credulus, a, um.	¶Cru.	
Crença.	Credulitas, atis.	Crua cousa. s. nam cozida. Crudus, a, ũ.	
Crecimento da marce. Fluxus maris.		Crueza.	Cruditas, atis.
Credor.	Creditor, oris.	Cruel cousa. Sæuus, a, um, crudelis, &, e.	
Credo, oração.	Oratio Apostolica.	Crueldade.	Sæuitia, æ, inhumanitas.
Credito.	Fides, ei.	Cruelmente.	Sæue, inhumaniter.
Crenchas.	Cincinus, i.	Cruz.	Crux, cis.
Crestar colmeas. Castro, as.		Crucifixo.	Cruxifixus, i.
Cresta de colmeas Castratio, onis.		Crucificar.	Cruxifigo, is.
Crespa cousa.	Crispus, a, um.	Cruzado.	Aureus, ei, crucifer, i.
Crestar de fogo. Suburo, is.		Cruzeiro.	Adytum, i.

D iiij ¶Ca.

图 4 《拉葡—葡拉双向词典》(*Dictionarium Latino lusitanicum & vice versa Lusitanico latinũ*)
第 28r 页,Jerónimo Cardoso, Coimbra 1570

悉葡语及其拼写规则，还有可能是因为他们在口述葡语词汇时有非常明显的意大利语口音，因此会反复犯同样的错误，以至于用意大利语的拼写方式来拼写葡语词汇（尤其是双辅音的拼写）。①

正如前文所说②，《葡汉辞典》中的葡语词条来源于卡尔多索的《葡拉词典》，这一事实打破了巴雷托对辞典来源的假设。他整理出一些"粗俗"的日常生活词汇以及大量的相关领域特有词汇（海洋、贸易和军事相关），并据此提出在澳门的葡萄牙海员和商人曾参与辞典的编辑，但事实上，这些词汇恰好说明了在当时以葡语为主的社会环境中，人们的认知和文化水平的提高，因此在一部拉丁语词典里必然会收录这些葡语词。我们可以想象，正因为利玛窦和罗明坚常年浸淫在葡语环境中（1577—1583年，两人从里斯本乘船前往澳门，无论是在船上、在途中经过的科英布拉和果阿还是在澳门，人们的交流都以葡语为主），

---

① 利玛窦将 Aversario 写成了 Adversario（36r），Anpolla 写成了 Ampola（41v），Bisesto 写成了 Bisexto（52r），caxa 写成了 caixa（55v），cambiar 写成了 cambar（56r），chirugia 写成了 cirugia（65v），等等。

罗明坚将 Desboccado 写成了 Desbocado（78r），Edificar 写成了 Edeficar（87r），Esperienza 写成了 Esperiencia（96v），Fritto 写成了 Frito（105r），Gallinha 写成了 Galinha（105v），Lepre 写成了 Lebre（111v），Limatura 写成了 Limadura（112v），Maccanico 写成了 Macanico（115r），masticar 写成了 mastigar（117v），Nauetta 写成了 Naueta（122r），Ordinar 写成了 Ordenar（124v），Pelle 写成了 Pele（128v），Pinhorar 写成了 Penhorar（129r），Rodella 写成了 Rodela（140v），Sacco 写成了 Saco（142r），Settẽbre 写成了 Septembro（144v），Toccar 写成了 Tocar（149v），Virtude 写成了 Vertude（154r），Vicairo 写成了 Vigairo（154v），等等。《葡汉辞典》中还经常出现一些在某个时期盛行的变体拼写方式，如：⟨e⟩ 和 ⟨i⟩ 前面的 ⟨ç⟩ 写成了 ⟨c⟩（çeo 写成了 ceo，64v 页；çinza 写成了 cinza，65r 页；可能是 15 世纪的拼写规则），⟨a⟩ 和 ⟨o⟩ 前面的 ⟨gu⟩ 写成了 ⟨g⟩（Adagua 写成了 Adaga，35r 页；Aguora 写成了 Agora，37v、38r、108r 和 132r 页），⟨o⟩ 前面的 ⟨qu⟩ 写成了 ⟨c⟩（Poquo 写成了 Poco，第 132v 页；也可能是 15 世纪的拼写规则），以及把 ⟨s⟩ 写成了 ⟨ç⟩（cabesa 写成了 cabeça "头"，第 55v 页）。此外还有不符合语法规则的错误，比如省略元音，连写单词和拆分单词（d'ouo 写成了 de ouo，第 106v 页；Desdaqui 写成了 Desde aqui，第 78v 页；Guarda nappo 写成了 Guardanapo，第 106r 页）。

② 参见 Barreto, "Review Essay," *op.cit*., pp. 117–126。

才逐渐认识了这些词。

还有一些基督教相关的词汇也源于《葡拉词典》，比如，Criador "造物主"，Demonio "恶魔"，Diabo "魔鬼"，Igresia "教堂"，Inferno "地狱"，Peccato[①] "罪"，以及上文提及的那些没有对应词的宗教类词，和非宗教相关的词条列在一起，造成宗教类和非宗教类词条彼此混合的混乱局面，不过，这其实是词典的典型特征，因为一部词典展现的往往是整个社会的语言情况。

现在，我们有必要分析一下《葡汉辞典》中汉语对应词的意义，尤其是那些神学术语的意义，分析的角度也不局限于词汇的翻译，而是从"意义视野"的角度，对比拥有基督教信仰的欧洲的文化语境和拥有其他宗教信仰的中国的文化语境，众所周知，当时的中国人对唯一的真神上帝是一无所知的。在表10中，我仅列出了个别宗教类词汇，期待未来有更多相关领域的研究。表中有些汉语对应词来源于佛教，如inferno "地狱"，道教词汇santo "仙"，以及creatore "天主"，"天主"是最早被引入汉语用来指代"上帝"的词汇之一。[②]

表10 神学术语对应词示例

页码	葡语词	葡语词义	汉语对应词
63v	Criador	creatore（造物者）	Tien ciù sunuanue 天主生萬物[1]
76r	Demonio	demonio（恶魔）	quei 鬼[2]
109v	Inferno	inferno（地狱）	1. ti yo 地獄[3] 2. 陰府
127v	Peccador	peccatore（罪人）	hoi gin 惡人
127v	Peccar	peccare（犯罪）	zo cuo 做惡
127v	Peccato[4]	peccato（罪）	1. zui 罪過 2. 愆

---

① 即 Peccado（如今写作 pecado）。
② 不过，该词条中的笔迹与那位负责抄写的中国人的笔迹不同，也不属于利玛窦或罗明坚。

（续表）

页码	葡语词	葡语词义	汉语对应词
142v	Santo	santo（圣）	sien 仙

1 自1704年开始，天主教会认定"天主"为"上帝"的唯一汉语对应词（Benoît Vermander, "Christianity in the Far East," Encyclopedia of Language and Linguistics, Vol. 2. Ed. Keith Brown, Oxford: Elsevier, 2005, p. 406）。德礼贤对此进行了研究（Fonti ricciane: documenti originali concernenti Matteo Ricci e la storia delle prime relazioni tra l'Europa e la Cina（1579—1615）, vol. I, pte. I, libri I – III: Da Macao a Nanciam（1582 – 1597）. Roma: La Libreria dello Stato, Roma 1942, p. 186, n. 1）。
2 同时还对应着葡语词 Diabo "魔鬼"（第83r页）。
3 这个词指的是第五或第六道轮回，或者轮回（samsāra）的宿命，佛教中的轮回指的是生、死亡与重生的循环。
4 即 Peccado（如今写作 pecado）。

六、辞典中的汉语特点概述

明代晚期，幅员辽阔的中国境内分布着不同的语言，同时也有一种通用语，即官话①，或 mandarin。②《葡汉辞典》中一些汉语对应词的注音

---

① 《葡汉辞典》中写作 cuõ cua（第99v页），《耶稣会与天主教进入中国史》（Matteo Ricci, *Della entrata della Compagnia di Giesù e Christianità nella Cina*, a cura di Maddalena Del Gatto. Macerata: Quodlibet）中写作 *cuonhoa*（pp. 27—28），可见官话是特定场景中的语言，在当时的中国被广泛使用。"每个省份都有各自的语言，而且很多时候还不止一种，说不同方言的人听不懂彼此的话，却使用着同样的文字和书籍。除了各种方言，还有 Cuonhoa（官话），即法庭中的语言，用在听审会和法院审判中，每个省份的人都能轻松掌握和运用，即使是儿童或妇女都能熟练地用官话和外省的人交流"。（In ogni Provincia vi è una lingua propria, e molte volte più di una, non intesa dalle altre, e con tutto con lettere e libri tutto è una medesima cosa. Con tutta questa varietà di lingue ve ne è una che chiamano Cuonhoa, che vuol dire lingua forense, di che si usa nelle audentie e tribunali, la quale si impara molto facilmente in ogni provincia con il suo uso, e così sino alli putti e le donne sanno tanto di questa che possono trattare con ogni persona di altra provincia.）
② 《葡汉辞典》中的 "cuõ cua 官话" 对应的是葡语词条 falla mãdarin（官员的语言），列在一起的还有词条 cin yin 正音 "正确的发音"。关于 mandarin 一词的由来人们有许多猜测，很有可能是来源于葡语动词 mandar（命令）。

有客家话、粤语或泉漳片的发音特征（表2），还有一些汉语对应词明显属于南方方言①，尽管如此，辞典中的汉语总体上是和汉语通用语相符的。辞典中汉语词的拉丁注音是珍贵的证据，一定程度上还原了大量汉语词汇的发音。②

在1421年迁都北京之前，南京一直是中国的标志性中心，因此有人认为，官话可能是以南京官话为基础的语言，不过，不能简单地把官话认定为南京话或者其他特定的语言，而应把它当作一种没有统一标准的多区域语言，一般用于行政管理（比如标识名称），同时，这种语言的发音也具有不同地方方言的特征。③总之，辞典对汉语的用法进行了概括，但没有给出统一的语言标准，呈现出一种既不规律也不稳定的语言特征，也就是说，那些母语不是官话的人所"运用"的汉语，可能也带有"语言接触"的特征，这部辞典就是这一现象的最好证明。辞典

---

① 参见 Wan Yunlu, "Analysis of Michele Ruggieri's Contribution to the *Dicionário Português-Chinês* in the Ming Dynasty and the Compiling Features of the Dictionary," tesi di dottorato, Università Ca' Foscari, Venezia, 2021, pp. 40–45。

② 有关《葡汉辞典》中汉语官话的拉丁注音系统的研究，参见 Yang, "The Portuguese-Chinese Dictionary of Matteo Ricci," *op. cit.*; Id., "Dicionário português-chinês," *op. cit.*，以及 Emanuele Raini, "Sistemi di romanizzazione del cinese mandarino nei secoli XVI–XVIII," tesi di dottorato, Università di Roma "La Sapienza," 2010. 万云路在其博士学位论文中对辞典中的复合词、短语及表示否定的方式进行了详细的分析："Analysis of Michele Ruggieri's contribution," *op. cit.*。

③ "然而，一直以来（官话）都不完全是南京话或其他方言。因此，通用语的语音……展现出的'方言特征是抽象的'。这并不意味着它听起来一定'不自然'，而是说它融合了当时不同语言的语音特征，但其融合的方式在任何一种方言中都不存在……中国传统的通用语的语音不一定与某种特定方言的发音系统相同。事实上，有证据证明，传统的中国文人在社交场合很少使用方言……而更多使用一种结合了多种语音特征的通用语。"（At no time, however, does there appear to have been complete convergence with Nankingese or any other dialect. The koine phonology... remained in this respect 'dialectally abstract.' This is not to say that it was in any sense 'unnatural' but rather that it combined various current phonological features in ways that were probably not found in any single dialect of the time... the phonology of a traditional Chinese koine need not have）（Coblin, "Reflections on the study of Post-Medieval Chinese historical phonology," *op. cit.*, pp. 31–32）。

中的汉语是兼收并蓄的，因此，没有完全表现出汉语官话的一些典型特点，也不是某个群体的方言，而是在当时的中国用来处理公务的通用语，这标志着一个国家的统一。

附录：《葡汉辞典》中的客家方言

表 2[①] 中收录了 15 种有客家方言特征的注音形式，在后面的表 11 中，我们将其中七种及它们在其他片区客家方言中的对应发音进行了对比，尽管如此，这并不代表可以将《葡汉辞典》中随意记录的注音形式归类于某一种特定的方言。制作该表的目的是尽可能地将辞典中的客家方言的分布区域列举出来。很显然，其分布区域主要在广东省东部。期待今后有人对《葡汉辞典》中所有客家方言的注音形式进行更深入的研究，并将其分布区域缩小到更精确的范围。

在表 11 中，宝安和陆丰两地的方言发音是从"汉典"网站（https://www.zdic.net/）（2022）摘取的，其他方言的发音则来源于柯蔚南（W. South Coblin）的著作 Common Neo-Hakka: A Comparative Reconstruction（Taipei: Academia Sinica, 2019）。表中的灰色阴影部分代表这些发音与《葡汉辞典》中的注音形式（同样有灰色阴影）相同或相近。

---

① 参见 Barreto, "A fronteira cultural," *op. cit*。

表 11 《葡汉辞典》中部分客家话注音形式及其在中国东南部现存的十四种客家方言中的对应注音形式

方言	所属省份/地区	注音形式					
		法	婚	分	根	间	辩	短
《葡汉辞典》中的客家话	—	[fa]	[fun]	[fun]	[kin]	[kjan]	[pan]	[ton]
信宜思贺	广东西部	[vat]	[fun]	[fun]	[kan]	[kan]	—	[twan]
电白	广东西部	[vat]	[fən]	[fən],[pən]	[kjən]	[kan]	—	[ton]
河源	广东中东部	[vwat]	—	[hun],[pun]	[kan]	[kan]	[pan],[pen]	[twan]
宝安	广东中部沿海	[fat]	[fun]	[fun]	[ken]	[kan]	[pʰen]	[ton]
荔枝莊	香港	[fat]	[fun]	[fun],[pin]	[kin]	[kan]	—	[ton]
陆丰	广东东部沿海	[fat]	[fun]	[fun],[pun]	[ken]~[kin]	[kʰjan],[kan]	[pʰjen]	[ton]
梅县	广东东北部	[fat]	[fun]	[fun],[pun]	[kjen]	[kjan]	[pʰjen]	[ton]
永定	福建中南部	[faʔ]	[feiŋ]	[feiŋ],[peiŋ]	[kẽ]	[kã],[tɕjẽ]	[pʰjẽ]	[twẽ]
上杭	福建西南部	[hwe]	[feŋ]	[peŋ]	[keŋ]	[kaŋ],[ʃiŋ]	[pʰiŋ]	[tuŋ]
长汀	福建西南部	[fæʔ]	—	[fun]	[ken]	[kan]	[pʰjen]	[ton]
全南城厢镇	江西南端	[hoæ]	[hwẽ]	[fẽ]	[kẽ]	[kã]	[pʰjẽ]	[toẽ]
南康	江西南部	[foet]	[fən]	[fən]	[kən]	[kan]	[pʰjẽ]	[toen]
寧都梅江镇	江西中东部	[voit]	[fun]	[fən],[pən]	[kən]	[kan]	[pʰjen]	[ton]
修水黄沙桥	江西中西部							

(万云路 西安外国语大学欧洲学院意大利语系)

第一本中文教理问答笔记（1582—1584）

［法］戴遂良（Léon Wieger） 著
何念伦 译

译者按：法国著名汉学家戴遂良（Léon Wieger，1856—1933），1932年在《耶稣会历史档案》（ArchivumHistoricum Societatis Iesu）第1卷（第72—84页）发表《第一本中文教理问答笔记（1582—1584）》（Notes sur la première catéchèse écrite en chinois 1582–1584）一文。文章介绍了杰出的入华耶稣会士罗明坚（Michele Ruggieri，1543—1607），以谦逊、执着、耐心的姿态敲开了中国大门，并第一个以中文书面形式宣扬道成肉身和十字架；梳理了1582年拉丁文手稿《中国天主教教义释义》与1584年中文教理问答《天主实录》之间的关系、原作者和写作背景。

文章通过引用平行段落，将汾屠立（Pietro Tacchi Venturi，1860—1956）著《利玛窦传》中《中国天主教教义释义》的拉丁原文，与戴遂良译罗明坚著《天主实录》的法文译文加以比较，对不同版本的教理内容、不同语种的翻译、不同时期的编辑形态进行分析研究，突出了西方汉学奠基人之一罗明坚对信仰的虔诚、对使命的执着以及对汉学的热爱。论文兼具哲学和历史意义，对后来学者研究耶稣会士群体角色与贡献具有重要影响。

作者戴遂良，清末民初杰出的传教士，以研究中国语言和文化闻名，1887年入华，1933年逝世于河北献县。他的汉学著述和译介在中法文化交流史上享有重要地位，著作《汉语入门》至今仍是汉学家的重要参考书。该文从西方传教士角度关注了清末民初东西方文化和宗教之间复杂关系的处理，为不同文化和思想的适应与融合，以及独特性的保持提供了见解，是研究基督教与中国文化关系学者的重要参考，被学界认为是作者对汉学领域的重要贡献之一。

[概要]非常杰出的入华传教士——耶稣会士罗明坚1582年编写的拉丁文本《中国天主教教义释义》，数年前由汾屠立发表。本文中涉及的第一本中文教理问答——《天主实录》的法语译文，原文由罗明坚从第一部拉丁文作品中摘录出来，并于1584年编印成中文。本论文兼具哲学和历史意义。①

仅以此文献给一位我所尊敬的传教士。他以谦逊、执着、耐心的姿态敲开了中国紧闭的大门；他是第一个以书面形式宣扬道成肉身和十字架的人；在这片比任何地方都重视文字的土地上，他在这里建成了第一座供奉圣母玛利亚的小教堂；他还举荐天定之人利玛窦进入了这个东方国度。

在汾屠立（Pietro Tacchi Venturi，1860—1956）为纪念利玛窦而编写的不朽著作中，有关于罗明坚（Michele Ruggieri，1543—1607）的精彩介绍，具体可查阅第二卷第565页……；第二卷序言第62页……；第一卷第132页注释1。在这里，我不再赘述。

罗明坚的作品是第一部关于天主教的中文论述，题为《天主实录》，即天主是谁，教义是什么。中文标题简明扼要。我认为，"录"指书面陈述，"实"指口头说明。

我手头的这本书，印刷、保存得非常好，序言的结尾处还写有中式

---

① 此段为拉丁文本。——译者注

风格的落款和日期：万历甲申岁秋八月望后三日远西罗明坚撰。

更准确地说，是1584年9月21日。明坚是他的中文名字，姓氏选择了罗姓。

"僧"是一个相对较新的汉字概念，由中国人创造，专指佛教僧侣。"僧"字的发音是梵文 samgha 的音译，意为修院。这个表意文字指的是修院的人，也就是修士。由于中国不存在神职人员的概念，罗明坚认为自己为宗教人士，于是使用了"僧"这个最接近的词语，因为佛教僧侣的世俗生活与西方宗教人士非常相似。在罗明坚的整个作品中，每当他发表自己的观点时，总是使用"我，一名僧人"这一表达。我在翻译中将保留"僧"这个专门用语。

为什么罗明坚在他的作品中还把自己称为来自印度的僧人？首先，他是从印度所传教的渔区来到中国的。当他1581年到达广东时，菲律宾所发生的事件，让中国人非常担心，不允许可怕的西班牙人入境，葡萄牙人可以上岸但不能过夜，意大利人没有相应的政策。罗明坚自称是从印度来此朝圣的僧人，期待能在中国定居，而在神的帮助下，实现了愿望。另外，可笑的是在中文文献中，为了传教事业，印度的道义范畴被延伸，以致道成肉身等神迹都发生于印度。

在1584年编印的《天主实录》正文前印有"新编西竺国天主实录"，即对印度以西国家关于天主的真实阐述新编。"新编"被置于所有修订和增补的中文版本之首，取了其最广泛的含义。在此之前，罗明坚的另一篇作品中有更基础的阐述：首批传教士信件中的部分内容，表明其为一份简单的《十诫》概要。我看到并复制了一份与此描述相符的印刷品，附在本文末尾并作出翻译。

现在我来谈谈主要问题。《中国天主教教义释义》（*Vera ac Brevis Divinarum Rerum Expositio*）是什么？它的原作者不是罗明坚，却因他而闻名。这部手稿现存于罗马国立中央图书馆，编号 Ges.1276。汾屠立在他的著作第二卷第498—540页中，提到过此并有引用。文本日期为"道成肉身之1582年"，这部拉丁文手稿与1584年《天主实录》中文印刷本之间有什么关系？由于期刊文章篇幅所限，无法详细讨论这个问题，我将简要给出相关研究结论，随后将引用足以支持结论的平行段落。

1582年的《中国天主教教义释义》拉丁文本是一部经典的护教论，出处无从查找。罗明坚后来的《天主实录》有的可能是据此编辑，有的可能是他从果阿传教士处听来的。无论如何，他在1579—1581年逗留印度和澳门期间，将当地的色彩融入于此，使之内容更加丰富。1582年版《十诫》与上述拉丁文本没有关系。这是由一名学识有限的中国抄写员，对罗明坚口述基本内容的记录。

关于1584年印刷的《天主实录》，我将通过引用平行段落，清楚表明其不是对保存在罗马的拉丁文本的实录翻译。这部书由一名比《十诫》更优秀的抄写员编辑，罗明坚向他口述了拉丁文原文，他根据理解尽可能地将其内容转述成中文。这是罗明坚自己告诉我们的，"我口述了实录，便于其转成汉字"。这位好神父不止一次地抗议抄写员所交付的糟糕作品，后者可能拒绝对此重新润色，就像今日传教士遇到的情况一样。

此外，《中国天主教教义释义》拉丁文本，绵长分散、功于雄辩、彬彬有礼，充满着中国不曾有的思想和语言。我想，善良的主已经记下了传教士的努力和抄写员的耐心，最终产出的作品《天主实录》与原作有着不同之处，并不相似。总的来说，《中国天主教教义释义》与《天主实录》结构是一样的，章节划分也大致相同。但是，前者所包含的崇高、抽象、高雅、细腻的内容，在后者中都找不到。譬如，拉丁文本中简要提到的三一论，在中文文本中根本没有提及，"圣礼"也是如此，"圣洗"倒是没有被删略。我想，原因是，一方面文本的编辑没有受到等级制教会或罗马教廷的影响；另一方面当时还没有一部讲述同样内容的中文文本，如果因为内容而怀疑罗明坚可能是某个势力的使者，他就会面临被处死的危险。总之，罗明坚勇敢地宣传了"道成肉身和十字架"，排除了他在第一本中文教理问答中胆怯沉默的假设。

以下左侧栏目中的拉丁文引注均出自汾屠立撰写的《利玛窦传》第二卷第498—540页，我标明了页数和行数；中间栏目中的法语译文是我根据1584年中文文本翻译的。

中国献县，1931年10月10日

译文对照表[①]

汾屠立著《利玛窦传》中《中国天主教教义释义》拉丁原文的中文译文	戴遂良译《天主实录》法文译文的中文译文	罗明坚著《天主实录》的中文原文（本栏为译者添加）
499页，第3行 我遵守自然法则，虽生于外域，却保留着人性，我不允许自己劣于众生，更不会无视本地官员给予我的恩惠。管理本省和本市的中国地方官员把我当作穷苦的离家之人，对我热情相待。他们以极大的善意迎接远道而来的我。如果我将这种绝无仅有的优待抛之脑后，则不配为人。 如今，为了表示内心的感恩，我难道不应该用黄金、珠宝、猎犬和快马来交换吗？	我，一名僧人，虽然出生异国，但作为人类，我必须心存感激，因为连动物都会感激。远道而来的我获得了粮食和土地，万分感激。 我本应以黄金、玉石、犬马交换。	余虽西国，均人类也，可以不如禽兽，而不思所以报本哉？
完全不是，一方面，我的生活很贫困；另一方面，中国地大物博，这些物品比比皆是。因此，我思考采用另一种方式来偿还这个人情；但是，在这个高尚的国家，对于神圣事物的认识尚未普及，人们还没有接受真正信仰的戒律。	但是，身为一名僧人，我很贫穷，而中国也不缺这些东西。那么我应该给出什么呢？	今蒙给地柔远，是即罔极之恩，将何以报？

---

① 译文对照表左、中栏目为本文的原文表格，右栏目是译者根据编辑修改意见增加。左栏目为《中国天主教教义释义》拉丁原文，出自汾屠立著《利玛窦传》；中栏目为《天主实录》的法语译文，由戴遂良从罗明坚的中文教理问答《天主实录》中摘录并翻译；右栏目为罗明坚《天主实录》中文原文。经了解，罗明坚《天主实录》在罗马耶稣会档案处（ARSL, Jap, sin1,189）、梵蒂冈教廷图书馆（Borgia Cinese 324(1)号）、法国国家图书馆（6815-6819）有收藏。中国国家图书馆未查到此藏本。右栏目对应提取自中华典藏网收录的《天主实录》全文数据（苏ICP备19038362号；https://www.zhonghuadiancang.com/leishuwenji/mingmoqingchuyesuhuisixiangwenxianhuibian/83377.html）。

西方早期汉学研究　　047

（续表）

汾屠立著《利玛窦传》中《中国天主教教义释义》拉丁原文的中文译文	戴遂良译《天主实录》法文译文的中文译文	罗明坚著《天主实录》的中文原文（本栏为译者添加）
但在我的来处，宗教是人们生活的中心，我从这里出发，将基督教信仰的戒律传播到世界其他地方。在这个教义中，有着保护人的思想免受罪恶的束缚、使人升入天堂的绝佳方法。	天主在印度显灵，那里传播着能够拯救灵魂升入天堂、远离地狱的学说。	惟以天主行实，原于西国，流布四方。得以救拔灵魂升天堂，免堕地狱。
没有人不知道免于罪恶、升入天堂相对于黄金、珠宝和其他物质有多诱人。因此，当我意识到这是表示感恩的最佳方式时，便决定开始行动起来。近几年，我花费了大量精力将教义翻译为中文，尽量回馈本地人对穷苦和离家之人所表现出的善意。	这比什么奇珍异品、金银财宝都要好。鉴于我，一名僧人，给不了别的东西，就写下了教义并翻译成中文，聊表谢意。	姑述实录，译成唐字，略酬柔远之恩于万一云尔。
将这个教义付诸实践并不存在真正的困难，有的只是至高无上的幸福感。任何人若想全心投入其中，不需要长期斋戒，不需要连续守夜，不需要奔波劳苦，也不需要放弃财物等，这些将令人望而却步。对于伟大的上帝，以真诚的心敬仰他，遵守他最公正的教义，这就足够了。而接受上帝伟大馈赠的人，将获得内心的充实。	实践这一神圣的教义并不困难。不需要持续的禁欲、盲目的静修、放弃工作或跟随大师长途跋涉；只要以正直的心接受教导，不加怀疑，天主就会把幸福浇灌在他身上。	况能从此圣教者，其事不难。不必坐守禅定，亦不必屏弃正业。一惟诚心奉敬天主，无有疑二，则天主必降之以福矣。
因此，无论是谁接受他的教义，都会驱散黑暗，迎来光明，懂生死，知神谕，当乌云散开，将看到太阳、月亮和最明亮的天空。但若不遵从他的教育，灵魂必将在地狱永受惩罚。	那些没有读过教义的人就像沉浸在黑夜里，不知道什么是生，什么是死；而那些读过教义的人，对各种原则有所了解，因此可以分清正确和错误。他们看得很清楚，就像太阳或月亮的光芒驱散了云和雾。那些不信教的人将遭受苦难，坠入地狱，很难见到天主。这是谁的错？这是谁的错？	实录未见之先，如黑夜无光，不知生死之原。实录既见之后，自明天主根因，而知所以善善而恶恶者，真若扒云雾而睹日月矣。抑或视为故纸，则受永刑入地狱，终难克见天主。夫谁咎？夫谁咎？

（续表）

汾屠立著《利玛窦传》中《中国天主教教义释义》拉丁原文的中文译文	戴遂良译《天主实录》法文译文的中文译文	罗明坚著《天主实录》的中文原文（本栏为译者添加）
501页，第13行 为了获得这样的智慧，我从遥远的国度来到了这个最崇高的国家，想要学习中国完善的修行之法，为此，我不惜长途跋涉，经过了很多偏远的地方，最终在这个美丽的国度落脚。在这里，人们的生活富足而舒适。我渴望一件事，就是了解上帝……我很惊讶，这里没有人收到过他的馈赠……他是造物主和一切事物的主宰……在我们的语言里称他为"神"。	我，一名僧人，生于印度，听说中国（Tchoung-Hoa）经济繁荣、政治昌明，于是乘船三年抵达明朝（当时统治的王朝）。 现在我在中国定居，不是为了寻求财富，而是为了向天主效忠。因为天国中有一位天主，是天、地、人、物的创造者，应当受到全世界所有人的崇拜和侍奉……我很惊讶，您读了这么多书，却不知道这一点……是的，在天国里，确实有一位天、地和众生的主，印度人称他为Tiao-ouseu（神）。我，一名僧人，十分肯定这一点。	坚生西国，闻中华盛治，不惮风波，泛海三载，方到明朝。今居于此，非为名利，奉祀天主而已。盖天地之先，本有一天主，制作乾坤人物，普世固当尊敬之。人虽至愚，知有尊长在上，则知奉敬，只不知谁为至尊而奉之耳。 予见贤友敏达，姑揭一二正理云。天地之中，真有一尊，为天地万物之主，吾西国人所奉之真主是也。吾且以理譬之。
505页，第6行 异教徒：我承认，听到这么多关于上帝的内容，确实令人欢欣鼓舞；但是我想知道，人眼可以看到他吗？ 天主教徒：他超脱于人体的感官之外，物质的东西是可以看到的，但脱离物质的东西人眼无法看到。理性的人认为，灵魂是存在的，无论善恶，但最重要的是，上帝占据着最高的位置，超脱于一切物质。然而，虽然人眼看不到他，我们仍可以通过理性感知到他，正如我们虽然看不到事物的本体，但可以根据现象去判断，例如看到冒烟便知道着火，看到人的走动便知有灵魂，从上帝在世界各地创造的结果中，我们便能知晓他的存在。	您对我说：很高兴知道这么多关于天主的事，但我们肉眼能够看到他吗？ 我回答道：人们可以通过理性感知，而不是通过眼睛看见。世上的所有存在中，有些是有形的，有些是无形的，如天使、灵魂和魔鬼，我们要通过理性感知认识他们。例如，如果有一间小屋的烟囱在冒烟，虽然看不到火，但我们知道屋里有火；又如一具肉身在活动，我们便知晓其中有灵魂。愚蠢的人认为，可见的物体存在，而不可见的物体不存在。而我，一名僧人，肯定天主、天使、灵魂、恶魔是看不见但真实存在的。所有理智的人都会得出结论，有一位看不见的神的存在，有一片看得见的天地的存在，而前者是后者的创造者。同样，人的灵魂是存在的，因为肉身在活动。由此，通过理性感知，人们知道了天主的存在，而不用亲眼看到。	或闻之而跃然喜曰："吾今真知天主之事情矣。"第欲以身见之，未知得否。 答曰："得见之以理，而不得见之以目。且宇内之物，一者有形，一者无形。有形之物，眼得而见之。" "无形之物，若天神、魔鬼、人之灵魂等物，人皆不得而见，但度之以理而已。亦犹见其室上烟腾，虽未尝亲至室中，自然知其室中之有火矣。见其人身运动明智，则知其有灵魂。" "若愚昧之人见有形之物，则曰：'有。'若无形者，不得而见者，则曰：'无矣。'因此，余言天主、天神、魔鬼、灵魂等，皆是无形，人不得而见" "若贤者，则不然。见其有天地，则知有制作天地之主；见其人身之运动明智，则知其有灵魂矣。此所以言欲见天主，而不得见之以肉眼也。"

（续表）

汾屠立著《利玛窦传》中《中国天主教教义释义》拉丁原文的中文译文	戴遂良译《天主实录》法文译文的中文译文	罗明坚著《天主实录》的中文原文（本栏为译者添加）
除了这些和其他无限的美德之外，上帝还有其他三样东西，智者称之为个人财产；上帝的本体分为三个位格，我们称之为圣父、圣子和圣灵。但是要充分了解三位一体，需要耗费大量时间和精力，所以这里将它们省略了。	[有关三一论的段落在中文文本中缺失。]	此处未找到中文原文。
513页，第26行 上帝创造了亚当，让他住在最美丽的地方，允许他品尝各种水果，但只有一种不允许吃，以此来表现他对上帝的顺从和敬畏；但是出于对他美好生活和未来的嫉妒，魔鬼化身为蛇，说服夏娃吃下了果实，夏娃把她的丈夫引入了歧途。一切罪恶由此开始，并传给了后代。如果所有人都沾上了这种罪恶，包括对国家的背叛，那么他们自己甚至子孙后代都会受到惩罚，他们被剥夺所有财产，生活在极度贫困和耻辱中；违反统治者的命令和契约，也会受到处罚，但是这种处罚是否也会传给子孙后代？	天主创造了亚当后，想要考验他，指着一种水果对他说：我不允许你吃这个。你若吃了，就是违背了我。 魔鬼看到亚当表现良好，害怕他会升入天堂，于是引诱他偷吃果子。亚当没禁住诱惑，犯下了罪。他的罪传给了他的后代，他们都是天主的敌人。 [这就是全部内容。没有关于夏娃和蛇的记录。]	答曰："天主既造成亚当，置之地堂快乐之所。欲试其心，先以一样果子，嘱之曰：'此果不许汝食。若食此果，即是违吾诫耳。'魔鬼见亚当循善，妒其后日灵魂升天，即诱亚当食之，以违天主之诫。是以亚当既自得罪，复贻其罪于子孙，而与天主为仇矣。"
514页 第六章 已证灵魂不朽 539页 第十三章 上帝作为赏赐者	[中国和佛教哲学完全不同——紧接着是关于最后四段的章节，同样无法识别。]	此处未找到中文原文。

（续表）

汾屠立著《利玛窦传》中《中国天主教教义释义》拉丁原文的中文译文	戴遂良译《天主实录》法文译文的中文译文	罗明坚著《天主实录》的中文原文（本栏为译者添加）
519页 第七章 上帝作为立法者，以及神圣法律的历次颁布	[删减到几乎一无所有，唉！对原始和摩西启示的完美拉丁文概要不见了，取而代之的是下面的简短介绍。] 在之后的时间中，天主连续颁布了三条法律。第一条没有被记录下来，只包含两个要点：人们应该牢记上帝的存在并尊敬他，这是生而知之的事……；每个人都应像对待自己一样对待别人。如果能够做到，人们将升入天堂，否则将坠入地狱。 2450年后，人变得十分邪恶，天主出于怜悯，责成他曾教导的一个人（摩西）颁布新的法律，其中包含三项内容：对天主的专一崇拜……；遵守十条戒律……；对一个国家（犹太）的良好管理。1510年后，人再次变得邪恶，天主颁布了第三条法律。为此，他化身为人，降临世间，口述了新的法律，此后再无新法。这正好是第1584年。 [这正是中文文本《天主实录》记载的日期：道成肉身的1584年。]	"天主之造世人，若有为善，则取之升天受福。故降其诫于普世，使人为善，而救其灵魂升天。先一次之诫，天主并无字迹示人。其中只有二事：第一条，使人心中自知只有一天主，所当敬奉；第二条，使人存一推己及人之心。如不欲人以无礼加诸我，则亦不敢以此加之于人之类。人若能遵此诫，则升天堂受福，而与天主同乐矣。若违此诫，则堕地狱加刑，而与天主为仇矣。此乃先次之诫也。" "至于二千四百五十年之后，世人渐忘此诫。恶事日兴，人皆无行善之心。天主大发慈悲，复降一端之规诫。令一圣人，解释前诫。出示普世，使人复知为善。此诫中有三事：一者，教人奉事天主礼仪；二者，以十诫教人行善；三者，教人以善政治国。""至于一千五百一十年之后，天主见普世人违诫，又皆相从为恶，乃复降第三次之规诫，即今所守之十诫也。此诫至平而又至善，乃天主自降生于世界，而亲自教人。彼时至今，有一千五百八十四年矣。自此诫之后，再无别诫也。"

（续表）

汾屠立著《利玛窦传》中《中国天主教教义释义》拉丁原文的中文译文	戴遂良译《天主实录》法文译文的中文译文	罗明坚著《天主实录》的中文原文（本栏为译者添加）
523页 第八章 天主颁布了第三条神圣法律，并解释了天主为何化身成人	［同样是对化身成人的描述，却几乎完全不同。详见下文。］上帝给了人第三条法律。异教徒说：如果天主化身成人（如摩西），那么颁布第三条法律的也是人。僧说，不。天主为了使人皈依，化身成人，名为耶稣（粤语发音），在印度生活33年后回归天国。	"或曰：'第三次之归诚，吾未知是何人而降也？'""答曰：'天主见人违诚，自降生于世教人。亲将此诫，平而且妙，正而有理。'"（此处未找到与法译文完全相通的《天主实录》中文原文）
524页，第15行 为了使人皈依、获得最高的荣耀，上帝化身为人。他挑选了一个名叫玛利亚的美丽圣洁的女人，使她受孕，生下了人类和上帝之子。1582年之前（按照1582年版拉丁文手稿的时间来计算），上帝以人类之身与人共存，为之开辟了通往幸福生活的道路。他还把人从罪恶和永恒的惩罚中解脱出来，只要他们愿意追随他。在我们的语言中，耶稣被称为"救世主"。	从他下凡至今已有1584年（根据中国文献记载的日期）。耶稣身为天主（神）却为使人皈依而化身为人，这就是他名字（救世主）的含义。但是，异教徒问道，他有父亲和母亲吗？僧回答：他借腹出生，不需要父亲，因为天主的法力无边。他特别挑选了一个纯洁的女孩玛利亚，借她的子宫托生。天主吹了一口气，玛利亚感而受孕，并在九个月后生下了耶稣，但仍像之前一样纯洁，不曾被男人碰触。因此，耶稣有母亲，但没有父亲。	此处未找到中文原文。
526页 第九章 有关信仰的作品	中文：第三卷内容释义，一些人们应当相信的神迹——	解释人当诚信天主事实章。

(续表)

汾屠立著《利玛窦传》中《中国天主教教义释义》拉丁原文的中文译文	戴遂良译《天主实录》法文译文的中文译文	罗明坚著《天主实录》的中文原文（本栏为译者添加）
526页，第2行 第四，要记住，上帝选择了最为圣洁的处女，从他完美无瑕的子宫中创造了肉身，成为人。 第五，要相信，耶稣生下来既是神又是人，而处女仍然保持纯洁完整之身。如果你无法理解，我们换个说法。太阳的光芒照耀大地，如果前面有个玻璃瓶，太阳就会在里面照射出耀眼的光。太阳就像那至高无上的天主，而圣母就是纯净的玻璃瓶，不仅没有阻挡太阳的光，反而折射出高贵的光芒。 第六，要相信，耶稣既是神又是人，他不仅忍受着人类生活的种种艰难，还要面对痛苦的死亡…… 第八，要相信，在他死后第三天的黎明，崇高的灵魂与他已经葬在坟墓中的肉身再次结合。我们的救世主耶稣从死亡中复活了。 第九，每个人都要相信耶稣……他将虔诚之人召唤到身旁……最终，他成功地靠着自己的力量升上了天堂，带着至高无上的荣耀坐上了最高的宝座，并与身边的人分享福祉。 第十，要相信，当末日来临，耶稣将从天堂来到人间，审判所有人，他奖励正义之人升入天堂，并使邪恶之人堕入地狱，永世受罚。	5. 天主选择了一个名叫玛丽亚的处女，使其感而受孕。 6. 九个月后，女孩生下了耶稣，但仍像其他处女一般完整而纯净。我们怎样理解呢……好比一缕阳光照进了玻璃瓶，熠熠生辉且完好无损。 7. 耶稣为拯救世人，甘愿在十字架上受难。 9. 死后第三天，灵魂回归身体，耶稣复活了。 10. 之后，他的灵魂与身体升入天堂，位于宝座之上。 11. 当末日到来，耶稣将再次降临人间，复活失逝者，审判所有人的功与过。	三者，当信天主选择世间良善童贞女，名玛利亚。是为圣母，不由交感，童身而受天主第三位斯彼利多三多之降孕。圣母玛利亚孕九月而生耶稣。既生之时，并无半点污秽，仍前全体之室女。譬即太阳射光于琉璃瓶中，光虽在内，而琉璃瓶依旧不穿漏也。 四者，当信耶稣到三十三岁之时，自愿在于十字架上，被钉而死，救拔普世之灵魂。 五者，当信耶稣身死，魂进于古圣寄所，名曰令薄。救出人类原祖亚当，及往古诸圣人之灵魂，引而升之于天堂受福。耶稣至于死后之第三日，以魂凑合其身，而复活于世。 六者，当信耶稣复活于世，又在四十日。与一切圣徒来往，详究教中奥理，命其传道于四方。一日午间，忽于众圣徒前升天。祥云拥护而去，居于天主罢德勒之右座。 七者，当信天地终穷之日，则耶稣从天降来。将往古来今人之生死者，公审判，从而赏罚之。
528页 第十章 基督教戒律	紧接着是天主的十条戒律（《十诫》），分为两部分。 [由于佛教兴盛，这一部分内容在中国广泛传播，在此我不再赘述。]	此天主所以作之十诫。前三条者，敬乎天主事情；后七条者，益乎世人事情也。

西方早期汉学研究　053

（续表）

汾屠立著《利玛窦传》中《中国天主教教义释义》拉丁原文的中文译文	戴遂良译《天主实录》法文译文的中文译文	罗明坚著《天主实录》的中文原文（本栏为译者添加）
533页 第十一章 基督教规诫	中文：僧道释义。诚心的修行是通往天国的大道。 [这是一篇不错的拉丁文禁欲主义文章，但在中文文本中几乎被简化为零。对中国僧侣的激烈抨击（第535页）也被完全省略。] 在这世上，有三件事特别容易导致犯罪：做自己的主人；贪图享受；贪图财富。天主的教义劝诫人们远离这些危险，服从上级，抑制欲望，不拥有个人财产。每个人都可以自由决定接受或不接受约束。但如果在皈依后反悔，将受到严厉的惩罚。作为"僧"，我们会做三件事：共同住在一个修院里，征求上级同意再做事，只吃普通食物，无论可口与否。此外，我们拒绝奢靡与财富的诱惑，满足于日常所需，全心全意侍奉天主。	解释天主劝谕三规章。 "揭三者而言之世之，惟有三事得以诱人作罪：一者自专，二者贪色，三者贪财。是以天主劝谕修道之人守此三规，一者，凡事不可纵性自专，须从尊长之命令；二者，无欲；三者，绝无私财。""若人非专务修道者，则是无罪；若既专务修道，或自私财物。或娶妻继嗣者，其罪甚大，不可言矣。""人若绝其财色专一奉事天主者，甚胜乎娶妻求财之辈矣。守此三规，则易得道升天矣。是以我等修道者固守此三规。一者，住集于会中，凡事请命于会长；二者，不思色欲；三者，不思财利以资日用。此所以一心奉敬天主也。"
535页 第十二章 基督教圣礼	中文：对净化思想，洗涤污浊的解释。 [此章在拉丁文本中被省略，取而代之的是关于洗礼的简要说明，如下所示……] 先生，您曾答应讲述七圣礼。我非常想知道它是什么。回答：这包含很多内容，无法简单概括。我将专门写一篇关于它的论文（未写成）。现在，你只需知道它在印度被称为 Pa-ti-cheu-mouo（洗礼）就够了。当有人希望皈依时，他将请一位僧诵读教义，并将圣水浇到身上。圣水净化后，他以前所有罪过都被抹去，恶魔再不敢靠近，死后将升入天堂，获得幸福。没有受洗的人，灵魂被污秽覆盖，受制于魔鬼，是天主的敌人，死后注定要下地狱。要想得救，必须接受洗礼，以获得上帝的力量（恩典）。	解释圣水除罪章。 "或曰：'前言十条规诫、三条劝谕，则吾既闻命矣。问七条撒格辣孟多，果何说也？'""答曰：'七条事情甚多，且难一言而尽，必须后来著书明示，方可解明。今且举其至要之一事而言之。经文称曰保弟斯摩，译言领受圣水。人欲进天主教者，则请传教先生诵经文，以天主所立之圣水与之。既得天主圣水，则前罪尽洗，方可升天，其余邪魔、恶神难以侵近。若未领圣水之先，灵魂秽浊、罪恶多端。彼时事邪魔如君主，与天主为仇怨。及其死后，则魂进于地狱，而与魔鬼同群矣。世人若欲升天受福，必从此教，方得天主之恩。所以宇内万民，皆当认生我、御我之大原、大主。而虔奉之，万不容缓也。'"

这卷书以一位教外人士的致谢结束，表达了他对所接受的教导的感谢，皈依基督教的愿望和对不被拒绝的希望。多年来，《天主实录》一直为华南地区的传教士所用。金尼阁（Nicolas Trigault，1577—1628）告诉我们，他们保留了该书的印版，印制并分发了大量副本。

那么，1584年后是否有修订过的版本？之前标题引文的一些变化引起了我的怀疑。但错误又是如此常见……我宁愿相信，由于刷版印刷，扉页、花饰和标题的印版磨损很快，不得不重新雕刻，也许还做了一些修改，以适应时代和环境，而作品内容基本保持原样。

《十诫》（1582年印刷版）

第一诫，真诚信仰天主，不可有其他神。

第二诫，不可妄称天主之名。

第三诫，礼拜之日，应停止工作，到教堂祷告，拜祭天主。

第四诫，当孝敬父母，尊重长辈（上级）。

第五诫，不可杀人。

第六诫，不可奸淫。

第七诫，不可偷盗。

第八诫，不可搬弄是非。

第九诫，不可觊觎他人妻子。

第十诫，不可贪恋不义之财。

天主降下十条戒律，并赐给全人类。遵守戒律的人死后灵魂将升入天堂，获得幸福……而不遵守戒律的人死后灵魂将坠入地狱，遭受折磨。

（何念伦　中国国家图书馆）

中文渔网中的耶稣会士的鱼：阿塔纳修斯·基歇尔与景教碑的翻译[*]

［美］毕墨惜（Timothy Billings） 著
卢文芸 刘孝燕 译

译者按：本文2004年发表于加州大学出版社出版的 *Representations* 杂志第87卷，第1期。这篇论文对阿塔纳修斯·基歇尔为唐代《大秦景教流行中国碑》（1625年发现）所制作的双语对照评释提供了一个"汉学文本学"角度的解读。作者认为，基歇尔的翻译模式是一种"教义论战"：试图从中文碑文中重建一个虚构的原始文本，用以包容这块石头上所反映的会扰乱耶稣会信仰的那些非正统的意义。景教碑上的中文对基歇尔来说就是"筌"（渔网），而他所要表达的耶稣会教义才是他所

---

[*] 文献来源：*Representations*, Vol. 87, No. 1（Summer 2004）, pp. 1-42 Published by: University of California Press。原作者仔细梳理了以基歇尔为代表的景教碑翻译史，指出耶稣会士在翻译景教碑时，有意将景教碑中因融合中国文化而与基督文化相异的内容进行改造和曲解，以使其符合耶稣会士的宗教观念和传教需要。注释除了专门注明的译者注，其他都是作者原注。作者在注释中也有许多非常重要的关于景教碑翻译史、翻译理论的阐释，读者敬请多加留意。有些注释非常长，为方便阅读作了分段。另，本译文原文为英语，但也包含拉丁语、法语、意大利语等多种语言。英语之外的语言，翻译了之后尽量仍以括号保留原文以便查对。作者对于较长的书名，除了第一次会写全文外，后文常以省略型书名表达。译者亦依此例。非常感谢毕墨惜先生对本译文做了校阅，并且补充了部分校注。——译者注

得到的"鱼"。

　　第三种释文是对中文碑文的意译。它尽量避免用中文的顺序，因为它的句子结构对欧洲人说来是生疏的。它们被译成了拉丁文，这样对碑文解释得更充分些。①

　　　　　　　　　　　　　　　——阿塔纳修斯·基歇尔②，《中国图说》

---

① 此处译文引用自张西平等人译《中国图说》，第27页（大象出版社，2010年）。基歇尔《中国图说》为拉丁文，作者引用时大部分采用了奥吉尔比的《几句评论》对《中国图说》的英译，并在脚注中同时注明基歇尔的出处与奥吉尔比的出处，如，Ogilby, Several Remarks, p.11; Kircher; China Illustrata, p.29. 又如 Kircher, China Illustrata,p. 30; Ogilby Several Remarks, p.12. 奥吉尔比的《几句评论》使用的是古英语，作者在引用时对其某些文字也做了修订。少部分是作者根据拉丁文自译。本译在翻译作者使用的奥吉尔比的译文时，则大多引用张西平中译本，亦有注明。少部分译者自译。作者自拉丁文译出的引文，则译者自译。读者可仔细阅读注释——译者注

② Athanasius Kircher, *China Monumentis, qua Sacris qua Profanis, Nec non variis Naturae & Artis Spectaculis, Aliarumque rerum memorabilium Argumentis Illustrata*, Amsterdam: 1667（阿塔纳修斯·基歇尔，《中国的神圣又渎神的纪念碑和各种自然、技术奇观及其他有价值的实物材料的图说》，阿姆斯特丹：1667）；此即后来的《中国图说》（*China Illustrata*）。文中所有引用的译文都是我自己翻译，除非另有说明。尽管有时需要修正准确性，但我更喜欢尽可能使用约翰·奥吉尔比（John Ogilby）对基歇尔（Kircher）文本的翻译选集，以使引文具有时代气息。它们出现在约翰·尼霍夫（Johannes Nieuhof et al.）的 *An Embassy from the East-India Company of the United Provinces, to the Grand Tartar Cham, Emperour of China ...*（《联合省东印度公司使团谒见中国皇帝鞑靼大汗记》）中的单独编码的附录中，即 *With Several Remarks Taken out of Father Athanasius Kircher; Englished and set forth with their several sculptures*, by John Ogilby, London：1669（《来自阿塔纳修斯·基歇尔神父的几句评论；译成英语并对部分碑文作了阐释》，伦敦：1696）；此即后面所说的《几句评论》（*Several Remarks*）。大多数引文包括英语和拉丁语。例如，Ogilby（作者有做修订），*Several Remarks*, p. 2; Kircher, *China Illustrata*, p. 2.

　　随后，一本完整的法文译本，*La Chine D'athanase Kirchere de la Companie de Jesus: Illustrée De Plusieurs Monuments Tant Sacrés Que Profanes Et De Quantité De Recherchés De La Nature & De L'art*（Geneva: 1670），几乎立即由弗朗戈瓦·萨维宁·达尔基（Francois-Savinien Dalquié）出版了，也即后来的《中国图说》法文版（*La Chine illustrée*）。参见其复制本，*La Chine D'athanase Kirchere*（Geneva: 1980）。

　　不幸的是，拉丁版的唯一复制本，*China Illustrata*（Kathmandu：1979）（转下页）

得鱼而忘筌。

——庄子

一、一块汉学的基石

1625年的西安郊区，工人们正在为筑墙基而挖壕沟。这时他们的工具咣当一声，撞到了一个近三米高，两吨重的千年古碑。这座古碑的碑文讲述了一个几乎被完全遗忘的中国基督徒的奇异故事，引发了世界各地的（主要是基督徒的）汉学家与亲华人士、反华人士的超过300年近乎痴迷的翻译、阐释与恶言谩骂。[1]这一发现如此令人惊讶的原因是，

（接上页）虽然广泛可用，但并非由约翰·扬松（Johan Janssoon）印刷的原版制作而成，而是由雅各布·范·梅尔斯（Jacob van Meurs）（Amsterdam：1667）印刷的盗版制作而成，其翻制的铜版画质量明显低劣，唯一完整的英文译本 *China Illustrata*，译者：查尔斯·D. 范图尔（Charles D. Van Tuyl, Bloomington, Ind., 1987），也是基于这个盗版制成的（大象出版社版《中国图说》原本是范图尔的英文版，因此插图也是范图尔所用的质量比较低劣的翻制铜版画，有些图片与原版原图还呈镜像反转。——译者注）。

[1] 我们非正式地将新词"汉学文本学"（sinography）归于大卫·波特；尽管在2000年春季斯坦福大学的一次会议上，有几个人积极参与将其定义为一种评论模式，包括我自己和克里斯托弗·布什（Christopher Bush）、罗杰·哈特（Roger Hart）、韩瑞（Eric Hayot）、谢明（Xie Ming）、大卫·波特（David Porter）、苏源熙（Haun Saussy），以及斯蒂文·姚（Steven Yao）。简言之，"汉学文本学"（sinography）对汉学（sinology）的意义如同史学对历史的意义一样；各种批评方法（部分由学科本身提供信息）理论上与学科话语传统形成的条件有关。汉学文本学是关于"关于中国的写作"的写作，也是关于"中国如何被写作"的写作。苏源熙（Saussy）的文章（对此我经常引证）可以被视为此类评论的典范。借用长城的话语神话——正如林蔚（Arthur Waldron）所说的，许多世纪以来在许多地方建造了"许多"城墙，在其蔓延的墙体上有许多缺口——苏源熙将这部新的"汉学文本学"作品描述为他一向关注的所谓"伟大的话语长城"：话语媒介不可避免地影响着所有"东方/西方"之间的文化遭遇，它们的力量在弗洛伊德的精神分析场景中来回移动，就像移情和反移情作用一样，双方都创造了想象中的理解对象，就像在苏源熙和林蔚（Arthur Waldron）书中的长城一样。Saussy, *Great Walls of Discourse and Other Adventures in Cultural China*（苏源熙，《中国文化中的话语长城和其他冒险》），Cambridge, Mass.：2001；Arthur Waldron, *The Great Wall of China: From History* （转下页）

自从利玛窦（Matteo Ricci）于此前几十年到达中国，耶稣会士就一直在坚定地寻找在中国迷失了的基督徒的证据，这些证据主要基于使徒圣多默（St. Thomas[①]）在中国传教的传说，以及马可·波罗多次看到景教基督徒的记载；然而，他们所能发现的不过是些谣言。然后，仿佛是为了响应他们的祈祷，一座保存完好的唐代碑刻从地下出土了，上面刻着一个十字架，写着某种"光明之教"（景教）。毫无疑问，这些用精致的书法写成的优美中文所说的就是基督教。令所有人惊讶的是，这块石碑（标注的时间为781年）不仅记录了635年一位名叫阿罗本的牧师带领着讲叙利亚语的传教士来到中国，同时还保留了著名的皇帝唐太宗在638年发布的一道诏书：唐太宗（627—649[②]）恩准"光明之教"的牧师在首都建立教堂。[③] 耶稣会士欢呼这是上天支持他们在东方的使命的象

（接上页）to Myth（林蔚，《中国的长城：从历史到神话》），Cambridge：1992.

在我看来，汉学文本学还必须特指（也许不那么严格）某类整系列的文字和表述，这些文字和表述取决于中国，但其动机几乎完全与中国无关，包括从基歇尔的博学幻想到传媒产业的商业产品。如果我们有时会通过将我们的集体作品称为新"汉学文本学"，来抬高我们对"关于'关于中国的写作'的写作"这个项目做出各种贡献的话，我们并不打算否认类似这篇文章的文章都是构成我们研究对象的同一个话语系列的一部分。除了前面提到的那些，其他对"汉学文本学"的研究做出重大贡献的作者（无论他们是否意识到）还包括周蕾（Rey Chow）、阿里夫·德里克（Arif Dirlik）、詹启华（Lionel Jensen）、刘禾（Lydia Liu）、丽莎·洛（Lisa Lowe）。[关于"汉学文本学"，作为一种研究模式，其特征是认为，中国文本并不是一种可以被汉学家还原的真相或文本，注重中外文本的对比研究。参见《汉学文本学：中国如何被写作》（Sinographies: Writing China, Ed., Eric Hayot, Haun Saussy, Steven Yao, University of Minnesota Press, 2007.）——译者注]

① St. Thomas，通常译为圣多默或圣多马。耶稣十二门徒之一，据说曾到印度传教，也有说曾到中国传教。——译者注
② 作者写的这个时间是唐太宗在位的时间，不是生卒年。——译者注
③ 对于景教碑上令人难以置信的浩瀚多样的学术体系，有两项最全面的研究进行了图解式的回顾，这两项研究都集中在石碑的接受史以及历史和文献学问题上：伯希和（Paul Pelliot），《西安府的景教碑文》（L'inscription nestorienne de Si-ngan-fou）（这是伯希和死后出版的一份不完整手稿），安东尼奥·福特（Antonino Forte）编辑，（京都，1996），特别是第59—94页；以及夏鸣雷（Henri Havret），《西安府基督教碑》（La stèle chrétienne de Si-ngan-fou）（其中包含大量虔诚的辞藻），3卷，（上海，1895—1902），特别是第2章第244—91页。另见早期版本：Paul Pelliot, Recherches sur les chrétiens（转下页）

（接上页）*d'Asie centrale et d'Extreme-Orient: La stèle de Si-Ngan-Fou*（伯希和，《中亚及远东基督徒研究：西安府碑》），让·多维耶（Jean Dauvillier）编辑，（巴黎，1984）。[作者后面的引文常常对书名采用简称，例如，伯希和（Paul Pelliot）《西安府的景教碑文》（*L'inscription nestorienne de Si-ngan-fou*）常简称为《景教碑》*L'inscription nestorienne*。）；夏鸣雷（Henri Havret），《西安府基督教碑》（*La stèle chrétienne de Si-ngan-fou*）常简称为《基督教碑》*La stèle chrétienne*。——译者注]

英语的优秀短篇介绍可以在必备的《中国基督教手册第一卷：635年—1800年》中找到。（*Handbook of Christianity in China: Volume One: 635—1800*）[后文简写成《手册》（*Handbook*）——译者注]，钟鸣旦（Nicholas Standaert）编辑，（莱顿，2001），第1—42页，特别是第3页，第12—15页；还有福特（Forte）所编的伯希和的《景教碑》（*L'inscription nestorienne*），前言第7—12页（vii-xii）；孟德卫（David Mungello），《奇异的国度：耶稣会适应政策及汉学的起源》（*Curious Land: Jesuit Accommodation and the Origins of Sinology*）[后文简写为《奇异的国度》（*Curious Land*）——译者注]，（火奴鲁鲁，1989），第164—72页；慕阿德（Arthur C. Moule），《1550年以前的中国基督徒》（*Christians in China Before 1550*）（伦敦，1930）中的第二章，第27—51页；以及理雅各（James Legge）的演讲，《西安府的景教碑……以及包含有后来的基督教中国传教团概述及其现状的一个关于景教碑的演讲（1888年）》（*The Nestorian Monument of Hsi-an Fu… a Lecture on the Monument with a Sketch of Subsequent Christian Missions in China and their Present State*，1888），（1966年，纽约）。

英语研究最透彻的是伟烈亚力（Alexander Wylie），《西安府景教碑》（*The Nestorian Tablet of Se-gan -foo*）[后文简称《景教碑》（*The Nestorian Tablet*）——译者注]，《美国东方学会杂志》（1856）：第277—366页；佐伯好郎（Yoshiro Saeki），《中国景教文献和遗存》（*The Nestorian Documents and Relics in China*），第2版。（东京，1951年），第11—112页。这座景教碑在亚洲基督教的许多历史中也占有重要地位，包括古伯察（Evariste Régis Huc），《中国、鞑靼和西藏的基督教》（*Le christianisme en Chine, en Tartarie, et au Tibet*）一书中很长的一章，第4卷，（巴黎，1857），第2章第3—93页；以及塞缪尔·休·莫菲特（Samuel H. Moffett），《亚洲基督教史》（*A History of Christian in Asia*）中的一个完整章节，（纽约州玛丽诺尔，1998），第288—323页。

关于景教碑上的汉语阐述部分的注释书目，参见伯希和（Pelliot），《景教碑》（*L'inscription nestorienne*），第74—94页；夏鸣雷（Havret），《基督教碑》（*La stèle chrétienne*），第2章第314—24页和第2章第376—413页；伟烈亚力（Wylie），《景教碑》（*The Nestorian Tablet*），第289—300页。

对碑文的汉语研究，参见王昶（他在其著名的《金石萃编》中收集了许多碑文中的汉语阐述文字），《金石萃编》（青铜器和石碑的精选合集）（青浦，1805），第102页，第1—14页；潘绅（伟烈亚力和伯希和都使用了他的解释），《景教碑文注释》（上海，1925）以及冯承钧（他提供了很好的概述），《景教碑考》（台北，1962）。 （转下页）

征,并立即着手翻译它来传播这个消息。①

虽然现在通常称为景教纪念碑、景教碑或西安石碑,但这块著名的

（接上页）景教碑文文本也出现在《大正新修大藏经》第54卷,高楠顺次郎（Junjirō Takakusu）和渡辺海旭（Kaikyoku Wanatabe）编辑,（东京,1932）,第54卷,第2144章,第1289a页—1290b页。

碑文所有引文均出自作者收集的拓片,并按照竖列编号引述,编号从碑文的第一个完整列开始（和基歇尔的书中一样）。

关于中国耶稣会士的背景,特别是关于"儒教礼仪"的解释和"适应原则"的传教策略的争议,参见詹启华（Lionel M, Jensen）,《制造儒学:中国传统与普世文明》(Manufacturing Confucianism: Chinese Traditions and Universal Civilization)[后文简称《制造儒学》(Manufacturing Confucianism)——译者注]（北卡罗来纳州达勒姆,1997）；孟德卫（Mungello）,《奇异的国度》（Curious Land）；钟鸣旦（Standaert）,《手册》（Handbook）,第309—21页；鲁保禄（Paul Rule）,《孔子还是孔夫子？耶稣会士对儒家的阐释》(K'ung-tzu, or Confucius? The Jesuit Interpretation of Confucianism)（悉尼 1986）；《中国礼仪之争:历史与意义》(The Chinese Rites Controversy: Its History and Meaning),孟德卫（David Mungello）主编,（德国内特尔,1994）；史景迁（Jonathan D. Spence）,《利玛窦的记忆宫殿》(The Memory Palace of Matteo Ricci)（纽约,1984）；邓恩（George Harold Dunne）,（作为通俗易懂的介绍）《一代巨人:明末耶稣会士在中国的故事》(Generation of Giants: The Story of the Jesuits in China in the Last Decades of the Ming dynasty),（印第安纳州圣母院,1962）。

另见《东方遇到西方:耶稣会士在中国,1582—1773》,主编查尔斯·E. 罗南（Charles E. Ronan）和 Bonnie B. C. Oh（邦妮·B.C. 奥）（芝加哥,1988）；阿诺德·H. 罗博瑟姆（Arnold H. Rowbotham）,《传教士与满大人:中国宫廷的耶稣会士》(Missionary and Mandarin: The Jesuits at the Court of China)（伯克利,1942）,特别是第119—75页；最早的几篇论文,《中国和欧洲:十六至十八世纪的图像和影响》,李弘祺（Thomas H. C. Lee）编辑,（香港,1991）；以及马克林（Colin Mackerras）,《亲华与反华:西方对中国的看法》(Sinophiles and Sinophobes: Western Views of China,),见于《亚洲文学选集》(Literary Anthologies of Asia),（牛津,2000）。

有关耶稣会的中文文本工作的无与伦比的资源,请参阅《耶稣会罗马档案馆明清天主教文献》(Ming Qing Catholic texts from the Roman archives of the Society of Jesus),编辑:钟鸣旦（Nicolas Standaert）和杜鼎克（Adrian Dudink）（台北,2002）。

① 正如基歇尔所重申:"我们的神父第一次读到这本书时非常振奋,对上帝赞美不尽,因为在基督的葡萄园重新进行种植时,发现这样一块极为重要的碑石有助于异教徒改信基督教。"; Ogilby; Several Remarks, p.5; Kircher; China Illustrata, p. 8（此处引用的是张西平等人大象出版社版《中国图说》第18页的译文。——译者注）。

石头正确的称呼是碑头上的九个大字："大秦景教流行中国碑"——大秦可能指东罗马帝国；"景教"（光明之教）指的是由聂斯脱利派所传播的基督教，聂斯脱利派在5世纪因为一个教义问题的分歧从东正教分裂出来，并因在亚洲传播基督教而闻名。[1]这座碑另一个很不寻常的地方，是它刻有大约十二行迦勒底语或叙利亚语（阿拉姆语的一个分支，当时景教徒仍然作为一种神职人员语言使用），以及同时用叙利亚文和中文书写了与中国教会相关的，其职级包括从主教到执事的大约70人的名字。自从它被发现以来，几代学者因为它一度被认为是伪造的而争吵，也为了它的精确解释争论不休，使其成为所有中文文本中重译次数最多的文本之一，甚至成为欧美汉学的恋物癖般痴迷的教科书式读物[2]。在

---

[1] "大秦"的确切所指一直以来都是争论的话题。参见蒲立本（Edwin G.Pulleyblank），《汉朝所知的罗马帝国》 *The Roman Empire as Known to Han*，《亚洲研究杂志》，第119期，第1号（1999），第71—79页；夏德（Friedrich Hirth），《中国与东罗马》（*China and the Roman Orient*），（莱比锡，1885）。

[2] 到20世纪早期的时候，所有伟大的（基督教）汉学家在他们的职业生涯中都曾对景教碑进行过翻译或评论。伯希和（Pelliot）回顾了景教碑出土后前300年的40种主要翻译，其中还不包括许多次要或衍生翻译，也不包括1920年以后的任何翻译，也不包括数不胜数的在评论、历史和回忆录中对各种翻译的重印；参见伯希和（Pelliot），《景教碑》（*L'inscription nestorienne*），第95—146页；以及夏鸣雷（Havret），《基督教碑》（*La stèle chrétienne*），第2章第325—42页。这种充斥着痴狂迷恋的历史，再加上景教碑难以捉摸的混合特征，无疑成为谢阁兰（Victor Segalen）的诗集《石碑》（*Stèles*）（1914）正式以它为创作原型的灵感来源。[见作者编辑并翻译的版本，有Christopher Bush和Haun Saussy的合作: *Stèles* / 古今碑录，Wesleyan University Press, 2007。——作者校注]

尽管数百年来，来自非专业人士的"教派攻击"试图对这一"耶稣会"的发现质疑，但这座纪念碑的真实性已不再存在任何疑问。有关怀疑者的偏见和误解的评论，请参阅：伟烈亚力（Wylie），《景教碑》（*The Nestorian Tablet*），各处；伯希和（Pelliot），《景教碑》（*L'inscription nestorienne*），第147—66页；夏鸣雷（Havret），《基督教碑》（*La stèle chrétienne*），第2章第262—91页；孟德卫（Mungello），《奇异的国度》（*Curious Land*），第169—71页。强烈反对耶稣会的伏尔泰（Voltaire）是几个世纪以来最著名的怀疑者，他明确地将其称为"虔诚的骗局"之一，认为这件事被太轻易地认可了；参见伏尔泰《风俗论——论各民族的精神与风俗以及自查理曼至路易十三的历史》（*Essay sur L'histoire generale et sur les moeurs et l'esprit des nations, depuis Charlemagne jusqu'à nos jour*），（日内瓦，1756），第126页。伏尔泰后来在他的《写给本 （转下页）

图1 今天的景教碑。在西安碑林博物馆，这块石头靠墙支撑，用有机玻璃保护。作者拍摄的照片。

受过教育的中国人中，它与罗塞塔石碑一样广为人知（图1）。

对于那些了解阿塔纳修斯·基歇尔的人来说——他是耶稣会的怪人和博物学者，也是埃及文字被破译两个世纪之前的世界著名埃及象形文字专家。"庸俗错误"的敌人，托马斯·布朗称他为"勤奋学习的杰出例子"，"没有人能够成为比他更好的俄狄浦斯"①——因此此后一个多世纪，当人们想到这座石碑就会想到基歇尔，也就不足为奇了。②尽管他不懂中文，但正是基歇尔首先引起了人们对这座石碑的广泛关注，因为他将景教碑碑文的译文塞进了他关于科普特语与埃及

笃会教友Paw先生的关于中国人、印度人和鞑靼人的信件：还有其他一些有趣的作品》（*Lettres chinoises, indiennes et tartares: à Monsieur Paw*），（巴黎，1776）一书中的第四封信中，又回到了关于景教碑的话题。而最有说服力的攻击（伟烈亚力系统地驳斥了这些（接上页）说法）来自索尔兹伯里（Edward-Elbridge Salisbury）《论所谓的西安府景教纪念碑的真实性》（*On the genuineness of the so-called Nestorian Monument of Singan-Fu*），《美国东方学会杂志》（*Journal of American Oriental Society*）（1853），第3章，第399—419页。景教碑被掩埋无疑将它从公元845年的唐武宗灭佛的敕令中拯救出来了，该敕令要求解散所有宗教团体，并广泛摧毁寺院、经书和其他宗教碑刻（就像1100年后，掩埋利玛窦纪念碑以免其遭到红卫兵的冲击一样）。

① 托马斯·布朗爵士（1605—1682），医学博士和文学家，代表作《错误观念的流行：或对许多公认的信条和普遍假定的真理的调查》（*Pseudodoxia Epidemica: Or, Enquiries Into Very Many Received Tenents, and Commonly Presumed Truths*），也被简称为《庸俗错误》（*Vulgar Errors*），其内容是应用观察和推理指出当时普遍存在的一些错误知识，并提供了有关的新知识。因此被称为"庸俗错误"的敌人。基歇尔有研究埃及的象形文字著作《埃及的俄狄浦斯》，因此被他称为"最好的俄狄浦斯"。——译者注

② Thomas Browne, *Pseudodoxia Epidemica*（托马斯·布朗，《错误观念的流行》），Oxford: 1996, 1.9.56 and 3.11.201. 布朗是基歇尔的忠实读者，并且常在他的著作提到基歇尔。在1679年4月2日给他儿子爱德华的一封信中，他引用了《中国图说》（*China Illustrata*）中关于人参的扩展段落（在此过程中略微修正了基歇尔的拉丁语）；Thomas Browne, *Works*, ed, Geoffrey Keynes. Chicago:1964, 4: § 66. 英国皇家学会的成员们也热切地阅读了基歇尔；参见康纳·雷利（Conor Reilly），《阿塔纳修斯·基歇尔：一百种艺术的大师》（*Athanasius Kircher S. J.: Master of a Hundred Arts*, 1602—1680），（罗马，1974），第99—112页。在1667年的日记中，塞缪尔·佩皮斯（Samuel Pepys）写道，他购买了"一本带有罕见版画的最优秀的书"；引自Rowbotham, *Missionary and Mandarin*, p. 279（罗博瑟姆，《传教士与满大人》，第279页）。

语的关系的主要著作《科普特语或埃及语的前身》(*Prodromus Coptus sive Aegyptiacus*)（1636）之中；也是基歇尔，在30年后又回到了这块石碑，在他印刷精美的《中国图说：神圣又渎神①的纪念碑（即景教碑——译者注）和各种自然、技术奇观及其他有价值的实物材料汇编》（1667）(*China Illustrated by Monuments both Sacred and Profane, as well as by Various Spectacles of Nature and Art, and by Descriptions of Other Memorable Things*)一书中，为这块石碑的所有中文文本创作了第一个双语对照的"评释版本"，在欧洲出版供欧洲读者阅读。这样一个珍奇百宝柜般的书名让浏览者很容易将这本书简单地看作东方的插图珍品集，只是其中恰好有一个令人惊叹的中文书写的折叠插页。②但是，有重要意义的是，这个令人印象深刻的标题毫不掩饰地点出了主题：中国首先是通过这座基督教中国碑（"既神圣又渎神的"）来图说的，它占据了本书的第一部分。这也是基歇尔要承担这些全部工作的原因，正如在他在"给读者的前言"中直接声明的那样。③尽管近年来，人们对

---

① "神圣又渎神"的原文"sacred and profane"中的"profane"，同时包含有"世俗、异教、亵渎、不敬"等义，包括所有非"神圣"的事物。景教碑的内容既有基督教义，也融合了不同于基督教义的中国文化，因此耶稣会士认为这些内容是"sacred and profane"。——译者注

② 追求奇观的人还可以在基歇尔对于地方风物的奇特乐趣中享受到丰厚回报。如对蛇石及其抗蛇毒优点的描述；有一幅满页插图，描绘了梵天身体的各个部分，从中展现出印度教的宇宙观（译者注：参见大象出版社版《中国图说》第289页插图"婆罗门教徒关于梵天的十四个世界的想象的故事"）；在一幅插图中，有一只乌龟像中国的卡美拉（Gamera, ガメラ, 日本电影中的一种怪兽，形状像乌龟）一样在空中射击，而另一只乌龟则在地面上跋涉——还附有一个清醒的解释说，即使河南的乌龟脚上可能有翅膀状的网，这并不意味着它们能飞；Kircher; *China Illustrata*, p. 81, 85, 205。

③ "第一部分介绍了那个大理石纪念碑，世界上最著名的作品，为此我们承担了这项工作"（"Ac prima quidem Pars exhibet marmoreum illud momunentum toto Orbe celeberrimum cujus causâ hoc Opus à nobis captum fuit"）；基歇尔，《中国图说》，第二卷标题。拉丁文的"纪念碑"可以是文字也可以是石头，这两种含义在这里都很合适。作为第一张超大折叠版画（《中国图说》中使用了特别制版），在基歇尔过世后，这份景教碑碑文在基歇尔博物馆的目录中也仍然占有令人自豪的位置，甚至出现在埃及方尖碑之前。参见（转下页）

基歇尔在范围广泛的众多学科（从磁学到音乐，从光学到象形文字，从植物学到火山学，从宇宙学到药理学，从诺亚方舟到巴别塔）中广采博收的专业知识重新产生了兴趣，但对《中国图说》的讨论还相对较少。毫无疑问，其原因部分是基于学科方面。大多数研究欧洲的"早期现代"[①]时期的学者在接近属于区域研究的这个学术领域时都非常谨慎（就好像讨论基歇尔著作的唯一个理由是衡量它是否准确地描述了一个假定是预先存在的文化对象），大多数汉学家不愿意采用这些材料，因为《中国图说》在很多方面都如此明显的奇幻而不真实，自基歇尔的作品出现后，汉学界就试图排斥一切这种以奇幻材料为代表的事物，以界定自己的学术领域。[②]

（接上页） Georgio de Sepibus, *Romani Collegii Societatus Jesu Musaeum celeberrimum, cuius magnum antiquariae rei, statuarum imaginum, picturarumque... P. Athanasius Kircherius Soc. Jesu, novis & raris inventis locupletatum, compluriumque principum curiosis donariis magno rerum apparatu instruxit...* Amsterdam: 1678, 8 f. （乔治·德·塞皮布斯，《罗马大学耶稣会最著名的博物馆，其伟大的古董成就，雕像和图片……耶稣会士阿塔纳修斯·基歇尔出版并丰富了新的和罕见的发现，这个好奇王子用他大量的礼物布置了展架……》，阿姆斯特丹：1678，第8页，有插图。）人们可能想知道，习惯性地将标题截断为 China Illustrata（即被图说的中国）而不是采用书名开头的两个单词 China Monumentis（即中国的纪念碑）可能不是由于文法的惯例，而是由于将这部作品视为完整的原始民族志描绘的愿望。

[①] 早期现代（early modern），是欧洲历史学中的一个历史分期，通常被视为中世纪和现代（约1450—1800年）之间的过渡时代。——译者注

[②] 关于基歇尔的背景、学术，以及进一步的参考书目，参见《伟大的知识艺术：阿塔纳修斯·基歇尔的巴洛克百科全书》（*The Great Art of Knowing: The Baroque Encyclopedia of Athanasius Kircher*），丹尼尔·斯托尔岑贝格（Daniel Stolzenberg）主编，（斯坦福，2001）；英格丽德·D. 罗兰（Ingrid D. Rowland），《狂喜之旅：巴洛克时期罗马的阿塔纳修斯·基歇尔》（*The Ecstatic Journey: Athanasius Kircher in Baroque Rome*）（奇卡戈，2000）；迪诺·帕斯廷（Dino Pastine），《偶像崇拜的诞生：阿塔纳修斯·基歇尔的宗教东方》（*La nascita dell'idolatria: L'Oriente religioso di Athanasius Kircher*）（佛罗伦萨，1978）；乔斯琳·戈德温（Jocelyn Godwin），《阿塔纳修斯·基歇尔：文艺复兴时期的人与失落知识的探索》（*Athanasius Kircher: A Renaissance Man and the Quest for Lost Knowledge*）（伦敦，1979）。

另见最近由保拉·芬德伦（Paula Findlen）编辑的论文集，《阿塔纳 （转下页）

本文的目的是概述关于基歇尔的景教碑评释的汉学文本学问题，以此作为阅读《中国图说》的必要序言。我自己的解读是基于这样一种理解，即基歇尔的评释版本是一场"汉学——教义"的论战，旨在通过在翻译中战略性地重写这块石头所反映的所有不符合耶稣会信仰的东西，将这块石头塑造成一个原始耶稣会的历史遗迹。从这个意义上说，基歇尔充满奇观的图册主要是一项自我图说——图说了一个将福音带到亚洲的天佑传奇，以及其中的那些耶稣会英雄，和他们在那里发现的东西——这种图说以"神圣又渎神"的景教碑为代表，耶稣会士以此就在翻译和解释方面都处于无可取代的地位，因为他们被公认为是语言、文化和教义理解上无与伦比的大师。就连这本书的象征性卷首插图中所描绘的中国传教团"名人堂"谱系，也展示了这种上天护佑与自我吹嘘的相互结合。插图的上方是耶稣会的共同创始人，圣依纳爵·罗耀拉和圣方济各·沙勿略；下方是中国使团的两位伟大人物，利玛窦和汤若望，他们正拿着一张中国地图（这是指"被图说的中国"，或者是书本身的缩影），其重量由一位天使支撑，并标有耶稣会活动的热点，其中最显眼的是发现的景教碑的地址"Siganfu"（西安府）。因此，这幅卷首插图象征的不仅是一个"被图说的中国"，也是耶稣会士在"图说"

（接上页）修斯·基歇尔：最后一个无所不知的人》（*Athanasius Kircher: The Last Man Who Knew Everything*），（纽约，2004）。有关基歇尔的《中国图说》的具体作品，请参阅苏源熙（Haun Saussy），《中国图说：一杯茶中的宇宙》（*China Illustrata: The Universe in a Cup of Tea*）；斯托尔岑贝格（Stolzenberg），《伟大的知识艺术》（*The Great Art of Knowing*），第105—14页；弗洛伦斯·夏（Florence Hsia），《阿塔纳修斯·基歇尔的中国图说》（*Athanasius Kircher's China Illustrata*），在芬德伦的著作《阿塔纳修斯·基歇尔》中第383—404页；博莱斯瓦夫·什切斯尼亚克（Boleslaw Szczesniak）（谨慎使用，因为它包含许多错误），《阿塔纳修斯·基歇尔的中国图说》（*Athanasius Kircher's China Illustrata*），《奥西里斯（芝加哥大学的一本期刊）——译者注》，第10期（1952）：第385—411页；J. 米切尔·莫利那（J. Michelle Molina），《真实的谎言：阿塔纳修斯·基歇尔的中国图说和墨西哥神秘主义者的生活故事》（*True Lies: Athanasius Kircher's China Illustrata, and the Life Story of a Mexican Mystic*），见于芬德伦的著作《阿塔纳修斯·基歇尔》中第365—81页。

图2 阿塔纳修斯·基歇尔的《中国图说》(阿姆斯特丹，1667) 的卷首插图。[利玛窦在本书中被误认为是"基尔切鲁斯"(Kircherus)]('Kircherus'即基歇尔名字拉丁化——译者注)。作者收集。

他们自己在神的帮助下"图说中国"。(图2)此外,书中的第一幅插图是一幅详细的全中国(双页)地图,标明了"Siganfu"(西安府)的位置,标题为:"Locus ubi inventus lapis sino-Syriacus(发现中文——叙利亚文石碑的地方)。既然本书所有图说的令人惊奇的成就,都是由它们对景教碑的识读和对发现景教碑这个奇迹的相关赞美所构成的,因此本书所有其他类别的材料(包括中国的、印度的)[①]必须被视为至少被这个框架结构的自证功能潜在地包含进去了。总之,我将在这里将基歇尔汉学的目标描述为试图从他者的他者中重建一个完整的自我。

二、基歇尔景教碑文本的图表结构:碑文,网格表,图形表

基歇尔在《中国图说》中对景教碑的展示的独特之处,在于他采用了一种"四重"评释结构,包括一份碑文副本和三份"解释"的网格式图表。

A. "马修(Mattheus)"[②](一位中国的皈依者)抄写的中文文本:一张巨大的、折页式的碑文版画,对字符做了数字编号并按竖列排序形成一个网格,并且呈现为石碑的形象。(图3)

B. 由卜弥格(基歇尔关于景教碑的主要信息的提供者)编写的读音表:这是一个对每个汉字都用罗马拼音法注音的表,按网格竖列排序编号。(图4)

[①] 此处有删减。——译者注

[②] 即为《明末奉使罗马教廷耶稣会士卜弥格传》中伯希和所说的华人玛窦(Mathieu)。大象出版社版《中国图说》第21页在脚注中引述了这一段:"此信札题卜弥格名,并题华人沈安德与别一华人玛窦(Mathieu)之名。"孟德卫说,"伯希和(Paul Pelliot)认为,这位 Mathew 应该是陪白乃心神父从北京经中亚返回欧洲的那个中国人。1664年上半年,此人一直在罗马,为《中国图说》抄写的碑文显然是在这段时间里最终完成的。据说这个 Mathew 于1665年在君士坦丁堡去世。"参见[美]孟德卫《奇异的国度:耶稣会适应政策及汉学的起源》,陈怡译,大象出版社,2010年,第169页。——译者注

图3 表1：景教碑文本的折页抄本，是基歇尔的评释结构中的四个"表格"中的第一个表格，见于《中国图说》，第12页插图。作者收集。

图4 表2（释文Ⅰ）：发音表，在《中国图说》，第13页。作者收集。

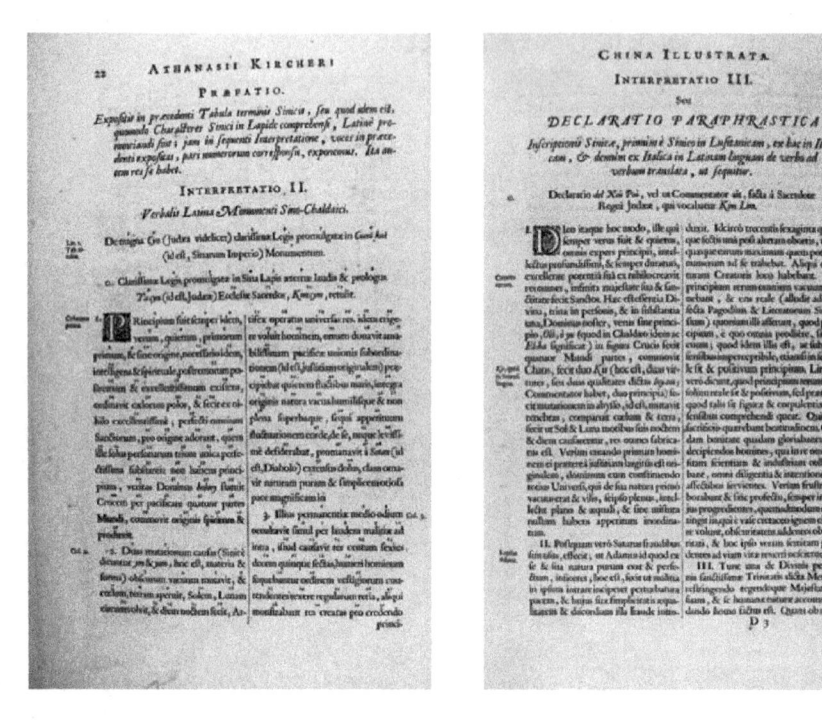

图5 表3（释文Ⅱ）：对上标编码的文本的逐字翻译，《中国图说》，第22页。作者收集。

图6 表4（释文Ⅲ）：对碑文的意译，《中国图说》，第29页。作者收集。

C. 一篇逐字的对译，也由卜弥格翻译：即对每个汉字都用一个拉丁语单词解释，并在每个拉丁语单词上标出这个字在碑文网格中的位置编号。（图 5）

D. 基歇尔所作的一篇意译：这个译本来自一个早期的意大利语译本，首次单独印刷是在他的《科普特语或埃及语的前身》（*Prodromus Coptus*①）一书中。这是一个可读性强的流利的拉丁语版本，文本上偶尔会有基歇尔的注解。（图 6）②

正如基歇尔曾在他的《新型通用多重语言组合查询术》（*Polygraphia Nova et Universalis*③）（1663）一书中所描述的一种神奇的多重文字的语

---

① 此处 *Prodromus Coptus* 是《科普特语或埃及语的前身》（*Prodromus Coptus sive Aegyptiacus*）的略写。——译者注

② Kircher, *China Illustrata*, p.12 f, pp.13–21, pp.22–28, pp.29–35. 以欧洲语言出版的第一个完整的景教碑碑文译本是意大利语版本（基于早期的葡萄牙语版本），基歇尔用它作为他自己翻译的基础：*Dichiaratione di una pietra antica, scritta et scolpita con l'infrascritte lettere, ritrovata nel Regno della Cina*（匿名译者，《在中国王国发现的书写和雕刻在古代石头上的声明》，罗马，1631 年）。我将"卜弥格"的译本当作一种速记，是为了在接下来的讨论中使用简单的名字（这样说比'Boym、Mathiew、和 Andreas 以及其他匿名的中国学者'还简单多了），但我们应该记住史景迁所观察到的教训，就是我们经常将欧几里得《几何原本》翻译成中文称为"利玛窦的胜利"，而不是与徐光启（Paul）的"友谊与合作的胜利"；因为这种工作总是由耶稣会士与中国学者密切合作完成的，没有他们是不可能完成的；史景迁（Jonathan Spence），*Claims and Counter-Claims: The Kangxi Emperor and the Europeans*, 1661—1722 [《索权与反索权：康熙皇帝与欧洲人（1661—1722）》]，摘自孟德卫主编的论文集《中国礼仪之争》，第 19 页。

卜弥格在信中提到他准备碑文文本曾得到郑安德（Andreas Zheng，他的旅伴）的帮助；但碑文抄本的标题表明它是从原件复制的（可能是 1664 年"中国人马修"的手拓片 *Hanc Tabulam propria manu ex autographo descripsit Matthæus Sina Oriundus ex Sianfu Romae Anno 1664*）。自从卜弥格于 1653 年将他的手稿交付给基歇尔并于 1659 年去世，他不可能参与碑文文本的最后准备。我猜是卜弥格依据一份有上标编号的碑文副本，准备了一份有上标编号的逐字翻译手稿，而基歇尔后来自己独创性地把它们分成了有四个部分的评释性网格表。值得注意的是，卜弥格没有以任何方式提到网格，只提到了编号。最后的抄本是由一个不知道如何正确书写中文的人准备的。

③ 在《奇异的国度：耶稣会适应政策及汉学的起源》一书中记其全称为 *Polygraphia Nova et Universalis ex combinatoria arte detecta*，译为《得自组合术，并可运用于多种　（转下页）

言机器,他夸口说,他巧妙的网格表式的设计可以让任何"好奇的读者"都可以通过互相参照找到碑文上任何一个汉字的发音、本意与意译的语境中的意义。①不幸的是,基歇尔用于演示的所有三个例子都包含了最基本的错误,这表明对于一个还不懂中文的人来说,使用这种评释结构是多么困难,包括发明家本人。②

此外,最基本的错误甚至在人们开始使用它之前就已经被植入了结构本身。例如,卜弥格没有意识到碑文是用骈文书写的,他将(碑文)第一列的分行处误认为是"创世说"这部分内容的各从句之间的断句,如下所示("/"表示分行,标在每个单词之前的上标数字是编号):

[主…]鼓元风而生 / 二气,暗空易而天地开。③

(接上页)语言的通用新书写方式》,供参考。参见[美]孟德卫《奇异的国度:耶稣会适应政策及汉学的起源》:陈怡译,大象出版社,2010年,第233页。——译者注

① "石碑的三种释文及三种释文的方法与理由"(De triplici Interpretationum, Modo & Ratione Nota ad Lectorem)。Kircher, *China Illustrata*, pp. 10–12.

② 基歇尔将"春月"当作单个字符"月"("Luna",moon)的发音,这是基歇尔无法纠正的发音表中的一个错误;当他试着写"生"("Vita,"life")的时候却写成了"王"(king),丢掉了区分它们的笔画;他将"instituit"(创建)作为"大"的翻译,因为在参照评释网格时错滑了一格,将位置18:8的字误读为位置在18:9的字;基歇尔,《中国图说》(*China Illustrata*),第11页。参见孟德卫,他描述了基歇尔在关于汉语的象形文字性质的最后一节中所犯的类似错误;孟德卫(Mungello),《奇异的国度》(*Curious Land*),第153—56页。有趣的是,孟德卫将基歇尔的评释版本描述为一个仍然可用于咨询的高效展示(但我的论点是这个就是它的目的,是看起来非常有用的,即使它不是,甚至可以愚弄最挑剔的读者。——作者校注)(第167页)。

③ 此处斜杠"/"表示碑文换行处。[主…]原文没有,作者按语意补加。此处碑文原为:"总玄枢而造化。妙众圣以元尊者。其唯我三一妙身,无元真主阿罗诃欤。(主)判十字以定四方。鼓元风而生二气。暗空易而天地开。日月运而昼夜作。(主)匠成万物,然立初人。别赐良和,令镇化海。"在这里,上帝"鼓元风而生二气"之后,"暗空易而天地开。日月运而昼夜作",可以理解为,上帝创造了二气,二气运行演化,于是自然地出现了暗空易天地开等现象,这里暗空-易,天地-开,日月-运,昼夜-作,本身是主谓结构,不是上帝作主语。按中国宇宙论观念,世界是阴阳二气自然化生。按基督教的上帝创世说,则是上帝直接创造一切。景教碑的唐朝作者景净将上帝创世说与中国的二气观念做了一种融合,让上帝创造二气,二气再演化天地日月。既维护了自己的(转下页)

[Dominus...]

46commovit 50originis 51spiritum 52& 53produxit. / 2. 1Duas 2mutationum 3causas（Sinicè dicuntur *ym & yam*, hoc est materia & forma）3obscurum 4vacuum 5mutavit, 6& 7coelum 8terram 9aperuit.①

latin:[the Lord ...]

46moved 50of origin 51the spirit 52and 53brought forth, / 2. 1The two 2causes of changes（called by the Chinese ym & *yam*, that is, matter and form）3dark 4void,[He]5changed; and heaven earth,[He]revealed.②{[主…]鼓元风而生，/2.二气（中国人称为阴和阳，也就是物质与形式）暗空，易，而天地开。③}

这种对比固然令人头晕目眩，但值得注意的是，汉语的句法结构允许此处沿用前文中作为主语的"主"（"the Lord"）而不必重复写出，不仅是第一个动词，而且是所有四个动词都承接沿用了主语"主"。实际上，卜弥格的翻译仍然将改变"暗空"和"天地"这些事的执行者的位置"归还"给了基督教的上帝④——虽然在碑文中，它们在语法上是独

（接上页）教义立场，又亲近了所身处的中国文化环境，是一种调和与让步。景教碑对创世论的这个改变很微小，但很有意义。后来的基歇尔在全文意译中，不仅在二气前加上"主"这个主语，也在"暗空易而天地开"前加上了这个主语，重新让上帝直接"改变黑暗形成天地"，抹杀了"二气"的重要作用。利玛窦也质疑了"气"的概念，认为只是普通的空气。这些做法目的都是在将景教碑中的中国的"渎神"内容排斥出去。也即撤回了景教碑所做的让步。——译者注

① 这段是卜弥格的拉丁文逐字注释。——译者注
② 景教碑，cols. 1—2; Kircher, *China Illustrata*, p. 29.
③ 这段是作者对卜弥格拉丁文逐字注释的英译：可见正如作者所说，卜弥格此处断句错误，把这句话因为分行而写成了"（主…）鼓元风而生，二气暗空，易，而天地开。"——译者注
④ 因为"拉丁语语法的屈折变化可以重新确定单词的句法组合，而很少考虑单词的顺序"。卜弥格的逐字翻译不是我们通常认为的只是给每个字做注解的网格表，他会使用拉丁文的语法来改变意思。耶稣会士热切要上帝创造一切，他们不要二气创造任何东西。因此在这里，通过拉丁语法，他的逐字翻译仍然表达了"主"创造了二气，"主"（转下页）

立的（两者都是主语，不是宾语），并且从句法上和哲学上来看，"暗空"和"天地"的这种改变如果不能确切地当作就是"二气"（更朴实的叫法是"材料和形式"）本身，也是这两种模式的"气"（物质能量）带来的结果。事实上，基歇尔对这段话的最后释义不仅证实了卜弥格这一解读，而且完成了将执行者从中国的"气"到基督教的"神"的转移，通过采用了大量的主动动词："[我们的主]'改变'混沌为有序，'他创造了'二'气'（'二气'即两种品德，或称为阴阳的两种性质；或如评论者所说，是两条原则），他在深渊中'做出改变'，即他'改变了'黑暗，他'形成'了天地。"（此处补充了重点）① 因此，卜弥格通过筛选中国文本的传统宇宙学假设和关联，巧妙地重新构造了一个正统教义可以接受的"创世纪"；他通过翻译段落而不改动任一个词的确切含义或位置，使"好奇的读者"理论上就可以满怀信心地（使用他的评释结构的表格）对照参考这段话中的每一个字符。

稍后我会更多地谈论这个评释结构的认识论功能，但首先我想强调的是，创世的执行者问题不仅仅是教义的一个要点；对在中国的耶稣会士来说这也是一个热门话题。在中国，许多人很难相信"上帝创世说"（creation *ex nihilo*②）这个观念：上帝通过深思熟虑的神圣行为，从无到有地创造了世界。③ 耶稣会必须反驳的两个相互关联的信念是：（1）所有事物都是由非创造的、无所不在的物质能量"气"所创造的；（2）

（接上页）易暗空而开天地的意义。即使卜弥格错误断句，把生/二气断开，但是字面上的断开，也并没有影响他让上帝成为主语。——作者校注

① Ogilby *Several Remarks*, p.11. 拉丁文原文为："commovit Chaos, fecit duo *Kis*（hoc est, duas virtutes, seu duas qualitates dictas *Inyam*; Commentator habet, duo principia）fecit mutationem in abysso, id est, mutavit tenebras, comparuit coelum & terram。" Kircher, *China Illustrata*, p.29.

② creation *ex nihilo*：神学专有名词，特指上帝从无到有创造出世界与万物。——译者注

③ 参见钟鸣旦（Standaert）在明末清初"神学关键问题"下关于"创世"的注解，他总结道："创世论（创世 *ex nihilo*，在时间的开始，出于上帝的旨意的一个行动）作为基督教信仰的显著特征之一发挥了重要作用，这理当如此，因为中国本土传统中不存在可比的概念。在中国本土的传统中，宇宙起源论被机械地描述为，从原始的无差别存在状态开始，到分阶段演进的极化和分化过程。同质的原始状态……通过极化形成互（转下页）

所有被创造的事物都是自然过程的产物,包括"阴阳"之"气"的相互作用。① 这种基本的存在观念以谚语"万物一体"为代表——耶稣会士之所以不得不推翻这个观念,不仅是因为它亵渎神明,暗示人类与上帝是统一体,也是因为它与"上帝创世说"的理念相矛盾。事实上,利玛窦早在16世纪90年代中期就在他的《天主实义》中明确地用中文对这些概念质疑,他认为气只是四大元素之一(空气);阴阳只是偶然的存在法则;并且,最明显的是,"天地不能自成,定有所为制作者,即吾所谓天主也"。② 此外,1628年,在发现这座景教碑后不久,艾儒略(Giulio Aleni)就写了一本新的小册子《万物真原》,专门讨论这一问题;它的第四节——"论元气不能自分天地"——专门阐述了景教碑碑文提出的这个观点。③ 由于艾儒略的作品似乎是以利玛窦的论文为基础的,因此更有趣的是,他的语言实际上在这一点上比利玛窦更接近地

(接上页) 补的'阴'和'阳',从中又演变出'五行',到这个过程的最后是世界'万物'已经成型";Standaert, *Handbook*, pp.646–647。

① 谢和耐在他的《中国与基督教的碰撞:文化的冲突》(*China and the Christian Impact: A Conflict of Cultures*)一书中强调了这两点。珍妮特·劳埃德(Janet Lloyd)翻译,(剑桥,1985),第208页。

② Matteo Ricci(利玛窦),*The True Meaning of the Lord of Heaven*(天主实义),trans. Douglas Lancashire and Peter Kuo-chen Hu., bilingual(Taipei, 1985),pp.198—201, and p. 76.(利玛窦,《天主实义》,道格拉斯·兰开夏和胡国桢译,双语版(台北,1985),第198—201页和第76页。)

③ Giulio Aleni(艾儒略),*Wanwu zhenyuan* 万物真原(1628),(Zi-ka-wei, 1791),pp. 9—12.(艾儒略,《万物真原》(1628),(徐家汇 [Zi-ka-wei], 1791),第9—12页。)我们还应该注意到,虽然基歇尔的意译通过将此术语翻译为"混沌"(Chaos)(前面引用过),使这个"原风"与有争议的"原气"相关联,但卜弥格将它们分别表示为"50originis 51spiritum"(原神),更强烈地暗示了这就是圣灵。[拉丁文的"spiritus"与拉丁文的动词"spirare"(呼吸)相关,具有多种含义,包括"呼吸"、"空气"和"精神"。——作者校注] 那么,这里所说的上帝是"鼓起原始的风"还是"激发出圣灵"?再补充一层,伯希和(Pelliot)观察到这个不寻常的术语"原风"(原始风)也出现在《头陀经》开头的佛教宇宙起源论中,景教碑的作者无疑是从中借用的。事实上,就像我将提供的其他此类示例一样,我认为"原风"可能是同时表达了希伯来语中的"ruach"(呼吸,精神)和中文的"原气",即使这两种解读互不兼容。参见 Pelliot, *L'inscription nestorienne*, p. 189。

呼应了碑文。因此，通过让基督教的上帝启动这个过程，景教碑的作者似乎发现了他们可以接受的对固有的僵化的"元气"概念的让步——或者，他们实际上确实也是这样理解的——而耶稣会士在近千年后的翻译和评论中竭力地撤回了这些让步。① 换句话说，为了预示我的观点，耶稣会士们在处理碑文时似乎认为它已经是一个翻译，一个需要从它倒推出原文②的翻译。

一个更直截了当的例子是，在碑文的开头几行中，基督教的上帝被描述为"惣玄枢而造化（者）"："抓住了神秘轴心而创造和演化了世界的神"，或者，更少一些直接的解读地说是"聚集了他的神秘力量而创造了世界的神。"③ 这句话的第一部分提到了古代宇宙论思想中的概念"枢"（轴或柱），《列子》、《淮南子》等道教经典说，"枢"曾经支撑着天空，早期的世界围绕着它旋转。这句话第二部分的短语（造化，即"创造"和"演化"）是从《道德经》中借用的。在抄写的时候，马修（Mattheus）把"造化"这两个字当作一个词汇来处理，卜弥格则用一个单词"fecti"（他制造）来翻译④。令人惊讶的是，卜弥格接着又插

---

① 在与景教碑正文一起印制的简短中文注释中，阳玛诺（Manoel Dias Je）对景教碑上的许多正统教义术语写了一个教义问答，就好像这些术语又简单又清楚。阳玛诺（Manoel Dias Jr.），《唐景教流行中国碑颂正诠》，（杭州，1644年）。

② 原文"untranslate"，这个词原本不存在，是作者发明出来用以表达"一个需要倒翻成不存在的原文的原文，或一个被视为译文的原文"这个特别的意思的。关于这个术语，可参阅 Timothy Billings, *"Untranslation Theory: The Nestorian Stele and the Jesuit Illustration of China." Sinographies: Writing China,* ed. Eric Hayot, Haun Saussy, and Steven Yao（University of Minnesota Press, 2007），89—114。——作者校注

③ 伯希和（Pelliot）赞成对第一部分少一些直接的解读，并推测第二部分（他认为"这是一个很容易接受的表达"创世论"的方式"）可能是从《文选》中强夺而来的，而不是直接来自《道德经》；参见 Pelliot, *L'inscription nestorienne,* p.173 and pp. 186—87。我自己的解释是基于他对这句话的分析。

④ 中国古代宇宙论中的"枢"是一种自然的存在，"造化"是一种自然的演化。但如果将上帝加入作为主语，中国古代宇宙论就被改造为了合乎上帝创世教义的内容。前述的"二气"问题也是类似。耶稣会士在翻译时需要表达教义，因此卜弥格、基歇尔在翻译时，会重建合乎教义的文本，并认为只有这样的才是真正的（基督教的）原始文　（转下页）

入了两个未编号的单词，这样它就变成了："fecti ex nihilo"①。于是一个"无中生有"（ex nihilo）被无中生有了。基歇尔的释义紧随其后说，"ex nihilo creavit res omnes"（他从无到有创造了万物）。②尽管根据文献的事实，基歇尔在《中国图说》中的碑文翻译只是简单地从他早期的《科普特语或埃及语的前身》（Prodromus Coptus）一书拿出来重新印刷，但是这个"ex nihilo"（无中生有）显然很重要，足以成为他所做的微不足道的更改之一，因为《科普特语或埃及语的前身》的文本中只是简单地写着"creavit res"（他创造了万物）。③是不是卜弥格从逐字翻译的碑文中的宇宙起源论中学到了一些东西，让他在这一点上更加坚持？还是在卜弥格交出手稿很久之后，基歇尔在卜弥格的译文和自己的《中国图说》两个文本中都塞进了这个词？

这里的问题不在于耶稣会士有时会策略性地操纵他们对这个半神圣和半渎神的文本的翻译，以使其在教义上具有更准确的含义（从我的解读中似乎很清楚）；更确切地说，尽管景教碑碑文的作者采用了苏源熙（Haun Saussy）所说的"对等工作坊"④的方法塑造了基督教理念的

（接上页）本。碑文中所包容的（渎神的）中国文化被认为是由原始文本翻译成中文时的"损坏"，因此景教碑是"神圣又渎神"的，从中文再翻译回来时这些部分就不是要"翻译"而是要倒推"原文"。——译者注

① 这样就补充了重点。为了避免与尾注混淆，我在这里省略了原始编号，其原始编号为："23 & 24 fecti ex nihilo 25 excellentissimè..." Kircher; *China Illustrata*, p. 22。
② 同上，第29页。
③ Athanasius Kircher *Prodromus Coptus sive Aegypttacus*, Rome: 1636, p. 54. 回顾一下，基歇尔的文本是基于第一个完整出版的、意大利语的译本写成的，而那个译本上写着，"我创造万物"（*creò le cose*）；见于《古石的陈述》（*Dicharatione di una pietra antica*）一文，其转载于夏鸣雷（Havret）《基督教碑》（*La stèle chrétienne*）中的《附录》，第3章第78页。
④ 苏源熙（Haun Saussy）提出"对等（翻译）工作坊"理论（workshop of equivalences），认为由于翻译会导致歧义，通过翻译进行的转换是不可信的，只是一种本地语义与外国语义的互相对应（但不是完全等同）存在。例如，当利玛窦将"sanctus"翻译为"圣"时，两个词的内涵其实是不同的，利玛窦是用这个中文术语的能量来服务自己的需要。也就是说，译者的工作不是再现性的，不是在新的环境中表现一种预先存在的意义，而是说明性和应用性的。翻译不是找到一个完全相同的词汇，而是一个语言共（转下页）

表达——在"对等工作坊"中所有跨语言的工作都是多重因素决定的、暂时性的和默认尚未完成的——但就耶稣会士而言，他们可能挪用了这座纪念碑，以便它可以尽可能完整地表达他们所理解的"真正意义"。[1]在描述了利玛窦和新儒家皈依者杨廷筠在某些基督教概念上明显一致但背后有截然不同的动机后，苏源熙建议我们在双关语模型上构想这种跨文化融合，"在两种含义被同一个能指所指代的那个语义含混的瞬间，两个语言群体可以在他们的语言中重合，尽管他们有不同的（意义）参照系"。[2]这一想法非常适合景教碑的碑文，景教碑的作者在其中构建了一系列复杂的严肃双关语，涉及多个语言文化的参照系。但双关语也正是在基歇尔版本的翻译中丢失的东西。更具体地说，我认为，在基歇尔的译本这里的汉学文本学问题是，耶稣会士不是将景教碑碑文视为一个要翻译的中文原始文本，而是一个已经从原始文本翻译成了中文的（损坏的）文本，必须从中重建（准确的）原始文本，这种重建可以仿照从仅存于阿拉伯语与汉语的中的译本重建已经丢失的希腊语和梵语文本的模式来做到。然而，在本案例中，这种"原始"文本从未存在

（接上页）同体意义对另一个语言共同体的意义互相并置，互相干预和交换，从而形成一种动态的、相互交流的、含混的、意义不定的语义场，即"对等（翻译）工作坊"。他认为应该把儒教和天主教的同一性或兼容性的概念抛在脑后，转而考虑双关语的模式——即两种含义使用同一个词汇（能指）表达，不同文化都可以采用自己认同的理解，两个语言群体就可以在他们的语言中重合。"工作坊（workshop）"一词 最早出现在教育与心理学的研究领域之中。20世纪60年代美国的劳伦斯·哈普林（Lawence Harplin）将"工作坊"的概念引用到都市计划之中 成为可以提供各种不同立场、族群的人们思考、探讨、相互交流的一种方式。在翻译情景中，也存在这种不同语言体系与文化体系汇聚在一起同时并存相互作用的工作坊。景教碑的碑文就是同时包含两种文化与语言体系同时并存相互作用的一个对等工作坊，通过双关和含混的语言既表达了中国传统的宇宙观又表达了基督教的创世论。但耶稣会士不能接受这样的"对等"，要按照基督教的正统思想来"重建"只有基督教教义的所谓的"原始文本"。——译者注

[1] Haun Saussy, "In the Workshop of Equivalences: Translation, Institutions, Media in the Jesuit Re-formation of China", in *Great Walls*, pp. 15—34（苏源熙，《对等工作坊：中国耶稣会改革中的翻译、制度、媒体》，《长城》，第15—34页）.

[2] 同上，第32页。

过，除非还有一种基于纯语言、纯真理的第三种话语。

当然，这里有人会想到沃尔特·本雅明（Walter Benjamin）著名的关于神圣作品无限可译性的理想化理论，即试图让"纯语言"（die reine Sprache）在翻译中闪耀光芒，而不考虑原文的"含义"，只要简单地将语言按"字面"翻译，就可以让意义被"句法"的神秘运作所牺牲：

> 真正的翻译是透明的；它不覆盖原文，也不遮挡原文的光芒，而是让纯语言，仿佛被它自己的媒介强化了一样，更加充分地照耀原文。最重要的是，通过对语法的字面翻译，可以证明单词而不是句子是译文的主要元素，……如果一个文本与真理或教理一致，如果它在所有字面上都被认为是"真正的语言"，并且没有"含义"的中介，那么这个文本是无条件可译的……《圣经》的行间翻译版本是所有翻译的原型或理想。①

本雅明的文章作为翻译理论的典范，其弥赛亚式的含义受到了很多批评，但这些段落在这里却异常贴切。② 事实上，我认为基歇尔的评释结构的真正天才之处在于，为了充分利用景教碑上中文文本的网格状外观，它融合了两种最引人注目的同时代文本表达模式——行间逐字翻译（非常适合于经文的翻译）和知识的"图形表"（tableau）或"网格表/图片"（table/picture）（非常适合做群组性展示）——并将它们与耶稣会士所赞誉的两种汉学珍品结合在一起：郭居静（Lazzaro Cattaneo）和庞迪我（Diego Pantoja）在16世纪90年代首次开发的带有音调标记的汉语罗马化拼音，和卜弥格本人最近发明的多语言协同编号系统。卜

---

① Walter Benjamin, *Illuminations,* ed., Hannah Arendt, trans., Harry Zohn（New York, 1985），p. 79 , p. 82.
② 代表性评论参见刘禾（Lydia He Liu），*Translingual Practice: Literature, National Culture, and Translated Modernity-China, 1900—1937*（《跨语言实践：文学、民族文化和翻译的现代性——中国 1900—1937》），Stanford: 1995, pp.10—27.

弥格这个编号系统成为基歇尔的《埃及的俄狄浦斯》(1652)序言中的双语赞美诗的一种新颖形式。① 在圣杰罗姆②写给帕玛丘（Pammachius）（第57封信③）的一封著名的信中，他为自己的意译式的翻译方法辩护，他以更喜欢采用"意义对意义"（sensus de sensu）的翻译原则而知名（正如西塞罗④所说，要做一个"演说家"，而不仅仅是做一个"翻译者"），但在呈现圣书或秘事时又保留了"单词对单词"（verbum e verbo）的逐字翻译方式。⑤ 通过提供"单词对单词"和"意义对意义"的两个译本，认为景教碑"既神圣又渎神"的基歇尔，确定了我们应该如何准确理解它，也战略性地证实了景教碑的真实性及其神圣地位。

但基歇尔还吹嘘说，即使是他的"意译"也是一种经过语言链的"单词对单词"的翻译，这种翻译远不会令人怀疑会扭曲意义。实际上似乎有了逐字对译关系，就暗示有了无问题的直译："这块中国的碑文先是被'逐字'译成葡萄牙文，然后从葡文译成意大利文，最终译成拉丁文。"⑥ 此外，通过将这些抄写的碑文和翻译整理成"网格表"（tables,

---

① 西门华德（Walter Simon），"西方汉学两项早期成就归功于卜弥格"，《大亚细亚》（*Asia Major*），新系列第7卷（1959），第165—69页。参见基歇尔的《埃及的俄狄浦斯》前言中的"赞美诗26"（Elogium 26）。在基歇尔的《俄狄浦斯》的前言中，卜弥格用双语给基歇尔写了赞美诗，包括他的弟子比孔子还要多得多，先是用文言文，然后是加了编码并逐字翻译的拉丁文译本。Athanasius Kircher; *Oedipus Aegyptiacus*（Rome, 1652），sig;［+++ ... ］2 f.

② 圣杰罗姆，(342—420)，圣经学者，翻译家。——译者注

③ St. Jerome, *Letter LVII : To Pammachius on the Best Method of Translating*,《圣杰罗姆书信集》第57封:《关于最好的翻译方法致帕玛丘信》——译者注

④ 西塞罗，古罗马政治家、雄辩家、作家，主张必须放弃拘泥于"词对词"（word for word）的翻译，坚持"意义对意义"（sense for sense）的翻译原则。——译者注

⑤ 参见 St. Jerome, *Letters*, trans. and ed., Philip Schaff and Henry Wace, *A Select Library of Nicene and Post-Nicene Fathers of the Christian Church*, second series（New York, 1890—1900), 6: § LVII.

⑥ Ogilby, *Several Remarks*, p.11; Kircher; *China Illustrata*, p.29. 夏鸣雷（Havret）在《基督教碑》（*La Stele nestorienne*）中认为，基歇尔拉丁版所基于的意大利语草案背后的原始葡萄牙语草案，是由雅各布·罗（Jacobo Rho）完成的（1:328 n.2）；参见 Pelliot, *L'inscription nestorienne*, pp. 104–110（引文引自张西平等《中国图说》第62页——译者注）。

基歇尔自己使用的是 tabula 这个词），目标似乎是米歇尔·福柯所说的"图形表"（tableau）的创造，即以图形结构展示知识，以达到透明的效果——也就是完全可理解的效果——而无须麻烦的争论或语言调解。[1]正如开头的题词所示，基歇尔的意译似乎只是对他的基本评释结构的补充："第三种释文是对中文碑文的意译。它尽量避免用中文的顺序，因为它的句子结构对欧洲人说来是生疏的。它们被译成了拉丁文，这样对碑文解释得更充分些。"[2]但在他的评论中，基歇尔总是引用意译的版本，在一场激烈的辩论中，他甚至几乎没有提及逐字翻译的版本中的一个单词。每当他这样做的时候，都会给他的评释结构带来极大的实用性和权威性。因此，尽管通过对文本的协调，逐字翻译确保了翻译的准确性，但它只是"中文语句"，这就判定了它在传达碑文"真正意义"方面必然劣于使用了"欧洲语句"的得体又细致入微的翻译版本。"图形表"（tabula）这个词，约翰·奥吉尔比（John Ogilby）[3]译为"table"（这个词在奥吉尔比的时代，同时包含了石碑、网格式图表和图形式图表三个意思），最好将其理解为一个不可简化的"石碑—网格表—图形表"（tablet-table-tableau）共同构成的整体结构，这表明景教碑文本的"图形表"（tabula）可能会得到评释结构中的其他图形表（tabula）的"更好的解释"。总之，基歇尔将原文与译文交织在一起的模式改编成为一种三维的行间翻译的版本，折射成了一系列互相叠加的"图形表"（tabula）。

作为对比，我们可以暂时先关注一下，大约在同一时间，郭纳爵（Lgnatius da costa）和殷铎泽（Prospero Intorcetta）[4]开始在中国印

---

[1] "古典语言的深刻使命一直是制作一个'图形表'：无论是作为自然话语、真理集合、事物描述还是百科全书词典，它的存在都只是为了意义透明。" Michel Foucault, *Les Mots et les choses: une archéologie des sciences humaines*, Paris：1966, p. 322（米歇尔·福柯，《词与物：人文科学考古学》）.

[2] Ogilby *Several Remarks,* p. 2; Kircher, *China Illustrata,* p. 2.

[3] John Ogilby（1600—1676），约翰·奥吉尔比，英国出版商、诗人、翻译家。——译者注

[4] 郭纳爵（Lnácio da Costa,1603—1666），殷铎泽（Prospero Intorcetta 1625—1696），明末来华的天主教传教士。——译者注

刷孔子的四本著作的双语版,取名为《中国智慧》(*Sapientia Sinica*)(1662),供耶稣会士学习中文和儒家哲学的基础知识。这本书的内容包括拉丁语、汉语及注音,在每一页都凌乱地标注在一起,在外观和功能上都与基歇尔的评释结构完全相反:基歇尔的设计显然是为了看起来有用,而另一个设计是为了真的有用。①

然而,作为对中国的"词"与"物"的协同展示,《中国图说》的"图形表"(tableau)这个概念,其意义怎么估计也不为过,不仅因为这个评释图表强调了中国文字的象形文字性质,认为它是对现实的普遍性或哲学性的反映(基歇尔坚持认为,汉语,与埃及语不同,已经随着时间的推移,由于世俗化的使用,已经失去了大部分这些品质),也因为它恰好出现在关于通用语言系统的最活跃的讨论和出版时期之一。②基歇尔在他的《新型通用多重语言组合查询术》(*Polygraphia Nova et Universalis*)(1663)一书中,已经为他的"新密写术"或翻译书写系统提出了类似的网格表体系,由一系列允许对跨语言的常见概念和短语进行数字交叉索引的多语言网格表组成。从某种意义上说,基歇尔对景教碑的"网格表化"是具象化技术能够为巴别塔的灾难提供的一种最好的补偿,正是巴别塔的灾难使得有必要做出这样的努力来从一种陌生的语言中恢复福音(在这里,本雅明所说的亚当的纯语言高于所有语言的观念再次被文字重现)。③

---

① 有关《中国智慧》(*Sapientia Sinica*)第一页凌乱的插图,请参阅 Jensen, *Manufacturing Conifucianism*(詹启华,《制造儒家》), p. 115。另请参阅 Mungello, *Curious Land*, pp. 294–296。

② 有关基歇尔和17世纪通用语言系统的更多信息,请参见尼克·韦丁(Nick Welding),《"如果你有秘密,要么保守它,要么泄露它":密码学和通用语言》,摘自斯托尔岑贝格(Stolzenberg),《认知的伟大艺术》(*The Great Art of Knowing*)第93—104页;还有苏源熙(Haun Saussy)的《磁性语言:阿塔纳修斯·基歇尔与交流》(*Magnetic Language: Athanasius Kircher and Communication*),摘自芬德伦(Findlen),《阿塔纳修斯·基歇尔》(*Athanasius Kircher*),第263—281页。

③ 关于基歇尔和巴别塔的更多信息,请参见安东尼·格拉夫顿(Anthony Grafton),《基歇尔年表》(Kircher's Chronology);摘自 Findlen, *Athanasius Kircher*, pp. 171–187; Mungello, *Curious Land*, pp.174–207。

因此，回到景教碑中宇宙论的例子，现在应该很清楚，基歇尔评释结构所突出展现的，恰恰是本雅明通过语法的字面翻译来表达教义文本中的真理的翻译模式的局限性；而卜弥格的逐字翻译版本体现了"syntax"（句法）的原始希腊语的意义，其作用不仅仅是作为单词的顺序，而更是"将部分组合成一个整体"，因为拉丁语语法的屈折变化可以重新确定单词的句法组合，而很少考虑单词的顺序。① 更具体地说，碑文第一栏在分栏处的"生"（produxit）之后断句，卜弥格可以将汉语的典型语法（主语—动词—宾语）更改为古典拉丁语的典型语法（主语—宾语—动词）同时保持完全相同的语序。在像拉丁语这样的高度词形变化的语言中，这种语法和语序的灵活性正是使这种逐字翻译成为可能的原因。尽管逐字翻译在拉丁语中读起来非常笨拙，但在大多数语言的逐字的翻译中几乎是不可读的（正如我之前翻译的卜弥格版本所示）。例如，弗朗戈瓦·萨维宁·达尔基（François Savinien Dalquié）基于卜弥格逐字翻译译本所翻译的法文译本（1670），就必须提供许多其他不编号的单词来维持词序，因此，事实上，它读起来更像是一种意译，而不是逐字翻译；而达尔基反过来又用更进一步的解释来修饰他对基歇尔的意译的翻译。② 奥吉尔比（Ogilby）甚至没有尝试将逐字翻译的译本翻译成英文。而且，正如我已经建议的那样，用"听起来不太顺耳的中文语句"（单词对单词的，verbum e verbo），与更惯用的"意义对意义"（sensus de sensu）的意译版本之间的鸿沟，使后者既真实又必要，通过极力疏远和贬低那些中国习语，将我们推入了基歇尔精心设计的意译之中。③ 拉丁语被认为能够准确地表达汉语的习语，同时比汉语

---

① 关于"语法"的语言学和哲学根源及其作为理论化翻译比喻的使用，见 Saussy; *Great Walls*, p. 37（苏源熙，《长城》，第 37 页）。

② Kircher, *La Chine illustrée*（《中国图说》法文版），pp. 37—47.

③ 然而，我们不应该犯这个错误；认为基歇尔断然认为中文是低等的，因为他还称赞卜弥格的版本高于他自己的翻译，因为"确实更优雅、更恰当；同样更符合中国语言；尽管因此在我们的语言中它似乎不那么有修养，然而它是最优美/雄辩的，并且尊重汉语的短语和顺序，被那些自称掌握该语言的人认为是所有其他人中最值得称赞的"，（转下页）

本身更可靠地传达文本的"真正意义",因此拉丁语被认为是表达这一神圣的中文研究对象(指景教碑)的一项基本技术,直到19世纪,汉学研究仍在继续使用它,并且默认它具有精确性和广泛性。①

但在基歇尔那里还有另一种形式的图形表(tableau)——一种"纯粹的图形表"(pure tableau),它不使用拉丁文,而是依靠抄写的文本自身发挥作用,通过完全是图形符号学的方式。这张图形表是书中最不平凡的图形表之一。为了理解它,我们必须首先观察到,尽管有令人信服的有序性外观,抄写的文本实际上并不符合笛卡儿对于"网格"的观念。文本抄录者马修(Mattheus)并没有同时对列和行进行编号,以及在相交坐标处系统地绘制单个汉字字符,而是只对列进行编号,然后对于这些分开的单词或术语按自己的判断来编号(有时将汉字字符配对成复合词,用一个数字编码;有时将有多个字符的名称和标题归在一个数

(接上页) 参见奥吉尔比(Ogilby)的《几句评论》,第16页;基歇尔(Kircher),《中国图说》(*China Illustrata*),第34页。这种看法恰好符合这样一种修辞:既要重视逐字翻译版本的准确性,同时也重视意译的易懂性。对于与此主题相关的精彩讨论,关于洋泾滨式话语和直译的翻译问题,参见苏源熙(Haun Saussy)的文章《永远多重的翻译》("Always Multiple Translation"),《长城》,第75—90页,转载自《交换的象征:全球流通中的翻译问题》(*Tokens of Exchange: The Problem of Translation in Global Circulations*),编辑刘禾(Lydia He Liu),(北卡罗来纳州达勒姆,1999),第107—23页。

① 纪尧姆·鲍狄埃(Guillaume Pauthier),在19世纪中期的研究改进了基歇尔的方法,他将自己的翻译装置分成四个部分,使每个部分的相关部分一起出现在同一页上,拉丁语为单词对单词(verbum e verbo),法语为意义对意义(sensus de sensu);纪尧姆·鲍狄埃,《西安府石碑的叙利亚文、汉文的碑文》(*L'inscription Syro-Chinoise de Si-nganfou*)(巴黎,1858)。夏鸣雷(Havret)还包括了一个拉丁版本。更一般地说,人们会想到顾赛芬(Seraphin Couvrer)著名的三种语言版本的经典著作(其中也包括罗马化发音,和基歇尔的一样),他在一篇序言中写道:"拉丁文翻译,按照中文词序,让你知道句子的结构,每个词的价值:这是法文翻译所没有的双重优势";Séraphin Couvreur, *Seraphin Couvreur; Choix de documents: lettres officielles, proclamations, édits, mémoriaux, inscriptions,... Texte chinois avec traduction en français et en latin*,Ho Kien Fou:1894 [顾赛芬,《中国公函、诏令、奏议、觉书(即外交备忘录——译者注)、碑文等文选……中文文本翻译成法文和拉丁文》,河间府:1894],第1页。[译者注:法国汉学家鲍迪埃(颇节,又名叟铁,卜铁)(1801—1873)]

字下；有时又会在编号中漏掉一些语法助词）。这种方法是完全有道理的，因为即使是文言文，毕竟也不是一种纯粹的单音节或单字语言，尽管有许多爱上中文的外国人有与此相反的想象。然而，结果是，即使列是连续的，行也是非常不均匀的。这种在网格上对词组进行编号而不是网格本身进行编号的方法的优点是，避免了在两种翻译中的任何一种翻译中引入中文抄本中的十几个"空格"。这至少与决定如何将汉字字符组合成词汇和术语一样困难，这些空格将笛卡儿的"网格"带入混乱状态。只有两个选择：可以对空格进行编号，在逐字翻译中留出被编号的空白位置；或者跳过空格，用下一个字符继续编号，就会使行列发生错位（这就是发生了的情况）。而且，抄录文本时实际上已经将这些空格的数量从景教碑上实际拥有的大约三打空格减少了三分之二，从而使汉字字符会逐渐位移到新的列中。的确，到抄写结束时，这个字符的网格已经完全不符合景教碑上的字符排列，而是滑移了大约二十个字的位置！当然，欧洲的读者如果手头没有景教碑拓片可看，就不会知道这一点（顺便说一下，基歇尔正好拥有一个拓片）。

在抄本中抹去空格的关键是，这些没有刻字的空格，即人们所知的"阙字"，是表示尊敬的标志，传统上放在先帝的名字之前；在景教碑上，这些空格也部分，即使并非全部，用于提及基督教的上帝的地方。[1] 耶稣会士清楚地了解这一习俗，在他们的中文著作中经常使用相同的敬语空格（本文引用的论文中，利玛窦和艾儒略也是如此）。此外，无论是基督教的上帝还是所有的唐朝皇帝，都平等地接受了传统的两个敬语空格。我们可以将这种空格归因于碑文的作者，但碑文似乎更可能是吕秀岩[2]的作品，这位有头衔的国务卿在景教碑上被认定为杰出的书法家，然而"没有"以任何方式被认定为基督徒。二十个实例只有

---

[1] 那些给基督教上帝的空格出现在第 1、4、5 和 24 竖列。关于"阙字"，参见安东尼诺·福特（Forte）的注释，他在他的碑文版本中标记了它们；Pelliot, *L'inscription nestorienne*, p. 389 n., pp. 497-503。

[2] 碑文上有书写者署名："朝议郎前行台州司士参军吕秀岩书"。——译者注

三个例外，只使用一个空格而不是两个空格，两次用于皇帝（未在该位置说明皇帝的名字），一次用于基督教的上帝。然而我要强调的是在基歇尔《中国图说》中的景教碑网格中，基督教的上帝系统性地得到了两个敬语空格，而皇帝只有一个。马修（Mattheus）甚至将景教碑上基督教的上帝神只有一个空格的地方，扩大到抄本上的两个敬语空格，同时也删除了其余十六个的提及皇帝的地方中的九处空格，因此没有改变一个字符，仅仅通过修改碑文图表上字符的排列，抄本就无可辩驳地改变了文本的意义，使所有这些"天子"比"上帝之子"低了一个等级。抄写的文本既忠实又不准确。它既翻译了，看上去又好像根本没有翻译。特别是当耶稣会传教士阳玛诺（Manoel Dias Jr.）在中国（1644）印刷中文版碑文以便在中国读者中传播有关景教碑的消息时——对于他们来说，缺字的空格是可以清楚领会的——但他谨慎地删除了所有这些印刷文本中的空格。[①]

三、用景教石碑打水漂（碑文的多层解读[②]）

大量令人印象深刻的详细学术研究表明，利玛窦及其同事翻译和解释儒家经典的集体工作是有争议的耶稣会"适应"策略的一个组成部分，该策略试图将基督教实践融入中国传统习俗和信仰。该策略的主要计策之一是梳理儒家（反对佛教和道教的）的原始一神教，以说服中国人，基督教事实上与他们最伟大的祖先的信仰并没有太大区别，而且是彼此互补的，尽管几个世纪以来错误的"迷信"越来越多。因此，耶稣会传教士在阅读与基督教毫无关系的中国古典典籍方面变得相当有经验，并且使它们更接近基督教的含义，同时又辩称，受人尊敬的古代对这些经典的评论是错误的——换句话说，他们比中国人更懂中文。想

---

① Dias Jr., *Tangjingjiao*（唐景教），*passim*（阳玛诺，《唐景教碑颂正诠》，书中各处）。
② 括号中内容为译者根据喻意所加。——译者注

象一下，当想到所有这些汉学知识现在都可以引导向真正的基督教文本时最初的兴奋；想象一下，当这些文本在许多方面与需要正名的基督教文本非常相似时的惊讶，这其中也包括像杨廷筠这样的皈依者的善意但非正统的评论，他们试图用他们自己的术语解释他们的新信仰。① 简而言之，在这种情况下，耶稣会士接受的"适应策略"的阅读方法培训也被证明是有用的。

对基歇尔来说，用最佳的当代欧洲汉学方法来编辑、翻译和解释这座景教碑的主要目的是捍卫罗马天主教会的权威和耶稣会海外传教团的合法性。基歇尔肯定明白，这块石碑对耶稣会士有两方面的价值。作为基督教古老的有形证据（尤其是碑文上有对福音友好的唐朝皇帝们的令人印象深刻的编年史），这座景教碑是让中国人皈依的理想道具，这些中国人原本通常不太可能崇敬被认为是新奇事物的基督教教义。② 再则，在欧洲，如果解释得当，这座石碑也可以作为一个天赐的标志，在17世纪反对宗教改革、支持耶稣会的论战中使用，特别是在印度和中国的传教活动面临越来越多的争议甚至是危险之时。然而，这两种策略都是基于这样一种假设，即它是"正教"的，而不是"聂斯脱利派"（景教）的纪念碑，如果是后者，它就会在与新教的论战中落入敌人之手，被用作秘密武器（这最终发生在19世纪）③。同时它是一座"中国"的碑这一

---

① 关于杨廷筠和耶稣会士对他的反应的研究，见 Standaert, *Yang Ting-yun: Confucian and Christian in Late Ming China*, Leiden: 1988（钟鸣旦，《杨廷筠：明末天主教儒者》，莱顿：1988）。

② 根据白晋（Joachim Bouvet）的日记，1690年康熙皇帝在与他讨论时，正是出于这一目的，康熙皇帝在得知这一情况时要求提供一份碑文副本；Bibliotheque nationale MSS frangais 17240, fols. 272v-73，引用于 John D. Witek, *Understanding the Chinese: A Comparison of Matteo Ricci and the French Jesuit Mathematicians Sent by Louis XIV*（约翰·D.维泰克，《理解中国：利玛窦与路易十四派来的法国耶稣会数学家的比较》），参见 Ronan and Oh, *East Meets West*, p. 86（罗南和奥，《东方遇到西方：耶稣会士在中国，1582—1773》）。

③ 对"景教碑崇拜的挪用并非17世纪耶稣会士独有，但似乎是（非中国）汉学家和（基督教）爱好者对待它的普遍症状。一旦这座纪念碑在维多利亚时期被令人信服地认定为"景教"的，它的"新教"性质就不断受到强调，例如亚历山大·威廉姆（转下页）

点，却被忽视到了否认的程度，这从他们完全不描述在石碑碑冠上缠绕在一起的龙的图案可以看出。①

然而，关于欺诈的指控给基歇尔带来了更大的威胁，尤其是长老会学者乔治·霍恩（Georg Horn）的指控，他在1652年写道，基歇尔的《科普特语或埃及语的前身》（*Prodromus*）中描述的石碑显然是一个耶稣会神话，是为了欺骗中国人的财宝而编造的。——关于这一诽谤的消息，几乎立即传回到了中国的耶稣会士那里。②几年后，年轻的德国学者戈特利布·斯皮策（Gottlieb Spitzel）发表了另一次公开攻击，他根据基歇尔的翻译判断，这座纪念碑似乎是最近由一些"半基督徒半中国

（接上页）森（Alexander Williamson）（苏格兰国家圣经协会的部长兼代理人）在19世纪60年代发表了他对景教碑的朝圣之旅的感言："我们脑海中的第一个想法是保护明智的神旨，因为这块碑不仅阐述了我们神圣宗教的所有主要教义，而且是支持我们神圣宗教的信仰，反对异教徒和罗马主义者［天主教的贬称］的最重要的见证。因为它表明基督教的新教形式不是昨天才有的"；Alexander Williamson, *Journeys in North China, Manchuria, and East Mongolia; with some account of Corea*（London, 1870）, 1:381（亚历山大·威廉姆森，《华北、满洲和东蒙古之旅；以及对朝鲜的一些描述》，伦敦，1870，第1章第381页）。

① 夏鸣雷（Havret）为耶稣会士完全无视这些龙而辩护，理由是它们是唐代古迹的典型装饰特征，因此不值得一提。然而，碑冠至少因其出色的保存而引人注目（多亏了景教碑被掩埋）；这座纪念碑的这个最显著的特征似乎太渎神、太"中国人"了而无法提及。无论如何，考虑到石碑的尺寸被反复详细描述，遗漏这个特征是非常奇怪的。此外，基歇尔非常详细地描述了十字架，尽管它非常小，在大多数照片中几乎看不到。应该指出的是，这些龙（一种称为"螭"的无角龙）设计的复杂性使得它们很难被普通观众区分。事实上，整个19世纪对景教碑的描述都无法理解这些图案（有时被认为是无头的鸟类生物），在此期间，欧洲还有明显是谣言的说法，说它们可能代表了天使基路伯（Cherubim）。参见 Havret, *La steele chrétienne*, 2:141-42。

② "但是对于任何研究过这种叙述的人来说，对耶稣会士的欺诈行为都不会不清楚。因为很明显，这块放置的石头，是耶稣会士为了欺骗中国人并掠夺他们的财宝而制造的"（Verum inspicienti illa [m] narratione [m] fraus Jesuitica no [n] obscura erit. Nam saxum esse supposititu [m], & à Jesuitis ad decipie [n] dos Sine [n] ses ac thesauris exuendos conflictu [m] patet）; Georg Horn, *De Originibus Americanus*, The Hague: 1652, p.495.（乔治·霍恩，《美洲人的起源》，海牙：1652，第495页）

人的学者"制造的。① 基歇尔善意地不愿提及这两个名字，但明确表示，在《中国图说》中再次精心设计重新发表景教碑，是为了回答某些"无能的责难者，像阿利斯塔克（Aristarchus），② 他们不断地通过咆哮和微不足道的抱怨而损害其声誉"，他还把他们比作在一块肥肉周围嗡嗡作响的许多"讨厌的苍蝇"。③

基歇尔解释说："我为这些考虑所动，惟恐这块重要碑石的存在会遭到否认，真理会被损毁，因而在上帝的帮助下，我从一开始就要用精确、可信的报道来表明此事的可靠性，……这样以后就没人能有什么理由去怀疑它。大秦景教流行碑的译文将迫使异教的人承认：一千年前上帝圣言（the divine word）的传道者所教导的是正确的，它和现在的天主教教会里教导的相一致。而通过福音的宣讲在中国传播的教义是和今日全球罗马天主教会所坚持信仰的教义一样的。④" ⑤

在将《中国图说》作为原始民族志收藏品阅读时，应适当强调它作

---

① "这座纪念碑似乎是最近由一些半基督徒半中国人的学者建造的"（Monumentum illud a recentiori quodam semi-Christiano pariter ac semi-Sinico Doctore fuisse adornatum）; Theophil [Gottlieb] Spizelius, *De re literaria Sinensium Commentarius*, Leiden:1660,p.160，引自 Havret, *La stèle chrétienne*, 2:265，以及，根据孟德卫的说法，斯皮策攻击这座景教碑是因为它不符合他关于中国人对"创世者"保持沉默的说法; Mungello, *Curious Land*,p. 170。
② Aristarchus n. 阿利斯塔克（古希腊批评家），认为荷马的许多诗句是伪造的；因此在 17 世纪用于表示非常严厉的批评家。——作者校注
③ Ogilby（作者有做修订），*Several Remarks*, pp.1–2; Kircher, *China Illustrata*, pp. 1–2.（见张西平等译《中国图说》第 10 页——译者注）
④ 此处引用了张西平等人大象出版社版《中国图说》第 11 页的译文。——译者注
⑤ Ogilby, *Several Remarks*, p. 2; Kircher, *China Illustrata*, p. 2. 直到 19 世纪下半叶，至少有一位作家在为基歇尔的原始陈述辩护，反对这块石碑近来被认定为聂斯脱利派的物品（例如伟烈亚力等汉学家的作品中），用大约两打页面来论证该碑文正如基歇尔声称的那样是天主教的［阿罗本（Olopen）可能是叙利亚或亚美尼亚天主教传教士］。Dabry de Thiersant, *Le Catholicisme en Chine au VIIIe Siècle de notre ère, avec une nouvelle traduction de L'inscription de Sy-ngan-fou*, Paris: 1877, p. 30 and pp. 12—36（达伯理，《八世纪中国天主教，西安府碑文新译》，巴黎：1877，第 30 页和第 12—36 页）. 达伯理（De Thiersant）的"新译"是紧跟着基歇尔的。

为对此类反对意见的回应的程度，尤其是基歇尔关于这座纪念碑不属于景教的论战，论战是间接进行的，因此很容易被错过。的确，在霍恩指责耶稣会士"发明"了这座纪念碑之后，他在接下来的一句话中写道："尽管如此，可以确定，景教在中国和契丹已经非常强大的存在了许多世纪，并且他们将这些民族的皇帝改信了基督教。"① 霍恩随后指出，他们是"约翰长老"（Prester John）的故事的来源，并继续观察到，当时的中国和契丹（Cataya）基督徒逐渐陷入了"渎神迷信"。② 换言之，基歇尔必须应对的挑战不仅仅是"景教碑不是真的"，更重要的是，这暗示着这个天赐的标志并不是为耶稣会士设计的。

事实上，仅仅是因为马可·波罗报告说在他的旅行过程中多次发现了聂斯脱利派信徒，17世纪的耶稣会士就完全有理由怀疑这座纪念碑是聂斯脱利派的。塞缪尔·珀切斯（Samuel Purchas）在他关于景教的一章中证实，"在马可·波罗（Marco Polo）东方游记中，以及在其他一些文献中，聂斯脱利派他们有所提及，而且在鞑靼的许多地区和省份中，除了他们之外，没有提及其他任何基督教徒教派"。① 即使是耶稣会士安德里亚斯·穆勒（Andreas Muller）在1671年编写的《马可·波罗》（Polo）的拉丁版也包含了同样的10个左右提到景教的地方，包括伟大城市"Quinsay"（杭州）的一座景教教堂，和最著名的发现景教碑的西

---

① "无论如何，在契丹（Cataya）和中国，许多世纪以前景教已经入侵过了，他们的皇帝已经使国家皈依了对基督徒的信仰"；Horn, *De Originibus*, p. 495. 有关中国和契丹 Cataya（Cathay）不同话语结构的背景，请参阅氏著《号叫的契丹人：一个光辉的谱系》（Caterwauling Cataians: The Genealogy of a Gloss），《莎士比亚季刊》，第54期（2003年春季）：第1—28页，特别是第4—6页。

② Horn, *De Originibus*, p.496.

① Samuel Purchas, *Purchas his Pilgrimage. Or Relations of the world and the religions obserued in all ages and places discouered, from the Creation vnto this present....* London: 1626（塞缪尔·珀切斯，《珀切斯的朝圣之旅。或从创世到现在，各个时代和地方所观察到的世界与宗教的关系……》，伦敦：1626）；引自哈克卢特协会（Hakluyt Society）重印本，*Hakluytus Posthumus*, Glasgow: 1905, 1:358. 可以确定，珀切斯并不是一个公正的评论员，但他的结论反映了对马可·波罗游记现存文本的准确阅读。

安府"Cingianfu"（Xi'anfu）的两座景教教堂。① 的确，金尼阁（Nicholas Trigault）编辑的利玛窦著作也明确指出，马可·波罗（Marco Polo）时期，中国有许多聂斯脱利派教徒，但在该书1615年出版时，这件事还不是一个值得关注的问题，不仅因为这些教徒那时显然都已经消失了，也因为景教碑还没有被发现。②

然而，基歇尔甚至只提出过一次关于景教的问题，断言（在没有任何证据的基础上）建立这座纪念碑的传教士并不是那些受景教异端影响的人，而是起源于使徒圣多默的正统派基督徒，他们在教会开始堕落腐化之前就动身前往中国。在基歇尔引用的长信中，卜弥格对这座纪念碑的言辞完全相同（"从这最古老的证词中，每个人都可以推测出，天主教徒的教义有多真实"），因而他对景教人的看法果然也是相同："我一点也不怀疑，中国的王国里有基督徒，在大约300年前，鞑靼人（蒙古人）第一次入侵中国的时候，他们与撒拉逊人、犹太人、景教徒以及异教徒混居在一起。"③ 基歇尔解决聂斯脱利派问题的策略有两方面：他反复坚持碑文中的正统教义（不管怎样，这才是利害攸关的关键所在），同时还试图将石碑与圣多默联系起来，这样做的双重优势在于，将人们的注意力从石碑的景教特征引开，同时将其所谓的天意特征扩展到更大的耶稣会传教团，从中国的传教团扩展到也包括了印度的传教团。④ 在

---

① Andreas Müller, *Disquisitio Geographica & Historica, de Chataja,...* Berlin:1671, p.117 and p.122（安德里亚斯·穆勒，《关于契丹国的历史和地理论集》，柏林：1671，第117页和122页）. 现代版参见亨利·玉尔（Henry Yule）和高第（Henri Cordier）编辑的 *The Travels of Marco Polo: The Complete Yule-Cordier Edition*（1920）（《马可波罗游记：玉尔-高第完整版1920》），New York:1993, 2:177 and 192。

② Matteo Ricci and Nicholas Trigault, *De Christiana expeditione apud Sinas*. Rome: 1615.（利玛窦和金尼阁，《基督教远征中国史》，罗马：1615）（中译本为《利玛窦中国札记》——译者注）

③ Ogilby, *Several Remarks,* p.8 and p.9.

④ 基歇尔的反宗教改革论点主要集中在第五章，"在纪念碑中所包含的信仰条款和其他仪式和礼仪"（*De Articulis fidei caeterisque cerimoniis & ritibus in Monumento contentis*），例如，基歇尔认为，对地狱被谴责的灵魂的祈祷也是没有用处的，因为不可能（转下页）

《中国图说》中最令人叹为观止的一页图片中，基歇尔提供了一个整页的所谓的"在麦拉坡（Mylapur①）的圣多默使徒奇迹十字架"版画，以此证明景教碑是圣多默派（而非聂斯脱利派）的纪念碑；同时也改动景教碑抄本上的十字架图案，使之类似圣多默的十字架（图7、图8、图9）。但人们不能因为基歇尔忽略了石碑上精巧缠绕的龙而责怪他，因为它们并没有在罗马带给基歇尔的平面拓片上被表现出来（即使那些"渎神"的龙是石碑最显著的外形特征）。但是，这个刊登出来的圣多默十字架看起来与基歇尔博物馆②的景教碑碑刻拓片上的十字架完全不同，两个十字架的图形彼此相互矛盾，就像一场图像的论战。此外，任何景教碑拓片都清楚地表明，十字架的两侧不仅有两朵百合花（传统的基督教纯洁和神圣的象征），而且紧接着作为边框的图案是两朵如意云图（代表好运或心想事成的传统中国象征符号）。最引人注目的是，十字架坐落在莲花上，像佛陀一样（因为莲花也是纯洁和神圣的象征，所以十字架是被一个类似于中国的、佛教的和基督教的图案的混合体所包围了）。当然，基歇尔在景教碑的抄本上对十字架的"图说"并不包括这些元素，他对这件事的详细描述根本没有提到它们。

正如这个十字架的多重特色所挑衅地暗示的那样，所谓的景教碑本身之所以如此迷人，是因为严格来说，它根本不是景教碑，而是一座道家——儒家——佛教——景教的纪念碑，它的混合性抵消了耶稣会士带

（接上页）把他们从那里救赎。因此，他们为赎罪所中的灵魂祷告。持异端邪说的人们（即新教徒）也应从这个纪念碑中学习古今教会的教导（此处引用自张西平等人译《中国图说》第82页。新教徒不相信赎罪存在，故有此说。——译者注）；基歇尔（Kircher），《中国图说》第38页。这样的论据主张了石碑的正统性，同时回避了景教的问题。

① Mylapur，印度地名（Mylapore），传说圣多默曾到此传教。即现在印度钦奈的麦拉坡。——译者注
② 在雕塑历史的一个有趣的转折中，在麦拉坡（Mylapur）的所谓的圣多默十字架恰好"也"是一个"景教"十字架，它与景教碑上的十字架有一定的相似之处。但基歇尔（Kircher）不得不依靠那个十字架的不完美的草图，因此，相信它们是"不相同"的，于是基歇尔"改变"了他对纪念碑十字架的描绘，以符合他对另一个十字架的描绘。如果有准确的草图，他也可以同时展示它们，并声称它们没有一个是景教的。

西方早期汉学研究　093

图 7　图 3 中的景教碑抄本上的十字架的细节。作者收集。

图 8　景教碑上真实的十字架拓片显示出的细节。作者收集。

图 9　基歇尔《中国图说》中的"圣多默使徒奇迹十字架"，第 54 页插图。作者收集。

来的那种专用解读。在这里，我们可以看到作者在景教碑上的名字是"景净"，或者叙利亚语中的"亚当"。他被称为"僧"（僧侣或神父，原本是一个佛教术语），他可以确定至少是一名基督徒，但他似乎也是一名自由职业者，因为他被认定曾与一名僧侣合作翻译至少一部梵语佛经。① 碑文是用骈体写成的，即一系列长度不等的内含典故的平行对联，其理想是创造一种对古代典籍的典故的巧妙而权威的模仿。② 这种风格在唐代很受欢迎，特别是在引用儒家经典作为权威，并经常借鉴道教经典作为关键的神秘术语的佛教经典的写作中。对于关注这种互文性的读者来说，碑文中的道教和佛教用语尤其引人注目。此外，21世纪有人也提出了一个有说服力的说法，认为该碑文实际上是仿照5世纪后期的佛教碑文《头陀寺碑》，这篇碑文也是成对式的骈文风格，并以此文学风格而闻名。这种风格通过6世纪的《文选》而广为流传。③ 简言之，这位亚当（景净）留下的碑文是一种非常多义的混合结构，难以直译。不可能将碑文翻译成另一种语言，因为它的每一个关键词的文化特定内涵与各种文化理论（道教的、儒教的、佛教的、景教的）都有不同的关系和意义。这提醒我们，翻译时的纯正"对等物"不存在，只好加多层解释，或者要尽量寻找本文化相对的但意义还有不同的词，以免我们陷入前索绪尔时代的"绝对指称谬误"（这就是我们发现基歇尔的地方）。

---

① 高楠顺次郎（Junjiro Takakusu），"弥赛亚的名字，发现于佛教书籍，景教传教士亚当，长老，中国神父，翻译了佛经"，《通报》（T'oung-pao）第7期（1896年12月）：第589—91页。为了方便起见，我使用"Adam 景净"这个称呼，他可能是碑文上一组合作者的领袖；参见 Pelliot, *Recherches*, pp.13–14。

② 关于对景碑上的图片的"骈体文"形式的简要说明，参见 Tang Li, *A Study of the History of Nestorian Christianity and Its Literature in Chinese* (Frankfurt, 2002), pp.126–127（唐莉，《关于景教历史及其中文文学的研究》，法兰克福：2002年，第126—127页）。另见英千里《西安府景教碑英译（1928年）》中的译者注（Ignatius Ch'ien-li Ying, *The Nestorian Tablet of Sian-fu Translated into English*,1928），《辅仁研究》，第2期（1969年）：第1—15页，特别是第4—5页（*Fu Jen Studies*, No. 2 (1969): 1—15, esp. 4—5）。

③ 参见福特（forte）的附录，《亚当的文学模型：头陀寺碑》，引自 Pelliot, *L'inscription nestorienne*, pp.473–487。

说明这种"超定"（overdetermination）[①]性质如何使任何翻译复杂化的最好例子就是碑文中最激烈争论的一个关键问题："分身"这个词是否明确地指的是在5世纪卡尔西顿公会议（Chalcedon Council）[②]之后，用来定义聂斯脱利派的特定教义。君士坦丁堡的牧首聂斯脱利斯被指控鼓吹"道成肉身"中的神性和人性不仅是两种不同的性质，而且实际上是两个不同的人，似乎三位一体中的第二个人（上帝）只是进入了一个人（耶稣）的身体，而不是真正变成了人。这在很大程度上可能是政治竞争和术语混乱的结果。[③]理论上的争论在这里并不重要。对我们来说重要的是"分身"一词的使用，因为在许多评论者看来，耶稣的"分裂的身体"被令人怀疑的特别强调了，似乎其打算精心表达的就是正统教派将聂斯脱利派区分为异端的教义，从而使景教碑也被认为是非正统的了。早在18世纪，当基歇尔之后的第一批评论出现时，每一位研究景教碑的学者都在为这个关键的词而争论（事实上，对于坚持肯定其为景教之物的欧美汉学家来说，这块石碑是一种恋物癖般的痴迷之物；对于那些希望能占用这块碑来服务于自己的宗派目的的虔诚作家来说也是如此）。例如，著名汉学家和新教传教士理雅各（James Legge）在一次发表的演讲中乐观地宣称，"聂斯脱利派的巨大症结被避免了，撰写碑文的人也非常明智地避免了这一点"；但随后他在双语版本的注释中写道，"聂斯脱利派的独特教义基于'分身'观念（即'有两个人在基督里'的教义）；这种教义是试图探究'敬畏上帝的伟大奥秘'的许多徒劳的尝试中的一个"[④]（这使人们很想在理雅各的评论中看到他本身身

[①] 超定是精神分析和语言学中的一个术语，意思是一个符号是由许多同时发生的原因形成的，因此具有许多不同的可能含义。——作者校注

[②] Chalcedon Council，451年由东罗马帝国皇帝马西安在小亚细亚卡尔西顿（Chalcedon）召开的基督教世界性主教会议。——译者注

[③] 关于政治竞争和在争论所用的特定希腊术语的极好解释，参见 Moffett, *A History of Christianity in Asia*, pp.169–215（莫菲特，《亚洲基督教史》，第169—215页）。

[④] Legge, *The Nestorian Monument*, p.42 and p.5（理雅各，《景教碑》，第42页和第5页）. 并且还请考虑以下内容："对耶稣基督降临的表述暴露了聂斯脱利派对道成肉（转下页）

份的分身，即传教士和汉学家的分裂）。更复杂的是，直到19世纪末，欧洲学者才理解到，"分身"也是一个佛教术语，指菩萨在同一时间的多种示现，尤其用于释迦牟尼和弥勒。①

对我们来说，重要的是，无论该术语中是否暗示了景教教义，耶稣会士在他们的翻译中都避免了表现任何迹象。对于"分身"的第一次出现，"我三一分身"，卜弥格给出的逐字翻译的是"17personarum 18trium 19una 20communicavit 16seipsam"（17人的18三重19一20他沟通16自己）②；第二次出现时是"分身出代"（"分身"出现在人类中），卜弥格译的是，"37communicando 38seipsum, 39prodit in 40mundum..."（37沟通38他自己，他39来到40世界……）③正如我们之前看到的，词形变格允许卜弥格在不改变词序的情况下改变语法。在这两种情况下，都完全省去了神学上令人不安的表达。对于第一次出现，"我三一分身"，基歇尔的意译为，"una de Divinis personis sanctissimae Trinitatis"（至圣三位一体的神圣位格之一）；第二次出现，"分身出代"（分身出现在人们当中），基歇尔的意译则补充了一些华丽辞藻："Una ex personis pro aeterna mortalium salute factus est homo"（一个为了人类永恒救赎而来的人被创造为一个男人）④。所有这四个翻译都表明，"分身"所暗示

（接上页） 身的奥秘的观点（L'avénement de Jésus-Christ est ensuite exposé en des termes qui trahissent l'opinion des nestoriens sur le mystère de 1' Incarnation）"; Huc, *Le christianisme en Chine*, 2:72（古伯察，《中国基督教》，第2章第72页）；"中文文本的'分身'，'分裂一个人'，正对应于耶稣基督中有两个人的景教教义"; Pauthier; *L'inscription Syro-Chinoise*, p.7（鲍迪埃，《叙利亚语-汉语景教碑》，第7页）；而伯希和（Pelliot），将这个词翻译为"分裂的人"（la personne divisée），并写道"然而，意思似乎绝对确定"，虽然他从未写过对这个词的完整评论；Pelliot, *L'inscription nestorienne*, p.204。

① Havret, *La stèle chrétienne*, 3:35–39.
② 这是卜弥格对碑文做的逐字翻译，单词前的代码代表碑文中的一个字。第一个括号中是卜弥格逐字翻译的拉丁语原文，第二个括号中是作者译成的英文，第三个括号是本文译的中文。后同。——译者注
③ 景教碑，第4列与第24列，Kircher, *China Illustrata*, p.23 and p. 27。
④ Ogilby, *Several Remarks*, p.11 and p.15; Kircher, *China Illustrata*, p.29 and p. 33.

的划分是神圣三位一体中固有的划分，而不是耶稣自己在性质、个人或者指他可在多地点示现这种方面的划分。

考虑到碑文所处的语境，"分身"很可能是"对等工作坊"巧妙生产出来的一个完美的词（mot juste，正名）。正是因为它含糊其词地表明一种神奇的像菩萨那样的多方示现，表明上帝可以分为圣父、圣子和圣灵三个位格，表明某人（救世主耶稣）可以是神性和人性合为一体道成肉身，以及表明某人（救世主耶稣）的神性和人性分开为了不同的人——所有这些都同时面向不同的读者，但实际上并没有使其中任何一部分读者的所认为的意义去排斥其他部分的意义。除了任意选择的最解释性的和意译性的翻译，这一术语的文化和语言混杂性阻碍了任何翻译尝试。例如，当用一种古老的机械宇宙论的语言来表达上帝从无到有创造世界的神圣行为时，人们选择如何翻译它取决于他们到底试图阐明些什么。同样，当"弥赛亚"的概念用一个多义的"佛教—景教—天主教"术语表达时，从虔诚或教义的立场来看，将其翻译成文本"应该说"的内容而不是文本"实际所说"的内容的诱惑可能是非常大的——所以耶稣会士当然就是如此——因为"信徒"翻译家可能会吁求最终的超验"所指"的确定性。这个"所指"，直白地说在这种情况下，就是神圣的"逻各斯"本身。①

---

① 《旧约》中的上帝也被称为 *Aluohe*（阿罗诃），在前面讨论的宇宙学中，这个术语被非常确定，因为它不仅对应于希伯来语"*Elohim*"的叙利亚同源词"*Alaha*"，而且佛教翻译人员也将其与更流行的术语"*Aluohan*"（阿罗汉）互换使用以表达梵文的"*Arhat*"，一个佛教万神殿中的神灵。亚当（景净），作为在"对等工作坊"中工作的人，很明显，认为这一术语是"神圣名称"的词与词对应（verbum e verbo）的一个非常接近的标音，顺便在意义与意义对应（sensus de sensu）上也带有神圣的含义。一千年后，在所谓的"中国礼仪之争"中，大部分争论围绕着如何将"god"翻译成中文这一同样的问题展开。

四、重构诏书，或耶稣会之"圣"如何翻译

正如我已经提到的，耶稣会士认为碑文中最重要的一段是唐太宗（627—649 年在位）在 638 年发布的一份诏书，诏书中称赞了基督教的教义，也允许其教义在王国各地传播。自从耶稣会士来到中国，就没有一个像这份诏书这样的东西存在过；因此虽然这一诏书要过一段时间才能得到单独的证实，但耶稣会士们立即将他们的脚挤进了这个诏书打开的大门。当阳玛诺（Dias）在 1625 年从中国发来一封公开信第一次宣布这一发现时，这篇诏书是他引用的唯一的一段景教碑上的文字（用意大利语写的），并评论说这是耶稣会士仅能翻译的碑文段落。[①] 对我来说，这段碑文的重要之处在于，它显然是耶稣会士对景教碑的最关键的认同点：当皇帝谈到那些光明宗教的追随者时，这些追随者必须被理解为耶稣会传教士所追随的正统教义的原始类型（不仅如此，正如我们将要看到的那样，他们也被理解为是符合耶稣会传教士标准的正确类型）。简言之，我认为，在翻译这封诏书时，耶稣会士将他们自己插入了皇帝对唐代景教基督徒的询唤（interpellation）[②] 中。

皇帝的诏书是这样开始的：

[①] Emmanuel Diaz et al., *Lettere Dell'Ethiopia Dell'Anno 1626 sino al Marzo del 1627, e della Cina Dell'Anno 1625 sino al Febraro del 1626. Con vna breue Relatione del viaggio al Regno di TVNQVIM, nuouamente scoperto, mandate al molto rev. padre Mutio Vitelleschi, generale della Compagnia di Giesu*（Rome, 1629），pp.116–120（阳玛诺等人，《1626 年至 1627 年 3 月的埃塞俄比亚书信，以及 1625 年至 1626 年二月的中国书信。一份新发现的越南王国之旅的简要报告，发送给穆蒂奥·维泰莱斯基神父，耶稣会总会长》，罗马：1629，第 116—20 页）。

[②] 询唤（interpellation），是一个学术用语，通常指某种意识形态的召唤，使被召唤者自动代入某种规定的角色或做出相应行为。例如，"阿尔都塞认为，'询唤'是呼唤一个人进入其社会位置和意识形态位置的方法"。（参见张虹、苏瑞、高莉娟编著《后现代哲学家的智慧》，天津人民出版社，2020 年）这里是指，唐太宗的诏书也是一种对景教徒的询唤，而耶稣会士把自己代入了唐太宗所谈到的基督徒。——译者注

> 道无常名圣无常体，随方设教密济群生。
> ［道没有固定的名字，圣人没有固定的模式，随着地方的不同来确立教导，神秘的拯救众生。］①

这段文字很难简明扼要地翻译，但开头几行的大致意思显然是宽容的宗教哲学的表达，这是基督教宣言的序曲（随后几行中就提及了传教士阿罗本）。②但是，正如许多读者无疑已经观察到的那样，帝国的诏书开篇的这句话——道无常名——明显是暗指《道德经》著名的开场白："道可道非常道，名可名非常名。"因此，对于在中国工作的耶稣会士来说（对于今天的任何中国读者来说也是一样），皇帝似乎是在暗示，在他的宽容中，所有像基督教这样的教义仅仅是永恒之"道"的形式。因为"道"也可以更普遍地用作"教义"或"正确的做事方式"的意义，诏书的第一个字"道"也被翻译为"系统"（理雅各，Legge）和"正确原则"（伟烈亚力，Alexander Wylie），但这种选择抹去了该术语的道家特色，而诏书的其余部分非常显著地强化了这一点。③《中国图说》中的两个拉丁文版本都将这一策略更进一步，将这个"道"译为

---

① 景教碑，第 10 列。参见同一段落的这些其他翻译："La Voie n'a pas de nom éternel; le saint n'a pas de mode éternal. Ils instituent la doctrine suivant les régions et sauvent mystérieusement les vivants"（Pelliot, *L'inscription nestorienne*, p. 175）; "The *Way* had not, at all times and in all places, the selfsame name; the Sage had not, at all times and in all places, the selfsame human body [Heaven] caused a suitable religion to be instituted for every region and clime so that each one of the races of mankind might be saved"（Saeki, *The Nestorian Documents*, p.57，佐伯好郎，《中国之景教文献及其遗迹》，第 57 页）; "The Doctrine (Tao) bears no fixed name and the Sage resides in no definite person. Religions are founded to suit the various regions of the earth, so that salvation may be within the reach of all living beings"（Ying, "*The Nestorian Tablet of Sian-fu*"，英千里，《西安府景教碑英译》）。

② 这种解读被 19 世纪初接受，例如，在雷慕沙（Abel Rémusat）很有影响的一部著作中说："这位君王不太掌握真正皈依基督教的人的语言；他的表达更像是中国哲学家的表达，相信所有宗教都是好的，是因时间和地点而异"；Abel Remusat, *Nouveux Melanges Asiatiques*, Paris:1829, 2:90（雷慕沙，《亚洲杂文新编》，巴黎，1829，第 2 章第 90 页）。

③ Legge, *The Nestorian Monurnent,* p.11; Wylie, *The Nestorian Tablet,* p.282.

"律法"(Lex)(逐字翻译版)和"真正的律法"(Lex vera)(意译版),不仅从这个词中抹去了所有道教关联,而且特意的(如果也是隐晦的)将其作为基督教的真正教法来翻译。总而言之,虽然唐太宗以道教经典的典故作为他的诏令的开篇,这是他的博学宽容的统治者形象的自我塑造的一部分;但耶稣会士却剥夺了这个词在文化、宗教和语言方面的特殊性,把唐太宗描绘成他金口一开就在宣扬基督教的真理。①

只看这么多文字,我们就可以想象,亚当(景净)在写碑文的时候,可能对皇帝的用词也有类似的保留意见,然而他收到诏书后除了引用什么也不能做。但事实上,他对诏书做了非常巧妙的安排,在引用诏书之前就立即引用了道德经的语言,其目的是将皇帝所说的道教的基本话语"融合同化"(recuperate)②于基督教话语,把它们当作更专门的基督教话语。在引用唐太宗的诏书之前,在景净关于景教的简介中,他写道:"真常之藏,妙而难名,功用照彰,顾称景教。"我们必须记得,老子在《道德经》第二十五章中,有一句名言叫"有物混成……字之曰道,强为之名,曰大"。亚当(景净)似乎在试图扭转道教对景教教义的包纳:这种对光明宗教的阐释可能展示的是它只是伟大的"道"的多个变体中的一个;但它也可能展现为,当我们谈论真正和永恒的"道"时,我们所谈论的实际上是景教(聂斯脱利派基督教)③。这篇关于景教

---

① 然而,克拉普罗特·列昂季耶夫斯基(Klaproth Leontievskiï)的19世纪翻译出了名的糟糕;通过将"道"按照《圣经》重构,有趣地说明了这种阅读的目的,它表明皇帝已经接受了基督教作为真正的信仰(参见查尔斯·马歇尔的法语版本):"这本书没有具体的标题,其神圣教义是没有界限的,鉴于它对人类的仁慈影响,它必须被接受为信仰的教条";《中国十字架》(*La Croix de Chine*),查尔斯·马歇尔(Charles Marchal)翻译,(巴黎,1853),第16页。法文版发表于《基督教哲学年鉴》(*Annales de la Philosophie Chrétienne*)(1853),让后来的编辑们感到尴尬。

② Recuperate,学术用语,指将(激进的社会或政治运动或思想)同化为主流文化,从而削弱其颠覆力量。这里是指将唐太宗的道教话语融合于基督教的话语,以消除其异端性质。——译者注

③ 景教碑,第8列。这句话对耶稣会士来说没有什么困难,他们将"景教"既翻译为固定术语,也翻译成字面意义(意译)。"因此,根据需要将其命名为Kim kiao,即伟大而明查秋毫的律法";Ogilby, *Several Remarks*, p.12; Kircher, *China Illustrata*, p.30。

的介绍接着又向老子致意："惟道非圣不弘，圣非道不大，道圣符契，天下文明。"但这是亚当为皇帝诏书所作的前言，而不是为传教士或隐士作的前言；事实上，这个汉字"圣"，我一直把它翻译成"Sage"，它经常被用来指代皇帝，这里当然也是这样。① 换句话说，就是包括基督教在内的所有教义，都需要帝王的帮助才能兴盛，正如帝王需要某种"道"才能成功一样。亚当（景净）在他碑文中提到的唐朝统治者名录中对这句措辞又推进了一步："道无不可，所可可名，圣无不作，所作客述。"虽然耶稣会士自己也经常使用双关语"道"作为表达福音思想中的"The Way"，但在利玛窦的《天主实义》中，同一个双关语并不能完全表达碑文上一样的意思——无论它是皇帝诏书中的还是亚当（景净）他自己写的——我们只能说，他们都在生产跨语言、跨文化意义的"对等工作坊"中都完全清理了自己的工作台，产生了不同结果。② 我们的问题是，基歇尔的版本到底创造了什么"对等译文"，以及如何创造？

回想一下，在基歇尔对如何使用四重评释结构的解释中，想象中的"好奇读者"将首先阅读拉丁语释义：

---

① 作为第一批将石碑上的中文文本和语境转换为天主教的"纯语言"（reine Sprache）的耶稣会翻译的例子，一个基于金尼阁（Nicholas Trigault）未出版的拉丁文版本（faite de mot en mot de Chinois en Latin）而译成的匿名法文版本（1628），仅译了到这句话为止的前半部分碑文（在诏书之前的部分），并以这几句话戏剧性地结束，如下所示："63. 如果律法非神圣的，就不能称之为伟大的。64. 如果圣洁的状态不遵守律法，就不能称之为伟大的。65. 但在这里面，圣洁的状态是对律法的回应，律法是对圣洁的状态的回应。"（63. Si la Loi n'est sainte, elle ne peut être appelée grande. / 64. Et la Sainteté ne peut être appelée grande si elle n'est conforme à la Loi. / 65. Mais en celle-ci la Sainteté répond à la Loi et la Loi à la Sainteté）《就契丹王国的某些更广泛发现提供的建议》（*Advis certain d'une plus ample découverte du Royaume de Cataï*），（巴黎，1628），在夏鸣雷（Havret）的《基督教碑》中被重印，第 3 章第 72—74 页。

② 事实上，对于刚才讨论的两种"道"的存在，伯希和给出了两种不同的翻译：当亚当（景净）使用它时，译为"智慧"（la sagesse），当皇帝使用它时，译为"道路"（La Voie）；Pelliot, *L'inscription nestorienne,* p.175。

> *Lex vera non habet nomen determinatum, nec sancti locum habent, ubi consistant, determinatum: excurrunt ad omnes partes, ut Mundum doceant, ad Mundo laboranti succurrendum, velis, remis, ad utilitatem afferendam intenti.*
>
> ［真正的律法没有确定的名称，圣人也没有任何地域的局限，在他们所在的地方；他们奔向所有可能指导世界的地方，意图竭尽全力行善并救助受难的人。］[1]

这些碑文的开场白给人的印象，远非一般意义上的不同国家的不同宗教体系的价值，而是中国皇帝，带着理智清晰的灵感，似乎在一千年前就理解了基督教的"真正律法"和传教工作的性质。于是一个好奇的读者可能就会回到逐字翻译的表格，在这里令人惊讶地出现了一个单倍行距文本，放在标编号的双倍行距文本中：

> *Lex non habet ordinatum nomen, sancti non habent semper eundem locum, decurrunt Mundum proponendo Legem, creberrimè succurrentes multitudini populorum...*
>
> ［律法没有一个平常的名字；圣人并不总是在同一个地方；他们走遍世界宣传律法，经常救助广大民众……］[2]

这里的意思与释义大致相同，但拥有编号结构交叉引用字符的目

---

[1] Kircher, *China Illustrata*, p. 30; Ogilby, *Several Remarks*, p.12. 曾德昭（Alvarez Semedo）独立翻译了碑文中的中文，他承认与基歇尔的《科普特语或埃及语的前身》（*Prodromus Coptus*）中的版本不同，但在这一点上却与基歇尔不谋而合，只是奇怪地缺少第一短语的后半部分，而关键就在这里："真正的律法没有确定的名称。牧师四处奔走，将其传授给世界，没有其他目的，只为使生活在其中的人受益"；曾德昭，《大中国志》（*The History of the Great and Renowned Monarchy of China*），现在有人高质量的翻译成了英语（伦敦，1655），第160页。

[2] Kircher, *China Illustrata*, p.24.

的已被否定。值得注意的是，景教碑上引用了其他中国资料来源中的两条相当大的引文——一条是皇家诏书，另一条是对大秦的描述（大多数基督教汉学家认为这些资料令人不安的奇幻），都是从中国古代编年史中摘取的——这两种文字都没有上标数字，似乎没有必要为这些"渎神"文本，也就是说，原来并非由早期基督徒书写的部分，提供完整的逐字评释。尽管如此，除了注意到这个版本笨拙地符合"中国语句"之外，17世纪的读者还可以做出以下观察：（1）根据卜弥格的说法，中文文本实际上并没有说"真正的律法"（true Law），而是简单地说"律法"（Lex）①（但两者都是单数，所以它一定是指基督教）；（2）这两个版本在皇帝认为律法的名称是"普通法"还是"限定法"上存在分歧（但这只是一个小问题）；（3）在卜弥格给出的译文"他们没有一个确定的位置"中，基歇尔为强调而增加了"他们所在的地方"（ubi consistant）；（4）卜弥格给出的只是四个词，"经常救助[群众]"（creberrime succurrentes multitudini populorum）。但基歇尔将这些"圣人"的工作美化为"竭尽全力[用帆，用桨]向世界提供援助，并致力于帮助受难者"（ad Mundo laboranti succurrendum, velis, remis, ad utilitatem afferendam intenti）。②

　　至于基歇尔的评释结构，它的上标编号是打乱的，让不懂中文的人无法再进一步。就算再勤奋，也会有两方面的阻碍。第一，抄本中的字从列首开始，在诏书开头的地方，就编号错误：1秋2七3月4设4曰5道5无6长7名。（这种笛卡儿网格只属于博尔赫斯③。）④第二，对诏书

---

① 这里所讲"律法"是基督教法，前文有述耶稣会士译"道"为"律法"。——译者注
② 前页注释①译文取自奥吉尔比对拉丁文原文的英译，此处译文是作者对拉丁文原文的自译奥吉尔比采用的是意译，将拉丁文的"using sails and oars"（velis, remis）意译为"竭尽全力"（with might and main），而作者采用的是直译，保留了"使用帆和桨"的字面意义，因为它提醒读者，耶稣会士必须乘船远行才能进行传教工作。后文有部分对此的解释。——作者校注
③ 豪尔赫·路易斯·博尔赫斯（Jorge Luis Borges, 1899—1986）阿根廷诗人、小说家，作品中常呈现神秘、梦幻、不合常理的混乱世界。——译者注
④ 有关福柯对博尔赫斯《中国百科全书》的解读，请参阅氏著《看得见的城市：（转下页）

中前三个字来说，逐字翻译版本的编号（在完全中断之前）就不符合抄本的混乱编号：4 设 4 曰 5 道"（4proclaimed 4saying: 5dao...），卜弥格给出的译文是："4edictum Regis positum 5inquit Lex ..."（国王颁布的 4 诏书 5 曰律法……）。

换句话说，拉丁语的"诏书"（edictum）与汉语的"设"是对应的；拉丁语中的"说"（inquit）与"道"是相匹配的——事实上，"说"是"道"这个词可能的意义之一，只是这里不是："道"是诏书的第一个字（正如我们刚才看到的），由"曰"引入。基歇尔的多层表格好奇妙！

一个不懂中文的 17 世纪基歇尔版本的读者永远看不到的是，帝国诏书的开头部分已经从一个以道家术语表达的相对论的宽容宣言，转变为一个对在海外传播基督教的模范传教士的颂扬。在基歇尔的释义中，与其说是圣人不再改变他们的模式（"体"），不如说是基督教中的圣徒们（"sancti"复数）改变他们的位置（"locus"）。（我后面会回来说关于"体"的变化。）同样对于最后一句话"密济群生"（神秘地拯救生命），虽然翻译大致准确，但参考框架和主语已经发生了重大变化，以至于在每个地方确立的学说不再存在"神秘地拯救那个地方的生命"，而是神圣的人们在"神秘地拯救其他地方和每个地方的生命"。对于"密"（神秘地）这个词，鉴于卜弥格将其描述为这些圣者"creberrime①"地或"经常"地给予救助，基歇尔将他们描述为"velis, remis"地给予救助——"velis, remis"字面意思是"通过帆和桨"，作为拉丁语成语，意为"全力以赴"。奥吉尔比（Ogilby）将其翻译为"竭尽全力地"（with might and main）。基歇尔的阐释以转喻方式强调了

（接上页）　早期现代欧洲写作中中国的异域乌托邦》，《体裁》（Genre）第 30 期（秋/冬 1997），第 105—34 页；以及张隆溪，《强力的对峙：从两分法到差异性的中国比较研究》（*Mighty Opposites: From Dichotomies to Differences in the Comparative Study of China*）。（斯坦福大学，1998）。

① 拉丁语"经常"。——译者注

海上旅行的感觉，他的意译和卜弥格的逐字翻译版本都对这段话做出了贡献（我们应该记得，在前往中国的路途上，从里斯本到果阿的漫长而艰苦的海上航行，对大多数耶稣会士来说是一次令人难忘的不愉快的试炼，他们经常在他们的信件中提到这一点）。达尔基（Dalquié）对基歇尔的意译版本的法语翻译进一步强调了这一意义，仿佛有意通过比喻和字面解释来详细阐述基歇尔的意译中的阐述："他们的职业是走遍世界各地，以指导灵魂并救助悲惨和受折磨的人：正是出于这个原因，他们快乐地乘帆或划桨来实现自己的目标，以期更有效地为人民服务。"① 同样，在紧接诏书前面内容的一行中，意译版本首先是把阿罗本作为一种水手来介绍的：虽然碑文说"占青云而载真经，望风律以驰难险"（从蔚蓝的云占卜，携带真经，对风进行预测，以便穿越困难和危险），但意译版本说，阿罗本"带着仿佛是来自云中的真正的教义：借助海图，驭风而来，他经受了许多危险和辛劳"。② 通过添加这些在中文中完全没有的"海图"，（除非是"真经"翻译了两次），基歇尔的译本将阿罗本重新塑造为一个携带海图的来自远方的传教士水手。

正如我刚才所观察到的，将那些圣人像传教士一样推向世界的解读，完全依赖于将单词"体"翻译成了拉丁文的"locus"（地方），从而转变了文章中的所有其他内容。③ 事实上，将皇帝用的"体"字翻译成"di fang"是如此奇怪，如此违反常理，如此明显错误，以至于人们怀疑除了纯粹的词汇之外是否还有其他动机。确实，人们从景教碑在1625年的第一个拉丁文译本看到了这一点的利害关系（这是一份匿名

---

① Dalquié, *La Chine illustrée*, p. 40（达尔基，《中国图说》法文版，第40页）.
② Ogilby（作者有做修订），*Several Remarks*, p.12; Kirchei, *China Illustrata*, p.30.
③ 一旦允许这些圣者改变的是他们的"地方"而不是他们的"体"，翻译者就可以将"圣"（Sage/sancti）作为下句的主语，以便"随方"变成 excurrere（跑出）omnes partes（到所有部分），还有 decurrerre（跑去）Mundum（到全世界）。总之，"随方设教"（根据地方，[居民]建立[他们自己的]教义）成为卜弥格的版本，"[圣人]奔波于世界，传播[真]法"（decurrunt Mundum proponendo Legem）；并在意译中说："[圣徒]奔向他们可能指导的世界的所有部分。"（excurrunt ad omnes partes, ut Mundum doceant）

手稿，从未在 17 世纪出版，但无疑在耶稣会士中流传）：

> *Lex nomen proprium non habet, sanctus non habet perpetuas regulas, locis se accommodat in propenda doctrina ut expresse possit omnibus mentibus auxiliari.*
>
> ［律法没有固定的名称，圣人也没有固定的规则；他让自己适应于传播教义的地方，认为它可以帮助所有人的思想。］①

在这个版本中，皇帝表明的相对主义成为对有争议的耶稣会"适应"策略的明确认可，即调整基督教教义和实践以更好地融入当地文化的策略。在这里，"体"被翻译为"regulas"（规则），"随方"（根据地方）被翻译为"locis se accommodat"（他使自己适应地方），从而允许"sanctus"（圣人）可以随着所处的地方改变而改变他的规则。通过表明一位特定的圣人会适应多个地方，而不是通常来说的不同的圣人或他们的教义根据他们自己所处的地方而有所不同，这一翻译巧妙地暗示了这是一位旅行的圣人。伯希和（Pelliot）认为这第一个译本是金尼阁（Trigault）的作品。金尼阁是适应主义策略的最热情的捍卫者，当时适应策略正也越来越受到攻击，甚至有些攻击是来自耶稣会内部。如果伯希和的看法是正确的，可能是后来的翻译谨慎地避开了金尼阁的明确的适应主义语言，毕竟，我们得承认太宗皇帝的诏书与适应主义者的理想相差不远，就是说神圣智慧的模式会因地点的不同而发生变化。② 换言

---

① "在 994 年之前建造，于 1625 年被发现的最古老石碑的抄本，由一个耶稣会士用拉丁语逐字翻译"（*Transumptum lapidis antiquissimi ante annos 994 erecti, hoc anno 1625 inventi, latine factum a quodam Soc. Jesu, fere de verbo ad verbum*）；夏鸣雷（Havret）是第一个转录和出版这份手稿的人，见于《基督教碑》（*La stèle chrétienne*），第 3 章第 68 页。

② 詹启华（Jensen）表明，到 1615 年，金尼阁（Trigault）对礼仪之争充满热情，他战略性地编辑了利玛窦（Ricci）的著作（清除了一些段落并印刷了利玛窦删除的其他段落），为了推动"适应策略"的事业，对欧洲人歪曲了对孔子的祭祀仪式的真正宗教性质；詹启华，《制造儒家》（*Manufacturing Confucius*），第 63—70 页。有关 1625 年 （转下页）

之，皇帝的声明与适应策略的概念那么接近，除非从根本上改变"体"的翻译，把"体"译成完全不同的别的什么东西，比如改译成"locus"（地方），就似乎很难避免引起适应策略的意义。基歇尔并不赞同适应主义者的策略，因而人们想知道，这份通过基歇尔成为传播最广的诏书版本所构成的译本，是否实际上在试图将景教碑排除在当前耶稣会内部的争议之外。可以肯定的是，在皇帝所说的短语"无常体"中的"无常"的概念，听起来不太像基督教的美德（这也不是有意的）；因此，基歇尔的新版本强调了与金尼阁早期未发表的解读完全相反的东西，就不那么令人惊讶了。基歇尔似乎在坚持：无论碑文说什么，"我们"唯一改变的是我们的"locus"（地方）而不会改教体。

然而，我们还应该注意到，虽然将"体"翻译成轨迹"locus"是牵强附会令人生疑，但它也有某种基督教逻辑，使其与金尼阁（Trigault）的翻译一样巧妙。事实上，"体"和"道"存在一些相同的翻译困难。"体"是一个高度超定的词，在哲学著作中有着复杂的历史，至少可以追溯到王弼在3世纪对《道德经》的评论，他将其用作一种"物质本质"，而不是作为"外在形式"或著名的"体—用"二元组合的结合点。"体—用"二元对中国哲学来说与欧洲形而上学中的物质/形式二元组一样重要。让我们也回顾一下，这恰好正是前面引用的格言

（接上页） 拉丁文本的归属，请参阅 Pelliot, *L'inscription nestorienne*，第 98 页；夏鸣雷（Havret），《基督教碑》（*La stèle chrétienne*），第 2 章第 325 页；紧随其后的意大利语译本（1626 年和 1631 年）给出了基歇尔将会非常熟悉的术语："真正的律法没有固定的名称：圣人并不只他们居住的地方；他们奔向四面八方，教导世界，试图在各方面都为共和国效力。"（Non ha la vera Legge nome determinato: né li Santi hanno luogo proprio doue dimorino; e però corrono per tutte le parti, per ammaestrare il Mondo, procurando d'esser' in tutto vtili alia Repubblica）阳玛诺，《信件……中国》，第 18 页；以及 "真正的律法没有明确的名字，圣徒们也没有明确的位置，他们奔向四面八方，教导世界：希望能处处行善"（La vera Legge non ha nome determinato, né i Santi hanno luogo determinato doue assistano: corrono à tutte le parti, per insegnar' al mondo: hauendo l' occhio ad esser profitteuoli à tutti i venti）；《一块古老的石碑上的宣言》（*Dichiaratione di una pietra antica*），在夏雷鸣重印本，《基督教碑》（*La stèle chrétienne*），第 3 章第 80 页。

"万物一体"（所有事物都是一种物质）中的一个术语；例如，利玛窦在他的《天主实义》中反对新儒家宇宙学的统一实质论的论争中，就曾反复在这个意义上使用这个概念。简言之，耶稣会士在翻译这个"体"字时不可能困惑不解。但他们也采用了这个词来表达基督教教义中一些更神秘的特质，如用"三位一体"来翻译"trinity"，并且用"同体"来翻译在耶稣身上的"三位一体"的统一实体。[1] 而且，正如我们在艾儒略的《弥撒祭义略》中看到的那样，耶稣会士也在圣餐仪式中的"圣体"一词中使用它，恰好组合了皇帝诏书中的"圣无常体"这句话中出现过的"圣"与"体"两个字。[2] 就"圣餐变体论"来说——即化体（耶稣的血化作酒而肉化作面饼）——它描述了耶稣（作为"圣"）突然实体出现在它之前不存在的地方，人们实际上可以理解为"体"至少也承载了一些"地方"的含义。但是，将"圣"认为是"基督"的解读，正如我们已经看到的那样，并不能被诏书的翻译的其余部分所证实。正如我所认为的，在基歇尔的翻译中，这个词的最终目的似乎是指向耶稣会传教士本身——他们中的两个，让我们回想一下，在1622年被正式变为"圣"，即圣徒罗耀拉和沙勿略；从而在某种意义上改变了他们的"体"。[3]

最后，尽管耶稣会士们并不知道，但他们可能不是第一个"调整"这封诏书的人。将碑文与保存在《唐会要》（一本10世纪的唐朝文献汇编）中的诏书进行仔细比较，可以看出聪明的亚当（景净）将帝国的诏

---

[1] 关于这两个例子和对"体"的讨论，参见钟鸣旦（Standaert），《手册》（Handbook），第647—648页。

[2] Aleni 艾儒略，*Mi sajiyilue*《弥撒祭义略》（A brief explanation of the Sacrifice of the Mass），Fuzhou:1629,pp. 4–6.

[3] 感谢一位匿名读者提出这一段。这种使用"圣"来抽象地翻译"圣人"（Saint）或"圣洁"（holiness）的想法后来在传教士和圣经翻译中变得如此普遍，以至于现代汉语词典现在都包含这个含义；因此，在非常真实的意义上，"圣"现在在某些语境中真正的意思是"圣人"（Saint），它在这一时期的双重性被习俗夷为压缩；参见译者对利玛窦的介绍，《天主实义》（*The True Meaning of the Lord of Heaven*），第28页。

书文本写入景教碑时,他自己做了一些微妙的改动,在诏书中添加或更改了近20余字。① 除了一些我将不会讨论的细微改动之外,亚当(景净)还把三个新短语放到了皇帝的嘴里。第一个是皇帝有"观其元宗"(他不只是听到了景教的一些琐碎的细节而已),为了发挥基督教宇宙论,基歇尔将这新短语翻译成皇帝亲眼观察而发现其教义"主要是基于世界的创造"(Fundatam principaliter in Creatione Mundi)。② 但是亚当(景净)自己显然还使用了道家的一副对联扩展了皇帝对基督教的赞美:"词无繁说,理有忘筌。"③ 许多读者已经知道,这段话源自《庄子》中的著名段落,其含义其实根本不是关于捕鱼,而是关于语言:"筌者所以在鱼,得鱼而忘筌;蹄者所以在兔,得兔而忘蹄;言者所以在意,得意而忘言。"④ 亚当(景净)如此暗示了这里所使用的术语的不稳性,其方式也恰恰描述了耶稣会后来在翻译上所作所为:当你得到了皇帝表达的(基督)信息,你可以忘记用以捕获它的道教话语的渔网,就像你一旦获得了(基督)真理的鲤鱼,你可能会忘记碑文中的中文术语。⑤

或者他就"是"这么做的?最后一次解读假设我们用来与碑文进行比较的《唐会要》是更准确的文本。然而,如果像安东尼诺·福特(Antonino forte)所说的那样,这三个短语最初本来包含在诏书中,并因抄写错误而从《唐会要》中删除,但是准确地"保存"在石碑上,那么我们要怎样解读,唐太宗对基督教的赞美却如此符合庄子的良好的道教教义标准?我们会不会根据是谁写的而对这些段落进行不同的润色或

---

① 《唐会要》,王溥主编(961),第49卷第10—12页。其中的诏书被佐伯好郎重印于《景教文献》,第288页。基于《唐会要》和景教碑上的版本都不完全正确,福特用几页有趣的篇幅来重构"真正的"诏书,但他想后者更准确;Pelliot, *L'inscription nestorienne*, pp.349–367。
② Kircher, *China Illustrata*, p.30.
③ 景教碑,第10列。
④ 《庄子·杂篇·外物第二十六》
⑤ 作者在此引用了莎士比亚的"虚假之鱼饵钓到真实之鲤鱼"的典故。(《哈姆雷特》,2.1,朱生豪译)——作者校注

翻译？

这个优雅而贴切的，来自庄子的逻各斯中心主义寓言的典故，本身就如此深深地嵌入了捕鱼的比喻之中，以致很难在不失去比喻的情况下翻译它（除了有点笨拙的），就好像已经很好地学习了道家的这一课，基歇尔的译本是这样说的："Doctrina ejus non est multorum verborum, nec superficietenùs suam fundat veritatem"（他们的教义不在于多言，也不在于在表面的言辞上奠定其真理的基础）①。然而，基歇尔解释景教碑的图表中确实存在着大量的言语——它们排列于网格中，就像一场解释的盛宴——这表明当文字的渔网被遗忘时，鱼可以是多么的滑。

注：

我要感谢许多人，他们在许多方面鼓励了这篇文章的写作，包括我夫人 Natasha Chang（娜塔莎·张）、Haun Saussy（苏源熙）、Christopher Bush（克里斯托弗·布什）、Tim Murray（蒂姆·默里）、Barbara Correll（巴巴拉·科雷尔）、Walter Cohen（沃尔特·科恩）、Naoki Sakai（酒井直树）、Tom Conley（汤姆·康恩利）、Mary Ann Caws（玛丽·安·考斯）、Peter Stallybrass（彼得·史达利布拉斯）、Eric Hayot（韩瑞）、Steven Yao（史蒂文·姚）、John Fyler（约翰·菲乐）、Bernadette Andrea（伯纳黛特·安德里亚）、Yu Dong（余东）和《Representations》编辑委员会。

（卢文芸　湖北大学历史文化学院
刘孝燕　湖北大学历史文化学院）

---

① Ogilby（作者有做修订），*Several Remarks*, p.13; Kirchei, *China Illustrata*, p.31.

中外文化交流史研究

中国近现代史论

关于两位在德国旅行的中国人 *

［德］洛伦兹·奥肯（Lorenz Oken） 著
江雪奇 译

译者按： 广东人冯亚星（又作冯亚生、冯亚浩，1792—？）与冯亚学（1798—1877）是现知的最早定居今日德国领土，并学会德语的中国人。通过各类德文文献可知，二人于1821年底被荷兰商人海因里希·拉斯特豪森（Heinrich Lasthausen，生卒年不详）从伦敦带往德国，巡回表演中国语言、文字、音乐、格斗等，被时人称作"中国学者"（Chinesische Gelehrte），曾得到过包括约翰·沃尔夫冈·冯·歌德（Johann Wolfgang von Goethe，1749—1832）、海因里希·海涅（Heinrich Heine，1797—1856）、约翰·弗里德里希·布鲁门巴赫（Johann Friedrich Blumenbach，1752—1840）等名人的一定关注。后来他们由普鲁士王室出资"赎身"，并被派往大学城市哈勒（Halle）与德国学者合作进行汉学研究。其后二人都受洗成为福音派基督徒，在波茨坦长期担任象征性的王家仆役之职。冯亚学逝世于波茨坦，而冯亚星则得以重登返乡之途。①

---

* 本文译者受到国家社会科学基金项目"海内外珍稀记音文献与清代珠三角粤语语音研究"（批准号：19BYY140）的资助，并感谢余颂辉老师对本文的帮助。
① 关于二人的生平，本文译者已另文详作探讨，参见江雪奇《最早居留德国的中国人冯亚星、冯亚学及其研究意义》，《国际汉学》2021年第4期，第79—89页。

洛伦兹·奥肯（Lorenz Oken，1779—1851）是德国著名的医生、生物学家、解剖学家、生理学家、自然科学家与自然哲学家，与当时的文学与哲学名流交往密切。他曾邀请二冯到自己位于耶拿（Jena）的家中，并对其进行了详细的访谈。1822年，他在自己运营的博物杂志《伊西斯》（Isis）上刊载了《关于两位在德国旅行的中国人》一文①，记录了许多从二冯口中所了解到的有关中国语言及国情的信息。遗憾的是，奥肯对中国几乎一无所知，与二冯的语言沟通又非常困难，所以毫不奇怪，此文中有太多显见的错谬与荒诞的臆想。尽管如此，这份访谈报告可以说是今人所知的最古老的旅德华侨文献，作为原始史料定然是有一定信息价值的。

在翻译过程中，译者致力于尽可能地保留原始材料的内容与风格，哪怕可能造成中文的生硬感，也还是在用词上尽量贴近原意。所做调整仅限于格式、排版与标点。某些时候奥肯为了阐明汉语构词和句法，用德语单词对原文进行了逐字对译，这种情况下，译者于译文的词间加添＋号，以示说明。原文 Fraktur 字体的 ſ 照例转写为 s，而 Antiqua 字体中的 ſ 则暂时保留与 s 的区别。原文中通过加宽字母间隙的方式而突出标识之处，译文一律改为加粗。此外三大部分的标题在原文并未清晰标记，今皆改为粗体，以便览查。为与原作者所加的大量圆括号注释明确区别，译注均加于方括号之内。原文中的汉语发音转写，译者一律保留，此外在其后的方括号中注明汉字本字。若本字难以确定，则暂时以□占位。简言之：下文正文中的圆括号一律来自奥肯，方括号一律来自译者。原文无脚注，译文脚注一律为译者所加。另外原文无页码，每页都分左右两栏（Spalte），并标注栏号，译者在译文中也以方括号标注了原文中各栏分界的大致位置，以便读者对照与摘引。

---

① Lorenz Oken, "Ueber die zwei in Deutschland reisenden Chinesen," *Isis oder Encyclopädische Zeitung*, Litterarischer Anzeiger, 1822, col. 417–432, here: col. 417.

人类依据着五大感官的层面而演进，并由此而分为五大人种，或称种族。①

1. 停滞在触觉层面上，并由此而体现出黑肤色的特点的人，构成埃塞俄比亚人种。

2. 达到了味觉层面，并由此体现出凸出的进食器官和挑剔的口味的人，构成马来人种。

3. 在上述两大感官之外，还达到了嗅觉层面的人，构成美洲人种。

4. 达到了听觉层面，并由此而体现出一种独特的耳部结构的人，构成蒙古人种。

5. 而终于齐备了五大感官，并达到了视觉层面的人，构成高加索人种，他们的一切感知器官都得到了完善而匀称的发展。

两位目前在德国旅行的中国人，亚星［Aßing］和亚学［Aho］，属于蒙古人种，他们是30余岁的男子。二人都来自广州［Canton］附近；亚星来自香山［Heong San］，亚学来自黄埔［Wong Bu］②，两座城相隔仅几里③路。后者从商，前者则为自己的叔父当秘书。这位叔父是广州负责签发船舶文件与检查的官员，因职位之故而与若干位英格兰船长有过交情，所以早在几年前就建议侄儿赴欧旅行，后者也已去过两次。第三次时［即本次］，他与亚学前往英格兰，想要在那里多看看，做下一番事业。在圣赫勒拿岛上，拿破仑曾让他们来见自己，并邀请用餐。④然而在伦敦，中国人并不稀罕，于是他们接受了来自柏林的拉斯特豪森［Lasthausen］先生的建议，随他前往德国，四处游览几年。可他们

---

① 凡是原作者受其时代局限而表达的种族偏见，译者也一律忠实保留，仅供客观批判。下不赘述。

② 德国学者曾争论这个拼音所指的是广州东郊黄埔古港还是今日中山市境内的黄圃镇。译者根据文献档案以及方言特色推断亚学必然出身黄埔，参见前揭。

③ 当时德国的"里"（Meile）约合今日的7.5公里。然而二冯初到德国之时，语言交流非常困难，同奥肯所说的大概是某种破碎的皮钦英语，所以今人难以断定他们所说的"里"是否准确符合普鲁士度量衡。

④ 奥肯以上的陈述可能有较严重的误解，参见译者旧文（前揭）。

似乎在这里也并未得到什么款待。虽然德国人从未见过中国人,却还是没有兴趣去看他们,因为不相信他们[真的是中国人],毕竟他们也完全同德国人一样,长着两只胳膊、两条腿、一张脸。如果他们给自己安上蝙蝠翅膀,接上蛇尾巴,并像鸟一样啼鸣,那大概便会观者如堵了。麻木的庸众只乐于观赏悖逆自然以及滑稽胡闹之物,只肯相信并不可信之物,却鄙夷符合自然之物。与此同时,我们则相信会有人来关照这二人,[417栏/418栏]为他们保障生活,并借助他们而最终从活人的口中获取中国语言。

二人之真实性无可置疑:

Ⅰ)鉴于其身体构造;

Ⅱ)鉴于其语言;

Ⅲ)鉴于其习性,或者说鉴于其对中国国情颇为了解。

一、论Ⅰ

人类皮肤的完善之处正在于其揭示着内在的生机,应当能够泛红或者苍白,以体现欢乐或羞耻;而这两位旅行者的肤色则为棕黄。

美观的人类面相不能让进食器官凸到超出额头的程度;而此处,[二冯的]下颚骨则前倾,嘴唇颇厚。

美观的鼻是挺直的,乃是匀称的脸庞上唯一自由凸出的部分;而此处的鼻软骨则是塌陷的。

演进完善的外耳应当有自由下垂的耳垂,耳内有鲜明的耳屏与对耳屏[Tragus et antitragus];这里则缺失耳垂,耳中的涡轮亦不显著。

白种人的眼睛具备广阔而横向的眼裂;而此处的眼睛则细小而歪斜。

上述为蒙古人种之特征。

二、论 II

我颇为惊异地听闻，在这两位中国人待在德国的这一整年里，竟然都从未有人关注过他们的语言，也就是说，德国人并未感到这个机会是何等重要，即便不能完整地认识中国语言，也起码能领略其精神。而我有幸与这两位中国人交谈过短短几小时，这便至少已经足以让我体会到其语言出乎寻常的简易性。而待我后来比对拜耳①与傅尔蒙②所著的中国语法时，却沮丧地发现，这些作者对这种语言的原本构造及精神几乎一无所知。这些语法书都是根据葡萄牙传教士的汇报而艰难地拼凑所成，纯粹都是臆想揣测以及随机摸索。我不知道新出的语法书是否更加到位，毕竟自己的手上并没有。

首要地，是必须分清口头语以及书面语。后者对我而言艰深无比，我也情愿承认自己对此几乎还是毫无概念，尽管这两位中国人都很善于书写，故而是受过教育的人。[418栏/419栏] 其间我也无暇探究这一方面，毕竟同他们沟通极度困难。

而口头语言则与之相反，我感到其非常简单，乃至相信只要能积累够应有的词汇量，就能够将其讲出来。这是一种儿童语言，就像我们刚刚开始牙牙学语的孩童一样，将词汇拼凑在一起。比如，中国人不是说"Ich will nach Weimar gehen"，而是说"Ich gehen Weimar"；不是说"Ich bin gestern in einer anderen Stadt gewesen"，而是说"Gestern ich seyn andere Stadt"。③

我就这种语言的精神而所能作出的评述大致如下：

---

① Gottlieb Siegfried Bayer（1694—1738），也作 Theophil Siegfried Bayer，汉学家，生于德国，后移居俄国，于彼得堡出版过 *De Horis Sinicis et Cyclo horario*（1735）等汉学著作。与傅尔蒙一样，他的汉语语法拘于欧洲屈折语言的思维，从今日的眼光看来显得烦琐而不自然。

② Étienne Fourmont（1683—1745），法国汉学家，著有 *Meditationes Sinicae*（1737）与 *Linguae sinarum mandarinicae hieroglyphicae grammatica duplex*（1742）等作。

③ 意即汉语造句和德语造句不同，似乎只需要简单地累加没有语法屈折变化的单字便可成句。

名词没有冠词。

也没有任何屈折，即便复数也无变化。

形容词同样也没有变化，性的方面或许例外，而且似乎是置于名词之前。

代词没有数的变化。人们是通过补充数词或者"许多""全部"之类的小词而弥补这一点。然而在动词方面有很多疑点。

动词只有一个不定式，似乎既不按人称，也不按数、时态、类型与形式变化。

关于介词、副词与连词我不甚了然，只知道极少出现。

此外几乎所有词都为单音节，但是能以极为多样的方式组合。有人以为词汇一律以元音结尾，但这种看法是错误的。

关于文字的问题，每个音节都有一个特别的符号，所以这些符号既非象形文字，也非图画，也非字母。

中国人也能书写在他们的语言中并不存在的或者无意义的音节，这是通过在他们的符号角落或者边缘添加线条和点的方式而实现的。例如，音节 Sang 可以通过这种方式转化为 Seng、Sing、Soeng 等。因此他们能书写德语词汇，另一个人也能完全正确地将其读出。而这两位中国人本身的口音原是不同的。亚学经常发 t、e、a 的音，而亚星在对应的地方发的是 tz（如同 Theta 一样）、i、ä。①

我不知道符号的组合是按照何种原则。

此外中国人是用毛笔从上往下、从右往左书写的；第二个音节不是写在第一个音节的前方或后方，而是下方。而且他们似乎有两种文字，一种大写体 [Capitalschrift]，一种连写体 [Curentschrift]，然而后者与前者并无较大差别。

---

① 一般来说，德语的 e 是半闭元音 /e/，ä 是半开元音 /ɛ/。另外亚学自己手稿里数万字的记音从未流露任何类似勾漏粤语将广府粤语的塞擦音系统地读作舌塞音的迹象。因此，不甚清楚奥肯这里所强调的语音区别究竟在于何处。

中外文化交流史研究 119

我们想为上述内容给出一些示例。[419栏/420栏]

1. 数词

中国人使用十进制计数:

Jat［一］,1;如果是单用此词,听起来就像是很短的 Jă,^①不过只要跟在后面的词［的开头］是元音或者 s、m 等音,就还是可以听到 t,例如 Jăt mān［一万］;这个词听起来也经常像 jät。

Gy［二］,2;在逢动词时以及其他许多情况下是 leong［两］。

Săm［三］,3。

Sy［四］,4。

Ong［五］,5;听起来有时像 uong 或 wong。

Lock［六］,6。

Tzăt［七］,7;时常仅如 tză。

Băt［八］,8。

Gau［九］,9。

Săp［十］,10;时常仅为 Sa。

以下都为组合词:

Sap jat［十一］,11;十+一。

Sap gy［十二］,12;十+二。

Sap sam［十三］,13 下略。

Gy sap［二十］,或者 Jap［廿］,20,二+十即二十。

Jap jat［廿一］,21。

Sam sap［三十］,30,三+十。

Sy sap［四十］,40。

Ong sap［五十］,50。

Lock sap［六十］,60。

---

① 欧洲语文学传统上常以 "ˇ" 符号代表短音,而以 "ˉ" 符号代表长音。

Tzat sap［七十］，70。

Bat sap［八十］，80。

Gau sap［九十］，90。

——Sap sap［十十］为 Ba［百］，100；然而他们每次都在前面加上个 Jat［一］，即：Jat-Ba［一百］，一＋百。

Gy Ba［二百］，下略。

——Sap ba［十百］为 Tzǐn［千］，1000；然而他们每次都在前面加上个 Jat［一］，即：Jat Tzin［一千］，一＋千。

Gy Tzin［二千］，2000 下略。

——Sap tzin［十千］为 Mān［万］，10000；而每次都作 Jat mān［一万］，一＋万。

Gy Mān［二万］，20000；两万，下略。

Nei［□］，100000；每次都作：

Jat Nei［一□］，一＋十万。

Gy Nei［二□］，200000。

Sap Nei［十□］，1000000，即一百万，

对此［百万级］他们并没有个简单的词［即单字］。

虽然他们按照十进制系统计数，却没有类似我们的阿拉伯数字那样的十进制数列，这么来看，计算对他们来说恐怕正如同对罗马人及希腊人那样艰难。然而他们竟可以在脑中飞快算出 1000 除以 9 的结果；我无法明白他们是如何才能将算术题写到黑板上的。此外，他们有三套数字符号，其一似乎是序数词；另两类的区别主要体现在立态和卧态上：

1＝一或一

2＝二或二

3＝三或三［420 栏/421 栏］

下面的符号在我们的印刷厂里面没有，但是看起来跟阿拉伯数字符号很近似，而1、2、3则正是由同等数量的线条组成的：

10= 十

11= $\frac{十}{二}$，下略。

20= $\frac{二}{十}$，下略。

100 的符号是□。①

2. 名词

绝大多数是单音节的，有时以一个元音结尾，有时以一个辅音结尾。我无法发现有任何复数形式存在的痕迹。

Jän［人］，几乎为 Jăn，意为人，主要指男人，且为丈夫。他们经常使用这个词，在动词部分将体现这一点。

Nam［男］，男人，主要指男性特质者。

Nu［女］，女人，主要指女性特质者；因为 Nam jăn［男人］是丈夫的意思。②

Nam tzei③［男仔］，单身男人，男童。

Nu Jän［女人］，妻，男之女④。

Nu tzei［女仔］，单身女人，姑娘。

Gutt［月］，月，几乎如 Gu。⑤

---

① 原文即印作方框。
② 这一小句似存在排印错误，应接在上一条之后为宜。
③ 近现代德文的 ei 的拼写组合发的是［ai］的音。
④ 按奥肯似乎将"人"字误解为专指男人。
⑤ 标准德语音系虽然也有［y］的音，但是在许多方言中缺失。奥肯在此处以及下文的许多地方未能准确转写粤方言的这个发音，应是受其家乡奥芬堡（Offenburg）的方言影响，而非二冯实际发音异常的缘故。

Tzang[①] Gutt［正月］，一月，莫非意为"第一＋月"？tzang 或 tzäng 字似乎具有不同的意项，如下可见。

Gy Gutt［二月］，第二月，二月。

Sam Gutt［三月］，第三月，三月。

Sy Gutt［四月］，第四月，四月。

Dünn ong gutt［端午月］，第五月，五月。Dünn 似乎是庆典的意思，因为中国在五月里有很多公共节庆。至少亚星尝试过为我解释清楚这回事情。

Lock Gutt［六月］，第六月，六月。

Tzat Gutt［七月］，第七月，七月。

Tzong Tzau Gutt［中秋月］，八月。语言在此背离了数序。此月的名称似源于种种公众游戏。在中国文字里，这个月如同五月一样，需要三个符号。

Tzong Jong Gutt［重阳月］，九月；有异。

Sap Gutt［十月］，第十月，十月；符合数序。

Tong Tzi Gutt［冬至月］，十一月；有异。

Sap gy Gutt［十二月］，第十二月，十二月。

不管每个月份的名称有多少音节或者单词，中国文字都具备相应的符号，从上往下书写：

Nei Bai［礼拜］，星期日。

Nei Bai jat［礼拜一］，星期一（第一天，下略）。

Nei Bai gy［礼拜二］，星期二。

Nei Bai sam［礼拜三］，星期三。

Nei Bai sy［礼拜四］，星期四。

---

① 德语音系中，齿龈擦音及塞擦音都无清浊或送气上的对立，故此类混乱同样应归咎于记音者而非发音者。

Nei Bai ong［礼拜五］，星期五。

Nei Bai lock［礼拜六］，星期六。

Fu［父］，父。［421栏/422栏］

Mu［母］，母。

A go［亚哥］，兄弟。

A gong［亚公］，祖父。

A po［亚婆］，祖母。

Tzei［妻］，妻。

Hin tzei［贤妻］，好的妻子；似乎是一种头衔，两个符号。

Day tzy［大姊］，姐妹，被弟弟这样喊。

Buy［妹］，姐妹，被哥哥这样喊，只有一个符号。

Mou［帽］，帽子。

Tau Mou［头毛］，头发，两个符号；也即头＋帽。

Tau Hock［头壳］，头；因此 Tau 必然是头的意思，可是 Hock 又是何物？

Gy［耳］，耳。

Gyang［镜］，镜子，只有一个符号。

Ngnan［眼］（［声母发音］几乎如同［拉丁语词］dignus［中的 gn］），眼。

Ngnan My［眼眉］，眉；（My 即毛发，是不是 Mou 的复数？）

Ma［马］，马。

Ma my［马尾］，马毛。

Ngnan Gyang［眼镜］，眼镜（即眼睛＋镜子）。

By［鼻］，鼻。

Hau［口］，嘴。

Sam hau［心口］，肚（第三＋嘴？后一个符号与表示嘴［口］的符号是一样的，第一个符号却与表示三的不同。Sam［衫］还有衬衫、外套、连衣裙的意思，但是所用符号也是不同的）

Sau［手］，臂。

Sau Tzy［手指］（两个符号），手指，也即手臂的尖端，手臂的趾端。

Sau Gab［手甲］，指甲（手臂末端？）。

Sau Tzeang［手掌］，手，也即手臂的表面，两个符号。

Sau Tzang［手踭］，肘部。

Gan［巾］，巾。

Gern［颈］，颈。

Gern Gan［颈巾］，围巾。

Sau Gan［手巾］，毛巾，也即臂巾。

Gay Tzy［戒指］，戒指。

Tu Tzy［肚脐］，肚脐，也许是肚的末端之意。

Gann Tau［肩？头］，肩。

Min［面］，脸。

由此可见，中国人拥有组合符号，通过同位关系［Apposition］构成。两个符号并列：

Gyock［脚］，脚，只有一个符号，故为单音节。

Su［须］，胡须。

Hay［鞋］，鞋。

Sau tzau［手罩］，手套；Sau是臂的意思，或许应是Sau-tz hay［由"手指鞋"缩合而来］？

Mat［袜］，袜。

Sam［衫］，衫。

Tſcheong Sam［长衫］，外套（一种较长的男用外套）；两个符号。

Tay Mi Sam［大尾衫］，（短）外套。

Sam Nau［衫纽］，外套纽扣。

Boi Sam［背心］，马甲（胸外套？）［422 栏/423 栏］

Fu［裤］，裤。

Bo Fu［薄/布？裤］，长裤。

Jung Fu［绒？裤］，（短）裤。

Day tzei［带仔］，带子。

Da Bo［□布？］，女用围巾。

Gern Kim［颈□］，衣领。

Fa［花］，花。

Fo［火］，光，火。

Lab［蜡］，蜡。

Lab Tzock［蜡烛］，蜡烛。

Tann［墩］，灯架；通常为 Lab Tzock Tann［蜡烛墩］，蜡＋光＋柱；3 个符号。

Lab Tzock Tzin［蜡烛剪］，蜡烛剪。

Tzin［剪］，剪刀

Ly［脷］，舌。

Ngnā［牙］，牙。

Sann Beu［身/辰？表］，怀表。

Malao［马骝］，猴。

Hong jän［熊人］，狒狒。

Tzu［猪］，猪。

Sy djy［狮子］，狮子。

Lu fu［老虎］，熊。

Gau［狗］，狗。

Jong［羊］，羊。

Luck［鹿］，鹿。

Go［鹅］，鹅。

Lock to［骆驼］，骆驼。

Djong［象］，象。

Aab［鸭］，鸭。

Mau Gy［猫儿］，猫。

To［兔］，兔。

Gay［鸡］，鸡。

Fo kai［火鸡］，鸵鸟。

Güh［鱼］，鱼。

Lung ha［龙虾］，虾蟹。

May［米］，米，作物，我们的 Mais［德语：玉米］一词可能由此而来；只有一个符号。

Tong［糖］，糖，也有池塘之意，特别常用的词，如后文可见。

Tzā［茶］，茶。

Tză［叉］，叉。

Tzau［酒］，烧酒。

Caffee［音译，无直接对应之汉字］，咖啡；两个符号，凡是双音节都是这样。

Ngnau［牛］，Nylgau［德语：蓝牛羚］（Antilope picta）一词可能由此而来。我有一份画着一只长着马尾巴的牛或者羚羊的图，是格林从卡塞尔图书馆的一本印度古书上复制而来的。① 两位中国人立刻认出了它，并称之为 Wuong Ngnau［黄牛］，黄牛。还说它很温顺；在图上，还有一只幼崽在四线［？］的乳房边吮吸。同本书里面还有一只长着向前倾的角的羚羊头，他们称之为水牛，Soi Ngnau［水牛］。这个字也可写作 nGau，G 听起来如同［拉丁语词］dignus 里面［的 gn］一样。

---

① 格林（Grimm）：未详这里所指的是格林兄弟中的哪一位。卡塞尔：原文作 Cassel，今作 Kassel，德国西部城市。

Ngnau Nay［牛奶］，奶，也即牛+汁。

Ngnau Nay Jau［牛奶油］，黄油，也即牛+汁+脂。[423栏/424栏]由三个符号，即牛的符号、奶的符号以及最底下的一个特别符号组成。

Minn Bau［面包］，面包。

Dau Tzei［刀仔］，刀。

Si Geng［匙羹］，勺。

Dēb［碟］，盘子。

Sau Ly Bui［琉？璃杯］，酒杯，三个符号。

Peng Go［苹果］，苹果，两个符号。

Tzang［橙］，橙子。

Sa Ly［沙梨］，梨子。

Nyn［年］，年。

Sann Nyn［新年］，新年。

Tzang Mang［清明］，复活节。

Tong Tzi［冬至］，圣诞节。

Tinn［天］，天。

Tinn Son［天神/天上？］，上帝。

Quaye［鬼］，魔鬼。

Di［地］，地。

Gutt［月］，月亮，月份。

Seng［星］，星。

Soi［水］，水。

Jad［日］，太阳。

Wo Sjong［和尚］，僧侣。

Si Gu［师姑］，修女。

Sü［树］，植物，花株。

Mok［木］，木。

Sü Mok［树木］，树（木质植物）。
Fau［埠］，城市。
Tzi［纸］，纸。
Un but［铅笔］，石墨。
Jy［椅］，椅子。
Toi［枱］，桌子。
Sabo［数？簿？］，书。
Siu Djau［烧酒］，酒［原文为Wein，多指葡萄酒］。
Ok［屋］，房屋。
Sja［石］，石头。
Ngnann［银］，钱。

3. 形容词

未暇多做搜集。

ho［好］，是好的意思，似乎是阳性，其阴性形式为hin［贤］。但也可听到ho nu tzei［好女仔］，漂亮姑娘。

4. 代词

我所能确定地辨析的，只有三个单数人称代词：

go［我］，我。
ni［你］，你（几乎为ne）。
ki［佢］，他（几乎为ke）。①

如果需要表达"我们"，他们便表述为：

---

① 这里第三人称代词的展唇化发音比较诡异。与此不同的是，亚星在自己的《小教义问答》手稿中将第三人称单数代词（佢）一律记作圆唇的kü。这里奥肯误记成ki，应当也是出自其自己的德语方言所致的听感之误。

leon go［两个］，二＋我。①

ſam go［三个］，三＋我，此外还有"许多＋我"，"全部＋我"的说法：gomdogo［咁多个］，tzauwei go［周围个］，通常还在后面加上 jän［人］（人），例如："我们"（男人）是 tzau wei go jän［周围嘅人］（全部＋我＋男人）。

他们没有"你们"，而是表述成"二＋你""三＋你""许多＋你"；对于"他"也是这样。

我不知道是否有"它"字出现。[424栏/425栏]

他们不说"她"，而总是表述为"那个女人"或者"那个姑娘"。简言之，他们始终在[将代词]个人化。

5. 介词、副词和连词

gom jatt［今日］，今天。

tzop［寻？］，昨天。

tzop mān［寻？晚］，昨天晚上。

tzop tzo［寻？早］，昨天早上。

teng tziu［听朝］，明天。

teng tziu mān［听朝晚］，明天晚上。

teng tziu tzo［听朝早］，明天早上。

Lock dem tʃung［六点钟］，六点钟。

dei［第］或者 dei gy［第二］，似乎是"在……之后"或者"在……之内"的意思。

tʃchot［出］，同上。

to［多］，多。

gom to［咁多］，很多。

---

① 奥肯显然始终在将粤语中发音相近的"我"与"个"二字误解为同一个词素。

gi to［几多］，多少？

gi to tong ſonn［几多□□］，多少里路？ho to［好多］，很多；leong tong sonn［两□□］，两里路。

tzau wei［周围］，全部。

hei［係］，是。

m hei［唔係］，不是；这个 m 读起来几乎像 uh，或者像法语的 um。

6. 动词

　　da［打］，打。
　　hy［去］，去。
　　loi［来］，来。
　　ſeck［食］，吃。
　　jock［咄］，吞食。
　　jam［饮］，喝。
　　fann［瞓］，睡。
　　tſcheong ſi［唱诗？］，唱。
　　go tzin［铰剪］，剪。
　　maye［买］，买。
　　jau［有］，有。
　　mu［无］，无。
　　dy［□］，死。
　　tzu［□］，是（也作 thu）。①

---

① 此例格外令人困惑。这个动词显然不是粤方言口语中通用的"係"。官话及书面语的"是"字在二冯的记音手稿中都一律标记清擦音声母，而奥肯记音也从未将止摄字韵母记作 u。或许这里的本字其实是"做"字。

动词变位［Conjugationen］

（1）Jam［饮］喝

　　Go jam［我饮］，我喝。
　　Ni jam［你饮］，你喝。
　　Ki jam［佢饮］，佢喝。
　　Nam jän jam［男人饮］，他（男人）喝。
　　Nam tzei jam［男仔饮］，他（男童）喝。
　　Nu jän jam［女人饮］，她（女人）喝。
　　Nu tzei jam［女仔饮］，她（姑娘）喝。
　　Leon go jam［两个饮］，我们（两＋我）喝。
　　Sam jän jam［三人饮］，我们（三个男人）喝。
　　Sam jän tong jam［三人同饮］，同上；tong 字我没搞明白。它在其他地方似乎意为"和"，在这里或许是"现在"的意思。
　　Sy jän tong jam［四人同饮］，我们（四个男人）喝。
　　Tzauwei tong jam［周围同饮］，我们（全体）喝。

由此可确信，［425栏/426栏］中国人没有不定复数形式。他们每次都问我是多少人要喝。当数目超过四的时候，他们便使用"许多"或者"全部"。

Tzäng 这个词的意思是邀请、请求；例如：

　　Go tzäng ni loi ſeck［我请你来食］，我请你来吃（我＋请求＋你＋来＋吃）。
　　Ki tzäng go hy ſeck［佢请我去食］，他请我去吃（他＋请求＋我＋去＋吃）。
　　Teng tziu tzo go tzäng ni loi ſeck［听朝早我请你来食］，明天早上我请你来吃（明天＋早晨＋我＋请求＋你＋来＋吃）。

Tzäng jam［请饮］，喝吧（请求＋喝）。

Leon go tzäng jam［两个请饮］，你们（二人）喝吧（二＋我＋请求＋喝）。

Sam gy[①] tzäng jam［三个请饮］，你们（三人）喝吧（三＋我＋请求＋喝）。

（2）Da［打］打

a. 现在时

Go da ni［我打你］，我打你（指的是例如当人们围着桌子坐的时候，"我"打那个坐在最近处的人）。

Go da ki［我打佢］，我打他（打第二近的人）。

Go da gogo［我打嗰个］，我打他（打第三近的人）。

Go jau da gogo［我又打嗰个］，我打他（打第四、第五、第六、第七近的人）。Jau［有］本来是"有"的意思；我未能弄清它为何出现在这里。[②]

Go da hoto［我打好多］，我打很多人。

Go jau da hoto［我又打好多］，同上。所以有没有这个 jau 也无甚区别，就好比德国人说"ich hätte"和"ich würde haben"［二者在德语里同义］一样。

Go da tzauwei gomto jän［我打周围咁多人］，我打所有人（我＋打＋所有＋许多＋男人）。

Jat go jän da leon go［一个人打两个］，我打你们（一＋我＋男人＋打＋两＋我）。

Jat go jän da sam go［一个人打三个］，我打你们（一＋我＋男

---

① gy 应为 go 之误印。
② 奥肯显然始终在将粤语中发音相近的"又"与"有"二字误解为同一个词素。

人+打+三+我）。

Jat go jän da hoto jän［一个人打好多人］，我打你们（一+我+男人+打+许多+男人）

Jat go jän da gomto jän［一个人打咁多人］，我打你们（一+我+男人+打+所有+我）。

Ni da go［你打我］，你（身边最近的人）打我。

Ki da go［佢打我］，他（第二近的人）打我。

Gogo da go［嗰个打我］，他（第三近的人）打我。

Jau gogo da go［又嗰个打我］，他（第四近的人）打我。

Ki da ni［佢打你］，他打你（打离"他"最近的人）。

Ki da ki［佢打佢］，他打他（打第二近的人）。

Ki da gogo［佢打嗰个］，他打他（打第三近的人）。

Ki da nujän［佢打女人］，他打她（打女人）。

Ki da nutzei［佢打女仔］，他打她（打姑娘）。

Go tong ni da ki［我同你打佢］，我们打他（我+和+你+打+他）。

Leon go jän da ni［两个人打你］，我们打他（二+我+男人+打+你）。

Tzauwei go jän da ki［周围嗰人打佢］，我们打他（所有+我+男人+打+他）。［426栏/427栏］

Leon go jän da go［两个人打我］，你们打我（二+我？+男人+打+他）。

Leon go jän da jat go［两个人打一个］，同上（二+我？+男人+打+一+我）；这里的jat发音几乎像jĕt，所以我花了很久才明白原本的意思；因为中国人无力自己解释每个单独的词的意思，从根本上也感受不到区别以及单独的意义。［就好比］文化有限的人在说"这人一点也不上心"［这个句子］的时候，［虽然说到了"一"这个字，但是］大概很难［单独拎出来地］解释里面这个数字"一"的意思。

Tzauwei jän da go［周围人打我］，你们都打我（全部＋男人＋打＋我）。

Tzäng da go［请打我］，你们打我吧（请＋打＋我）。

Tzäng ni da go［请你打我］，同上（请＋你＋打＋我）。

Tzäng ni tzauwei gomto jän da go［请你周围咁多人打我］，你们都打我吧（请＋你＋全部＋共同＋男人＋打＋我）。

b. 过去时

我没有搞明白。他们有时候说起来就和现在时一模一样，但是有时候也可以听到他们在 da 的后面发了个 n：

Tzop mān go da ki［寻？晚我打佢］，昨晚我打过他（昨天＋晚上＋我＋打＋他）．

Ni dan go［你打我］，你打过我。

Ki dan ni［佢打你］，他打过我。

Ki dan gogo jän［佢打嗰个人］，他打过他（那个人）。

这个后加的 n 是否正确，我不甚确定。①

c. 将来时

对此我完全一头雾水，似乎并不存在：

Teng tziu tzo da ni［听朝早打你］，明早我要打你（明天＋早晨＋打＋你）。

Dei gy go gutt da ni［第二个月打你］，一个月后我会打你（在……后＋月＋打＋你）。或许他们误解了我，以为我在说"待二（gy）个月后"。而这个句子让我一头雾水，似乎是在说

---

① 按奥肯在此观察到的现象可能是"打"字受后字的鼻音声母影响所致。

"在……后+二+我+月+打+你"。

Tʃchot nyn da ni［出年打你］，一年后我会打你（在……后+年+打+你）。就此可见，不管时间过了多久，都不会对他们的表达带来改变。

（3）Tzu［□］是。

Go tzu nam jän［我□男人］，我是男人（丈夫）。
Go tzu nam tzei［我□男仔］，我是（单身）男人。
Ni tzu nam jän［你□男人］，你是男人。
Ki tzu［佢□］，他是。
Gogo tzu［嗰个□］，那个人是。
Go leongo tzu［嗰两个□］，我们是（我+二+我？+是）。
Leon go tzu［两个□］，同上。
Ni leongo tzu［你两个□］，你们（二+我？）是。
Tzu leong nam jän［□两男人］，你们两个是男人吗？
Ni ʃamgo tzu［你三个□］，你们（三+我？）是。[427栏/428栏]
Ni tzauwei tzu［你周围□］，你们全是（你+全部）。
Ki leongo tzu［佢两个□］，他们（二人）是（他+二）。
Ki ʃamgo tzu［佢三个□］，他们（三人）是。
Gogo leong tzu［嗰个两□］，那些人（二人）是。
Gogo ʃamgo tzu［嗰个三个□］，那些人（三人）是。
Gogo tʃau wei tzu［嗰个周围□］，那些人都是。

其他的时态我未能弄清。还需说明，Aho 发的是 tu 而非 tzu，可能这里暗藏着一个 Theta。① 而 tzau wei 有时也被发作 tau wei，所以有可能

---

① 这里所指的应是希腊语的 θ 在现代语言借词中有擦音和塞音的不同读法的现象。

是从表示"多"的 to 字组合而成的。

（4）Maye［买］买。

Go maye［我买］，我买。
Ni maye［你买］，你买。
Gom jat go maye lab tzock tan［今日我买蜡烛墩］，今天我买烛台。
Tzopmān go maye［寻？晚我买］，昨晚我已……
Tengtziutzo go maye［听朝早我买］，明天我将……可见始终使用现在时。

（5）Jau［有］有。

Go jau ngnan［我有银］，我有钱。
Ni jau［你有］，你有。
Ki jau［佢有］，他有。
Leongo jau［两个有］，我们（二人）有。
同一个 jau［又］之前在"打"的条目下也出现过，但正如看上去那样，并非是在表示过去时。
Go jau mhei ngnan［我有？唔係银］，我没有钱（我＋有＋不＋钱）。
至于"没有"，他们通常使用 mu 字。
Go mu ngnan［我无银］，我缺钱。

（6）hy［去］去。

Jän hy gogo fau［人去嗰个埠］，他走，他上路（男人＋去＋其他＋城）。
Leong jän hy gogo fau［两人去嗰个埠］，你们（二人）上路（……去＋其他＋城）。

Sam jän hy gogo fau［三人去嗰个埠］，你们（三人）上路（三＋男人＋去＋其他＋城）。

Tzauwei jän hy gogo fau［周围人去嗰个埠］，你们（全部）走（全部＋男人＋去＋其他＋城）。

Tzauwei gomto jän hy gogo fau［周围咁多人去嗰个埠］，他们全部上路。

Go hy tong ni loi［我去同你来］，我去你那里（我＋走＋到＋你＋来）。

Teng tziu tzo go hy tong ni loi［听朝早我去同你来］，明天早上我去你那里。

三、论Ⅲ：风俗

为了探究中国文字符号如何组合与拆分，或者说，为了了解他们是否借助某种字母体系而将其组合，我让亚星向我介绍，教师如何给最年幼的孩童上启蒙课程。据他的说法，中国全体儿童不论属何阶层［428栏/429栏］，都必须上学学习读书写字。一所这样的学校有着100名乃至更多的学童，从7~14岁不等，都为男性，其中每人每年都要向老师支付约合3塔勒①的学费。他们早上6点就得到校，8点再回家，从母亲那里领取早饭。9~12点之间他们又得在校，然后回家吃饭。［下午］1~4点还得上学；再往后便解放了。他们似乎在学校里能很好地学会读书写字；此外还有些算数以及中国的地理及历史。他们可能也享受宗教课程。

另外在每座城里，都有50名17~20岁的初长成的年轻人立志从事

---

① 塔勒（Taler）是旧时德意志多个地区通行的货币单位。不过这里并不清楚二冯是按照何种币值换算的。

更为崇高的科学门类，因而可被称作大学生①。但是他们似乎只从事哲学、数学以及类似之物，因为神职人员全部在修道院［即寺庙］中接受教育，而医生则是由前辈指导。当他们最终学有所成的时候，便前往北京［Pecking］，那里始终有6000名这样的人在齐聚，以便解决那些由皇帝为了国家福祉而时时张贴在宫殿的问题，从而得以攀升更高官职。而当皇帝颁布某项法律，或者在国中发布某项诏令之前，他都会将其给民众中受过教育的人看，以便采言纳策。谁若是有兴趣，便可以抄写那些张贴在宫边的建言，将其带回家，过一阵子再将解决方案寄送给皇帝。谁能把问题解决得最好，就可以进入皇帝的顾问队伍。可见在中国，万事都安排得颇为完美。

这些求学者要到几位学者门下，这样的学者每座城都有，付给他们的学费约为每年50、80或100塔勒，延续数年之久。

这两位旅行者并未享受过此等课程，至少他们并不了解语法、几何等物；但是中国是有土地测量员的。

现在重回到学童的问题上，亚星向我介绍道，教师是以如下方式开始上课的。

他［即教师］接连写出差不多一打多的符号［即汉字］，让一名学童从凳上起身到桌前来，并教他如何念。这样重复几次后，他就将纸交到学生手中，让他复述这些字。学生犯错就会挨一个耳光，再犯错就得罚跪一到两小时；要是始终念不对，那么老师就用毛笔在他两眼周围画红圈，打发他回家，然后母亲就不给他饭吃。

我原先觉得，这些符号可能是简单的、无意义的发音，比如a、e、i、o、u、ba、be、bi、bo、bu等。然而绝不是！这些都是真正的词语。［429栏/430栏］②第一个是Sja［石］，石头，第二个是Tzock［捉］，拉扯。在解释接下来的词语的时候，我们被人打断了，所以我无法说，这

---

① 原文用词为Student，在德语里特指大学生。
② 此处文意不甚连贯，可能有内容缺失，系排版之误所致。

个开头语究竟是有意义的［句子或段落］，还是只是堆砌单词。另外这些符号的组合方式以及组成长词语的方式是一样的。①

最终，为了测试他们是否可以书写简单的、没有意义的发音，我给他们念了下述内容。他毫不迟疑地写下了全部；只是在几个字上面，他才与亚学商议了一下该如何设计符号。

a、e、i、o、u 他瞬息就都写出了；这些符号都颇为紧凑，仿佛是较长的词。其中的 a 与 Aho［亚学］、Apo［亚婆］、Ago［亚哥］、Agong［亚公］、Afing［亚星］中的都是一样的，也即一种马耳他十字架形。而 Ab［鸭］，鸭，一词中的 A 则是截然不同的，因为它本身不构成一个音节。

接着他写了 ba、be、bi、bo、bu；然而 ba 的符号与 ba［百］，100，的符号不一致。

然后是 ab、eb、ib、ob、ub。

再下面是 da、de、di、do、du 以及 ad、ed、id、od、ud。

这些音节大部分是无意义的，有的则例外，比如 da［打］，打，以及 ad［压］，压。

我于是尝试与他们一道拼写字母，不过他们从不把 a 之前的 b 读成 ba，而是根据我让他们组合符号的方式，拼成 bea 或者 eba 之类。这便极为有力地证明，他们的符号是音节，而非字母，亦非单词。

我尚需说明，［音节］ab 的符号虽与 Ab［鸭］，即鸭的符号类似，但并不相同。

中国这个国家在中国语言里面既不叫 China 也不叫 Sina，而是 Tong Sann［唐山］，世人似乎尚不知晓这一点。

他们声称，中国只有 13 个省份（Sap Sam Seng［十三省］）。因为当时有点匆忙，我只能写出其中的 12 个来；所以我也不能保证是否都写对了，以及其中是否混进了城镇之名。不过可以确定的是，它们的读

---

① 意即汉语与德语不一样，句中并不标出词与词之间的界限。

音和加斯帕利①的地理书中的写法全然不同。见下：

  4 Hu peck［湖北］
  1 San tong［山东］（大概对应加氏的 Schantong［山东］）
  2 San ſei［山西］（加氏 Schansi［山西］或 Schensi［陕西］？）
  7 Hu Gong［湖广］（加氏 Huguang［湖广］）
  6 Gong ſei［江西］（加氏 Quangsi［广西］）
  5 Gong nam［江南］（加氏 Honan［河南］）
  3 Hu nam［湖南］（加氏 Jünnan［云南］）
  8 Wan nam［云南］（加氏 Kiangnan［江南］）
  9 Sy tzin［四川］（加氏 Setschuen［四川］）
  10 Hock un［福建］（加氏 Fokin②［福建］？）
  11 Gong ſei［广西］（加氏 Kentscheu③［贵州］）
  12 Gong tong［广东］（Canton）（加氏 Quangtong［广东］）

  紧接在这些名字后面，他们又给我写下了 Su tzau［苏州］、Hong tzau［杭州］、Way tzau［惠州］；这些究竟是城镇还是省份，我并不知道，因为他们根本就只懂极少的德语［430栏/431栏］，所以只能够艰难地沟通。

  此外，他们还给我写下了一大串位于广东省的城镇：

  Ga heng tzau［嘉应州］ Fa tzan［佛山］
  Gong tzau［广州］   Day loen［大良］

---

① 加斯帕利（1752—1830），德国地理学家。
② 加斯帕利原作 Fokien，奥肯的引述略有出入。参见 Adam Christian Gaspari, *Lehrbuch der Erdbeschreibung zur Erläuterung des neuen methodischen Schulatlasses*, Band 2, Weimar: Verlag des Geographischen Instituts, 1809, p. 72.
③ 加斯帕利原作 Kuntscheu 或 Koeitscheu，奥肯的引述略有出入。

Can tong［广东］	San dack［顺德］
Lang tang［伶仃］	Tzan tſchün［陈村］
Nam ou［南澳］	Heong ſan［香山］
Ky ou［淇澳］	Ma kao［马交］
Hu mun［虎门］	Sju hang hu［肇庆府］
Tong kun［东莞］	Tziu lynn hu［韶/潮？连？府］
San on［新安］	Sja long［石龙］
Wong bu［黄埔］	Gong munn［江门］
Ho nam［河南］	

我询问，如此多的大城镇里的人以何为生，他们就此答道，到处都有稻田，且有足够的牲畜。大家一般只吃米和肉。用一个帝国塔勒买来的牛肉，可供18个人有余。16磅猪肉只值一塔勒。一个格罗申①的钱可以买2磅半的大米。

Peking叫Pe king ſiang［北京城］（三音节），德语意为：国王之城。因为在中国语言里，King也是国王的意思。这是皇帝的头衔。Wuong dey［皇帝］则是中国皇帝的名字。

家中男女成员合居。一旦外人（也即不属此家庭之人）进入，妇人便会跑开。女孩大致五六岁时缠足，让脚长不大。男人只要有能力承负，就可以娶任意数量的女人。

中国人不知有啤酒，渴了就喝茶。

谁若要进入修道院，便得剃去头发。此后他再也不得还俗，也再见不到父母亲人，犯了肉欲之罪便要被处死。很多时候，还是男童之时就已削发。这一切也适用于修女［即尼姑］，她们还有一点特别之处就是留着大脚。

广州有大量修道院，其中有的甚至有上百僧侣［431栏/432栏］。

---

① 格罗申（Groschen）：当时欧洲常见的辅币单位。

最显赫的一个似乎是Con făt tzy［口佛/法？寺］的，也即孔夫子，看来中国人将其发音为Con fat tzy。另一个则是Hoy tang tzy［海幢寺］，此外还有Tſchion ſau tzy［长寿寺］。

广州的较大教堂有Sang wang mey［城隍庙］以及Sam gau mey［三教庙］。

从这些固然可能还很稀少的内容可见，这两位中国人对于科学会何等重要。中国语言的崩坏构造展现了人类语言最初的诞生过程。它仿佛是个乱石堆，工人花费难以言述的工夫而将其整理成了巷道和广场，却无力将其组合成一座建筑。中国语言或许是唯一保存下来的原初语言［Ursprache］，从而能够为科学以及人类历史所用。但愿某个政府或者某位有能力人士可以雇佣这两位中国人，让他们学习德语，以便其后从他们那里获取到中国语言。

（江雪奇　南京大学外国语学院）

从驻美公使梁诚的一幅肖像画谈起*

［美］沃尔特·米尔·怀特霍尔（Walter Muir Whitehill） 著
叶霭云　何秀珊　译

译者按：本文是美国历史学家沃尔特·米尔·怀特霍尔（Walter Muir Whitehill）1972 年在旗昌会①（Keechong Society）第四界年会上的发言稿，原题为《中国外交官梁诚的肖像画》（*Portrait of a Chinese Diplomat Sir Chentung Liang Cheng*），1974 年由波士顿图书馆出版，并配以八张珍贵的黑白照片。我国研究梁诚的专家梁碧莹对此文高度评价，认为其"最大的特色是介绍梁氏在民间的活动，以及他的趣事和逸事，反映了梁诚在美国民间的外交，正好与梁诚文书中的官方外交形成互补，使读者对梁诚使美有更全面的了解"。除此以外，作者对梁诚的研究始于清朝广东十三行的中美贸易，以美商柏金斯的曾孙女在梁诚美国母校发现的肖像画和在梁诚黄埔家中所见的慈禧御赐墨宝为引，生动地描述梁诚从幼年赴美求学到为清朝外交效力的一生。文中没有指出梁诚的祖父就在十三行经商，但也充分反映了广东一脉相承的开放务实，以及中美两国的友好传统。此文在国内外都不易找到，译者经过

---

* 本文是广州市哲学社科规划 2020 年度课题（编号：2020GZGJ197）的研究成果。
① 旗昌会，是由做中国贸易的家族构成的一个大型社交团体，于 19 世纪中叶成立，直到 20 世纪 70 年代初，一直都在时断时续地举行会议。

出版社同意译成中文，并增加了原文没有的小标题，借此纪念梁诚逝世105周年。

一、缘起十三行

1936 年，我从欧洲回国后去了一趟在塞勒姆的皮博迪博物馆，在馆内我切身感受到早期中美贸易的历史。博物馆到处都挂满了各式各样的货船、船长、行商的画像，还有知名画家钱纳利（Chinnery）的作品，和一大批描绘澳门风情、黄埔古港和十三行商馆的油画，让广州的南国风光如同卡纳莱托（Canaletto）所画的威尼斯一样优美。我很快就津津有味地读起威廉姆·C.亨特（William C. Hunter）的著作和罗伯特·本尼特·福布斯船长（Robert Bennet Forbes）的《个人回忆录》，读着读着，不禁以为我跟旗昌洋行的这两个合伙人成了朋友。这种错觉日渐强烈，尤其我每次去弥尔顿的亚当街 215 号房的时候。那里是福布斯的故居，他的孙女玛丽·B.福布斯（Mary B. Forbes）还住在里面，并完好保留着屋内的布置。多年后，克罗斯比·福布斯（Crosby Forbes）继承了这所房子，并把它作为中美贸易博物馆，永久保留其历史原貌，我对此感到甚是欢喜。今晚，我很高兴参加旗昌集团第四届周年晚宴，传承旗昌洋行在接近一百年前就开创的传统。

数月前，克罗斯比邀请我来发言的时候就告诉我，我的朋友卡尔·西博格（Carl Seaburg）和斯坦利·帕德逊（Stanley Paterson）也是今晚的座上宾，他们最近出版了托马斯·汉达斯德·柏金斯（Thomas Handasyd Perkins）的传记。柏金斯在 1789 年，也就是美国正式开展对华贸易的第五个年头，就从波士顿坐船到中国，所以今晚的东道主希望我谈谈这段历史。其实我一直对柏金斯十分着迷，也有幸结识了很多他的后人。在波士顿图书馆里，托马斯·苏利（Thomas Sully）给柏金斯所作的肖像画是一大亮点。讲起波士顿图书馆，我不禁想起在那度过的

26个快乐年头，而我的两位朋友也在那里长期潜心研究柏金斯，并把这本传记献给我，我对此十分感激。他们研究成果丰硕，我很难再添新见。我今晚能做的，是和大家分享一个历史故事，这是上年柏金斯的其中一名后人无意中带领我发现的一段往事。

美国人往往对其他国家有刻板印象，这种印象来自从其他国家大量移民到美国的人口中最不受欢迎的一群人。在美国，绝大部分来自广东的移民做苦力、开餐馆、当洗衣工，而大多数来自中国北部的移民则是绅士和学者。然而，新英格兰的船长和商人都认为广东行商是最可靠的伙伴和盟友。正如塞缪尔·艾略特·莫理森（Samuel Eliot Morison）在书中引用美国商人拉塞尔·斯特奇斯（Russell Sturgis）的话所说，"他从没认识过比广东行商更加绅士的人"。我今晚想和大家谈谈一位广东的绅士，他生活在19世纪后半叶，是清政府派驻多国的外交官。他的一生也许能够让我们更好地了解早期中美贸易的广东行商。

1971年6月的一个晚上，柏金斯的一个曾孙女很惊讶地告诉我，她在安杜佛短住几周期间去了一趟菲利普斯学院的图书馆，发现墙上挂着一幅中国毕业生的肖像画。这个毕业生是梁诚，而她六十多年前就见过梁诚本人。当时她还小，她的母亲梅布尔·亨特·斯莱特（Mabel Hunt Slater）邀请时任驻美公使梁诚到家里共进晚餐。她还清楚地记得，她家的法国女佣维多莉（Victoire）问过，当她帮梁诚穿大衣的时候，她应该将他的长辫子放在大衣里面还是外面。那次晚宴以后，她还见过他一次。1914年，她和妈妈、姐姐开始环球旅行，途经香港的时候，梁诚亲自到她们下榻的酒店接母女三人乘坐蒸汽小船，一同前往他家做客。那小船有帆布顶篷，船檐呈扇形，他们坐了好长一段路才到。梁诚的家坐落在岸边，下船后穿过一栋灰砖墙，就到了院子，他的母亲、妻儿们已经在那里等候迎接。随后，梁诚郑重其事地拿出一幅书法卷轴，小心翼翼地展开让外客欣赏。这卷轴是慈禧太后御赐的墨宝，也是梁家的镇宅之宝。时隔五十七年，她又在新英格兰的这所学校偶遇梁诚的肖像画，真是冥冥之中自有安排。我们不禁要问：这个长眠已久、被世人遗忘的中国外交官是谁，为什么他的肖像画会挂在图书馆的墙上？

我们快速查阅了由克劳德·M. 富斯（Claude M. Fuess）整理的校史，发现梁诚是1882届的学生，在1881年一场棒球比赛中有出色的表现。当时他是棒球队一名优秀的中场手，在对阵埃斯特尔时留下一段佳话。在比赛的时候，现场的嘘声此起彼伏，观众冲他喊"洗洗睡吧中国佬！回去坐冷板凳吧"。但是这个中国学生依然信心满满地打出了第一球全垒打，并在第二局中又打出二垒打，没有给对手任何喘息的机会。他这两次得分为全队的胜利奠下基础，并且最终以13：5的分数取胜。富斯博士记得，二十年后梁诚以驻美公使的身份参加母校一百二十五周年校庆时发表演讲，依旧提起1881年这场球赛：

> 当火车载着九名凯旋的棒球队员抵达车站的时候，我们受到全校同学的热烈欢迎。他们亮着手电筒，请来乐队奏乐，举起长长的横幅，比欢迎凯撒大帝胜利而归的罗马群众还要雀跃。

这场球赛解释了为什么梁诚的画像挂在学校，但并没有告诉我们这个杰出的棒球队员如何成为一名获得英国爵士勋章的外交官。我们很快从德贝特（Debrett）1911年出版的书中找到答案。书中提到，梁诚在1897年以中国赴英特别使团的秘书身份参加维多利亚女王登基六十周年庆典，被授予圣迈克尔和圣乔治高级爵士勋章。1909年，他以清朝军机处以及中国驻英海军委员会成员的身份重返伦敦，再次受封。

二、偶遇梁诚外孙

这个时候，我的妻子想起十年前我们路过佛州的夏洛特郡时曾去过一家礼品店，老板是一个热情的中国银匠。他说他的外祖父毕业于菲利普斯学院，曾担任驻美公使。几天后，我们动身去那家礼品店，并且从店铺的房东口中证实了那名银匠郑兆佳（Cheng Chao-chia，英文名 Guy Cheng）就是梁诚的外孙。郑兆佳告诉我们，他的父亲郑桓（Huan Cheng）是土生土长的天津人，他的爷爷是船运公司的买办。郑桓是菲利普斯学院1903届的学生，后来成为梁诚公使的得意门生，经常前往华盛顿工作，并娶了梁诚的女儿。虽然郑桓很想去西点军校，但是梁诚不认为这名女婿能成为军人，最后他就去了阿姆赫斯特的麻省农业学院。郑桓毕业后就回国了，1968年在香港逝世。

郑兆佳在佛州定居纯属机缘巧合。他1912年生于天津，1935年随中国网球代表队来美国参加戴维斯杯比赛。他来美国之后就想留在这里，于是就申请了杜兰大学的体育生奖学金，在1939年毕业后继续留校两年攻读硕士学位。他后来厌倦了教网球，于是去了佛州的北希罗尚普兰湖童子军营当教练。他在美丽的佛州收获了真挚的友谊，便决定留下来。1948年，他符合一项特殊的国会法案的入籍条件，成为美国公民。

郑兆佳的母亲，也就是梁诚的女儿，在1921年诞下第九个孩子的时候就去世了。她的第八个孩子郑兆明（Cheng Chao-min）是一名飞行员，曾在杭州接受过训练，二战时期被派到亚利桑那州的凤凰城服役。1942年5月4日，郑兆明成为《生活》杂志封面人物，杂志里有一篇文章专门介绍中国飞行队的故事。后来，郑兆明成为中国空军作战队的中尉，参加二战，但在战争将要结束之时英勇牺牲了。

郑兆佳出资担保了另外一个兄弟郑兆祺（Lot Cheng）入籍美国，郑兆祺现在是伯灵顿储蓄银行助理副行长，主要负责贷款业务。我感谢我的妻子能记住这么久之前的事情，让我们能在佛州的家仅几英里之外了解到梁诚先生的两个孙子的故事。通过郑兆佳的热情引荐，我得以与他住在香港的舅舅梁世华（Liang Sai-wa）以及一位住在北卡罗来纳州教堂山的梁家世交奥贝林太太（Mrs. Frederick O. Ebeling）开展书信往来。我从他们的信中、波士顿图书馆的藏书中、中国台湾外交主管部门提供的信息中，以及中华民国驻华盛顿大使馆的档案中，逐渐拼凑出梁诚的一生。虽然他的故事尚未完整，但我今晚仍想与大家分享一下。

三、幼年赴美求学

首先，梁诚的原名是梁丕旭，他在安多佛上学的时候也叫丕旭。按照中国传统，他的姓氏"梁"应该放在名号之前，而他在1897年受封爵士时把他的号"震东"放在姓氏之前。如果他不是这样做，他那些讲英语的朋友就会称呼他为"梁爵士"，而不是"震东爵士"，前者的英语发音与英国首相"丘吉尔爵士"相似，会让人听着感到别扭。

1867年10月2日[①]，梁诚出生于黄埔村，地属珠江三角洲的广州，与早期美国商船停泊的口岸仅一河之隔。后来，他在村里为母亲建了一所带大花园的房子，一有空就回乡伺母。早在1789年9月18日，美国商船"阿斯特莱号"的大班柏金斯到达广州后看到的第一个地方就是梁诚的家乡黄埔。一个多世纪以后，也就是上文提及的1914年，柏金斯的孙女和两个曾孙女来到梁诚这所房子做客。

尽管以前大部分的中国人把外国人看作无足轻重的"洋鬼子"，但是广州的十三行商人经常把美国的船长和商人当作值得信赖的朋友。来自黄埔的梁家似乎不仅信任洋人，还乐于跟洋人打交道。梁诚11岁的时候就被母亲送去美国求学，成为清朝首批官派留学生的一员[②]。这个留学计划由耶鲁大学1854届的毕业生容闳创立，清政府每年资助30名男童赴美留学，留学总部设在康州的哈特福特市。1872年首批派出的学生年龄为10岁到16岁，当时的计划是让他们在美国留学15年。

[①] 学界对梁诚的生卒时间说法不一，其生年就有1859、1861、1864和1867年这四种说法。根据此文，梁诚的生卒年月具体为1867年10月2日—1918年2月10日，有别于罗香林、梁碧滢等历史学家普遍认为的1864年。——译者注

[②] 作者原文写的是"第一批"；但经译者查校，梁诚为清朝第四批官派留学生中的一员。——译者注

1878年，梁诚来到菲利普斯学院读预科，他跟同行的一个中国学生住在麦克迪先生（Mr. McCurdy）家里。麦克迪是学校的教员，他的家是一所大红砖房子，离学校很近。1930年，大作家乔治·T.伊顿（George T. Eaton）回忆起五十年前这些小男孩"在屋里跑来跑去，给大家带来无尽的欢乐"。但是，好景不长。1881年，清政府担心这些留学生过于"美国化"，中途撤回全体学生。这使梁诚不能如期毕业并考上大学，但他早就受到西方文化熏陶，有能力成为中国正在酝酿着的洋务运动保守派领袖。

四、梁诚与张荫桓

回国后，梁诚成为总理衙门的初级官员。他的首次驻外工作是在马德里，但他1886年4月来到了华盛顿，成为驻美国、秘鲁、西班牙公使张荫桓（1837—1900）的随员。张荫桓是个有教养的外交官，他终其一生研究西方文明，但也因此在1900年全盘否定西化的义和团运动中遇害。张荫桓是梁诚的启蒙导师，两人是广州同乡，他驻美三年期间的其中一个任务，是在1888年对限制中国劳工赴美的条约进行谈判。1890年，张荫桓回到北京，随后担任不同的官职。1894年12月，中国在中日甲午战争中受挫，张荫桓和邵友濂被一同派到日本进行和谈，梁诚作为二等秘书全程陪同。

1897年，张荫桓担任中国特使，远赴英国参加维多利亚女王登基六十周年庆典，也带上他年轻有为的徒弟梁诚。梁诚在此行授勋，从此被称为"震东梁诚爵士"。1897年6月，张荫桓一行人到达英国。当月17日，他们参观了皇家兵工厂，22日参观了圣保罗教堂，英女王曾经在这教堂参加感恩节献祭巡游。两天后，他们前往白金汉宫参加国宴，28日参加花园派对。7月上旬，张荫桓前往巴黎和圣彼得堡。我们并不清楚梁诚是否跟随，因为当年7月10日的《时代》杂志只提到"中国使团的几位成员"参加了库茨男爵夫人（Baroness Burdett-Coutts）在举办的花园派对，而派对当天张荫桓已身在圣彼得堡。张荫桓于7月27日回到伦敦，几天后，他和随从们乘船前往纽约。

大约在1898年，梁诚陪同醇亲王载沣前往柏林，就德国士兵在山东遇害向德皇致歉。到达柏林后，德国政府故意让中国使团等候数日才予以接见。不仅如此，德皇还坚持他们必须行叩头跪礼，意图羞辱中国使团。梁诚作为使团的首席秘书，意识到德皇威利姆二世（Wilhem Ⅱ）的险恶用意，马上强烈反对。他表示，德国使团拜见清朝皇帝时不愿意且并没有叩头拜跪，因此清朝亲王在德国也没有必要行这个礼，但出于礼貌，中国使团还是愿意行标准的见面礼。经过一番耐心的外交斡旋，梁诚最终占据上风，德国外交部和媒体都被中国的坚定立场折服，最终德皇也放弃要求。因为梁诚的据理力争，中国才免受羞辱，他本人也在欧洲政坛声名鹊起，从此成为一名备受尊敬的外交官。

梁诚躲过了义和团一劫，但张荫桓没有。暴乱平息后，慈禧太后意识到不能再愚昧地将洋人妖魔化，并且不应区分汉人还是满族，只要是开明的朝廷干将都受到青睐。张荫桓的遇害十分可惜，但他的爱徒梁诚从此逐渐受到清廷的重用。

五、清朝外交干将

当时，有一满洲贵族裕庚，他曾担任中国驻法公使，娶了法国媳妇并生下两个女儿，慈禧把她们任命为近身侍女。两个女孩在法国长大，英文和法文都非常流利，因此每当慈禧接见外国政要时，她们和梁诚都会陪伴左右。当时梁诚是宫里几位皇子的英语教习，跟两位侍女关系很好。慈禧得知梁诚是鳏夫，便为他牵线做媒。尽管梁诚也喜欢其中一位混血儿侍女（德龄公主），但他在没有获得母亲同意之前一直不敢表露心迹。而他的老母亲果然反对这桩婚事，因为她希望儿子续弦是娶广东姑娘，所以梁诚和德龄公主只能无疾而终。德龄公主后来写了一本书《清宫二年记》，并用法文、英文和中文出版。

尽管如此，梁诚依然受到慈禧的重用。1901—1902年，梁诚再次前往欧洲，担任柏林和伦敦特别使团的头等秘书。1902年7月12日，44岁的梁诚被清政府任命为中国驻美、秘、西公使，继承了张荫桓的衣钵。梁诚的前任是由英国留学归来的律师伍廷芳（1842—1922），他在1897年上任。

阿尔佛雷德·E·斯特恩斯（Alfred E. Stearns）在菲利普斯学院当了很多年校长，跟梁诚相交甚好。他常回忆起梁诚"在他的祖国如履薄冰又激动人心的政治生涯"。他说："在那个动荡的年代，梁诚和其他留美幼童在回国初期都受到清廷保守派的质疑，有时候生命也受到威胁。梁诚最终出任驻美公使，体现了精明的慈禧在晚年高度认可忠心耿耿的梁诚。而梁诚也当之无愧，从未背叛慈禧。"

1903年4月5日，梁诚到达华盛顿，在中国大使馆安顿下来。从那时起一直到1907年7月3日，他都在美国兢兢业业地工作。1903年秋天，他免去了兼任驻秘公使，但同年11月8日又兼任驻墨公使。1904年4月，他到墨西哥递呈了到任文件，但他似乎从没到访秘鲁和西班牙，一直住在美国首都，备受当地人们爱戴。

1903年6月16日，也就是梁诚在华盛顿履新后的几周，他就前往安杜佛，为母校一百二十五周年校庆致辞。当时斯特恩斯校长上任不久，他一直记得"梁诚公使的发言台就在体育馆那边，旁边挂着一幅巨大的中国龙旗，龙旗占据了一整面墙，而梁诚和他的随员都身穿飘逸而闪亮的长袍坐在台上"。梁诚举止谈吐得体，在演讲中徐徐回忆起他的求学生涯，讲起他年少时对柯伊（Coy）教授、古木斯托克（Coomstock）教授和麦克可迪（MacCurdy）教授的畏惧和崇敬。他还特意提及了那场棒球比赛，他和两个队友配合打出了全垒打。同样在6月，他获得埃姆斯特学院的荣誉法学博士学位。

梁诚钟情于新英格兰地区，所以在1905年夏天就举家前往那里避暑。他租了麻州农业大学校长古德尔博士（Dr. Goodell）的房子，隔壁的邻居弗兰克·E.惠特曼（Frank E. Whitman）是埃姆斯特分院1885届毕业生秘书，在二十周年聚会中推荐梁诚成为荣誉成员。想要成为大学的荣誉成员，候选人必须具备独特的个人魅力，对于一所成员关系紧密的新英格兰区的大学而言更是如此，更不要说荣誉成员是一名中国人。1906年，梁诚还获得了耶鲁大学的荣誉法学博士学位。

梁诚还获得了清朝的荣誉奖赏。1905年，慈禧70岁大寿的时候，赐给梁诚一卷我们刚刚提到的书法卷轴。卷轴朱纸墨字，长七尺，宽四尺，左侧写着梁诚的全名及头衔，右侧写着太后的八个头衔，两两相对。慈禧在重要场合才使用这些头衔，例如在加冕仪式和大寿庆典，其中她最广为人知头衔的是"慈禧"，寓意"仁慈""福禧"。卷轴正中央是一个巨大的"寿"字，寓意"万寿无疆"，而"寿"也是慈禧太后八个头衔里其中一个字；卷轴的上方还印着慈禧的御用玉玺章。一般而言，这种御赐的墨宝通常是慈禧亲笔题字，但这幅应该是出自翰林学院之手。

在华盛顿四年期间，梁诚十分关心中国留学生。1907年6月19日，梁诚刚离任不久，就回到母校参加第129届毕业典礼。他再次成为特邀嘉宾，在体育馆出席校友晚宴，馆内一边有中国的龙旗和美国的国旗相映成辉，另一边则飘舞着学院的旗帜，上面写着向梁诚致敬的标语。据《菲利普斯学报》报道，在晚宴上梁诚与校友们谈到"他非常感激母校，他在这里三年的学习生涯获益良多，为他在美国的四年公使生涯夯实了基础。他也提到了1881年的棒球比赛中打下的全垒打，为安杜佛赢得比赛，那是有一定的运气成分，但得益于那次比赛，他在美国打起了名堂。他回忆起刚到华盛顿不久，罗斯福总统告诉他，不久前他在西部狩猎时遇到了一个安杜佛的学生，这个学生说新来的驻美公使可是当地的名人，他在八十年代的全垒打为安杜佛赢得比赛"。梁诚还补充道："我当时跟总统表示，我就是全垒打冠军。从那时起，我和罗斯福总统的关系就一下子亲密起来。"

在亨利·亚当斯（Henry Adams）写给伊丽莎白·卡梅伦（Elizabeth Cameron）的信中，我们看到1904年1月罗斯福总统在白宫接待各国外交官的场面。亚当斯描述道："那个中国公使身穿气派的龙纹长袍，身戴珠宝，很绅士地与我行拥抱礼。"当时日俄战争正蓄势待发，几天后亚当斯再次回信，说"我的朋友梁诚是一位中国公使，他来我家做客，欣赏我家里摆设的明朝瓷缸。但他对瓷器不太在行，反而聊日俄战争就聊了一个小时"。2月6日，日本切断了与俄国的外交关系，梁诚又到亚当斯家里，在书房跟他聊了一个小时的"战事问题"，同时也表达了对中国的担忧。

梁诚出任驻美公使前二十五年在安杜佛求学，所以他十分热心支持中国学生到美国留学，并经常在大使馆亲切接待留学生。其中一个留学生郑桓后来做了他的女婿，梁诚劝服郑桓不要读军校，最终1903年在农业大学顺利毕业。后来，梁诚的外交生涯越发复杂，因为美国颁布了限制华工入境的法案，并肆意虐待华工，导致中国国内的反美情绪高涨，还开展了抵制美货。时任国务卿伊莱休·鲁特（Elihu Root）频繁与梁诚交手，他向为他写自传的作家菲利普·C.杰瑟普（Philip C. Jessup）说，梁诚是"一个十分睿智和具有洞察力的人"，曾经给他写过一份"精彩的信函"。我在此引用一小段自传里的文字为例：

> 这位中国公使立场坚定，运筹帷幄。当时鲁特没有立刻回应，但是在1906年2月14日，鲁特给震东爵士一封言辞严厉的声明，抗议中国驻旧金山总领事宣读中国政府颁发的一份宣言。这份宣言明确表示，中国政府从未禁止或阻止民众为抗议美国排华法案而做出的抵制行为。鲁特声称，这份宣言与中国政府所作出的承诺相抵触，他要求中国政府撤回或不承认该宣言，并且要求惩戒那位中国总领事官。梁诚于24日以书信形式巧妙地回应，相信每个人读完这之后都会由衷地称赞一句"写得好！"他在信中否认知道有宣言一事，但同意彻查事件。他写道："如果能早点收到阁下的回信，

我必定深感欢喜，但对阁下的这次来信却并非如此。对一个友好的国家提出指责是十分严峻的行为，除非有真凭实据，并且受到公开挑衅，否则不宜指责。阁下一直对我国态度友好，与本人也私交甚笃，这次提出抗议和质疑，让我悲恸万分。阁下位高权重，秉公办事，在信中的指控理应建立在充分的证据之上，否则公道自在人心，自可证明我国清白无辜。"

1907年7月3日，梁诚卸任公使一职，由伍廷芳再次接任。伍廷芳是抵制美货的倡导者，他的上任引起了美国总统和国务卿的不悦，尽管罗斯福总统在1907年9月26日给鲁特国务卿的信中说：

我坚信我们不应该反对伍廷芳。尽管他是一个坏心眼的中国佬，只要一有机会，他就会将我们置于死地，或者不会让我们好过，但是我们总不能希望每个中国公使都像刚离任的那位一样。前任公使的离开，对中国的损失大于美国。我也不会反对任何一个因为美国不时的怠慢而有意报复我们的中国佬。

在华盛顿的四年任期内，梁诚采取重要的行动，从美国手中赎回粤汉铁路的路权，并向美国政府要回一千三百万美元的庚子赔款。这笔钱用于资助中国学生赴美留学，对清华学堂在北京的创立也意义重大。在离开华盛顿之际，梁诚收到泰特（J.S. Tait）的来信，信里洋溢着敬仰之情。信中写道："作为中国在美的全权代表，您为国家之间的往来注入兄弟情、手足情。您亲身示范了如何通过个人魅力拉近国与国之间的距离，并让两国缔结永久的友谊。"

1907年8月出版的《菲利普斯学报》刊登了关于这位知名校友的文章："梁诚是我校1882届毕业生，在求学时代用名梁丕旭，最近卸任驻美公使，现已成为中国外务部主管和北京海关署总检察长。"另外，他回国后不久就担任粤汉铁路总办。1909年，他随同海军大臣载洵和萨镇冰将军赴欧三周，参观了英格兰的船坞和造船厂，随后还到访法兰西、德国和俄罗斯。1910年7月15日，梁诚到达柏林，出任驻德公使。我们根据中华民国外交部的文件，发现梁诚1911年被转派到法国，但他1912年似乎是在柏林，因为安杜佛的伊顿老师在那里拜访过梁诚。1912年1月23日，梁诚代表中国出席在海牙召开的万国禁烟大会，并签署了禁止鸦片的公约。

六、解甲归田

这是梁诚最后一次为国效命。1912年2月12日，宣统皇帝宣布退位，中华民国成立，这让梁诚陷入两难。斯特恩斯写道："梁诚一向正直不阿，他请求并最终获得民国政府对其官职的罢免。我最后一次见到梁诚是在香港，当时他刚从柏林回国，不再涉足政坛，因为他无法说服自己相信那些共和国年轻领袖急切推崇的改革方案。尽管在他的年代，他算是激进派，但到了晚年，面对风起云涌的变革大潮，他转向了保守派。他坚定拥护清政府，就像中国历史上许多杰出文人一样，他坚信国家可以预备立宪，但建立共和还为时尚早。"

尽管民国政府不断向他抛橄榄枝，但是他从没接受任何公职。他回到了黄埔，在那所为母亲建造的房子里安静地过着退休生活。他一生除了获得两枚英国爵士勋章，还获得法国、比利时、德国、意大利、奥地利、俄罗斯和日本的荣誉勋章。但是，他最珍重的，依然是慈禧太后御赐的墨宝，因为这见证了他在海外为清朝效力的峥嵘岁月。1914年美国客人造访的时候，他也展示过这份书法卷轴。

梁诚从柏林回国之际已经身染疾病。斯特恩斯写道："他体重剧减，脸部轮廓深陷，一道道的皱纹证明他备受病魔折磨。但是，他对美国的母校和校友的热情没有减退。在我离开香港之前，他和校友周寿臣先生给我举行了饯别宴，他依然谈笑风生，让我想起几年前有幸在华盛顿的中国大使馆获得他热情接待的那愉快的两天。"到了1917年，梁诚已病卧在床。他在中国接受了一系列小手术后，转到日本做了一场大手术，但是癌细胞还是不断地扩散。1918年2月10日，梁诚逝世，享年仅60岁。他在黄埔的房产和家财早已被没收充公，而他的遗孀和家人长期定居香港，至今仍然保存着他珍而重之的卷轴。

（叶霭云　广州大学外国语学院暨广州十三行重点研究基地
　何秀珊　北京外国语大学英语学院）

19世纪初叶中国的义和拳组织*

［法］沙畹（Emmanuel-Édouard Chavannes） 著
马骥 译

译者按：本文译自 Édouard Chavannes, "La Société des Boxeurs en Chine au commencement du XIXe siècle", Journal Asiatique, IXe série, tome XVII, Janvier-Février 1901, pp. 164–168。沙畹是"第一位全才的汉学家"，这固然指其学术造诣之精湛全面，也指其治学领域的鸿通淹贯，清史及中国问题研究亦列其学术板块。1889年至1893年，沙畹在华生活、工作及考察，并定期为《时报》（Le Temps）撰写有关远东问题的通讯。归国以后，沙畹继续关注现实中国，并每每对牵动中国社会变革的重要历史事件及时研究并撰文发表，其中包括中日甲午战争、1900年光绪帝皇权危机、义和团运动，以及1906年的京汉铁路通车事件。沙畹的这类文章，既备中国问题观察家的敏锐视角，又佐以史家之文献功力，对问题之分析，鞭辟入里，切中肯綮，结论极具说服力，是杰出的史学佳构，本文即为其中之一，精干而深刻。沙畹利用历史文献，梳理了义和拳的发展历史，指出其诞生的社会基础及愚昧仇外本质，并因此特点而被统治阶层利用之事实，至今仍为义和团研究的不易

---

* 张广达先生在选编沙畹文集时选入该文，并建议笔者翻译。法国国立东方语言文明学院（INALCO）汲喆教授校对本译稿。

之论。该文撰成后，沙畹先是在 1900 年 12 月 14 日在亚洲学会的学术例会上宣读，继而发表于 1901 年 1—2 月该会学刊（*Journal Asiatique*, IXᵉ Sér., XVII, 1901, pp. 164–168），为义和团事件之后最具时效性的重量级研究文章，迄今未被译为中文发表。值此义和团事件双甲子祭之际，该文之引入，尤见其意义。

最近在中国发生的事件让大家知道了"拳民"（les Boxeurs）[①]这个秘密会社。这个名称是对中文"义和拳"的简称，却若合符节，因为这个组织的会众都自觉习拳舞棒。

由徐家汇巴黎耶稣会士发行的中文报纸《汇报》，最近重刊了证明该会门（association）早在 19 世纪初叶业已存在的两份官方文件[②]（1900 年 6 月 11 日、14 日、18 日和 21 日的 185 号、186 号、187 号、188 号）。

嘉庆十三年七月戊寅（1808 年 9 月 4 日），谕令江南、安徽、河南及山东四省督抚严行惩办聚众匪徒。此上谕是对周廷森检举该祸害之奏折的批复。这些不法肆虐的地界为安徽、江苏、河南及山东等省毗连之处，包括安徽之颍州府、亳州，江苏之徐州府，河南之归德府，山东之沂州府、兖州府。在这些地方，有人告发多有无赖、拽刀和滋事之徒[③]聚众，设立顺刀会、虎尾鞭、义和拳、八卦教名目。这些人勾通胥吏，以一种名为"押宝"的方式公然聚赌。其方法如下：众所周知，一枚中国铜钱中间孔眼的四周分布有四个汉字，其中两字为"通宝"；庄家

[①] 法文 Boxeurs 是英文单词 Boxers 的直接对译。Boxer 本义是拳手、拳师。1899 年 10 月 9 日，英文报纸《字林星期周刊》（*North China Herald*, October 9, 1899）一篇发自山东的通讯第一次用 Boxers 来称呼遍布山东的各类"拳民"，自此，The Boxers 成了西人或西方文献对"义和拳""义和团"的统称。沙畹完全认同这个翻译。必须注意的是，沙畹在文中用的是"义和拳"而非"义和团"。沙畹原文仅有一处注解，解释"元亨利贞"，其他均为译者注解，不再另外标明。

[②] 分别为嘉庆十三年七月十四日戊寅《谕军机大臣等给事中周廷森奏请严惩聚众匪徒折》，嘉庆二十年十一月初三日《那彦成奏遵旨查拿石佛口王姓各犯及初审情形折》（朱批）。

[③] 原文为"无赖、棍徒、拽刀"。沙畹在翻译时有改动。

取一枚铜钱并将其刻字覆盖起来令其不可窥见，赌徒们将筹码押在铜钱四周某一边，那些押到"宝"字一边的便赢了。

《汇报》引用的第二份文件是那彦成的一份奏折，落款日期为嘉庆二十年十一月初三日（1815年12月3日）。该奏折为回禀十月二十九日（1815年11月29日）之上谕①而撰。上谕饬令对王姓家族的不法勾当详加审讯——其家族成员分住直隶省东北部的滦州及卢龙县，为大乘教、清茶门的传教匪徒；务将为首匪徒拿获并审讯，将其从者流徙，并向该犯家中严密搜查，起出一切邪悖经卷，如《九莲如意皇极宝卷真经》，或《元亨利贞②钥匙经》等。

为了迎合这个上谕，那彦成罗列诸多事实，证明他进行了种种调查。

伏查河南滑县"震卦教"教匪，均称为"东方震宫王老爷门下"。其王老爷，系首先传教之山东菏泽县人王中；王中已于乾隆三十七年（1772）③犯案正法。

查林清徒党多为"坎卦教"徒党，均称为"北方元上坎宫孔老爷门下"。其孔老爷，系首先传教之山东鄆阳县人孔万林。孔万林已与上文提到的王中同时正法④。

至于"大乘教""金丹八卦教""义和门""如意门"等教，凡有在教者，均称为"南方离宫头殿真人郜老爷门下"。其郜老爷，系首先传教之河南商邱县人郜生文，已于乾隆三十六年（1771）⑤犯案正法。

"清茶门教"，为河南滑县人王正纪所传；其为滦州石佛口王姓分支，1815年11月29日的上谕即已密记存查。

至于"大乘教"，这是一个新起的名称。嘉庆十六年（1811）⑥，直

---

① 即嘉庆二十年十月二十九日庚辰《谕军机大臣等据百龄等奏缉拿大乘教清茶门传教匪徒王秉衡折》。
② 沙畹原注：《易经》中的乾卦（天）四德。
③ 沙畹在文中使用公元纪年，现加上原折中之清帝纪年。
④ 原奏疏为"亦已于王中案内正法"。
⑤ 沙畹在文中使用公元纪年，现加上原折中之清帝纪年。
⑥ 沙畹在文中使用公元纪年，现加上原折中之清帝纪年。

隶巨鹿县民以之命名"好话教"及"离卦教"的传教之人。

在这些初步说明之后,具折人列举了对这些教匪提起的一系列诉讼,以及主要的会首所受的刑罚。他继而指出,在一系列司法案件中浮现的一众教徒,分别来自"离卦教""一炷香离卦教""佛门教""义和门""白阳教""如意教""义和门拳棒";即便这些教门"教名虽别",那彦成说,"俱系离卦教之子孙徒党"。

奏疏的余下部分,用于阐述对直隶滦州王姓一族所进行的侦查,以及采取哪些严厉措施,务令净绝根株、不使稍留余孽,诚如皇帝所要求。

这些干巴巴的行政性文件并不能让我们获知我们所想要知道的一切:这些协会的内部组织,它们所追求的真正目标,它们的信仰——其小册子谜一样的题目几乎什么也说明不了。然而我们能够从中提取的信息并非不重要。很显然,最近这些时候被屡屡提及的义和拳(les Boxeurs),事实上与这些文本中所涉及的"义和"有着直接的联系;其名称的一致证明了这一点,同样地,还有发源地的一致;正是构成河南归德的府城某一部分的商邱县某地,为郜生文的原籍,他于1771年成了这个教派的发起人;正是在邻近河间府的故城县,以及邻近天津的青县,那彦成于1815年前后拿获义和门教徒;正是在这些同样的地区,1900年出现了义和拳。1815年,该教派仅被视为势力强大的离卦教的一个分支,并没显示出与其他教派的区别。如同被我们刚分析过的这些文件所提到的其他团伙,在中国政府眼里,它只是一个依靠邪魔外道为非作歹的无赖和赌徒的结伙。1900年的义和拳,并不是如赫德爵士(Sir Hart)[①]发表在1900年11月号《双周评论》(Fortnightly Review)

[①] 赫德,Sir Robert Hart,1835—1911,字鹭宾,北爱尔兰人。1854年来华,先后任英国驻宁波和广州领事馆翻译及助手。1859年起进入清政府海关工作。1863年起任总税务司至1908年病休,但直至1911年病逝才正式卸职。赫德在长达半个世纪里把持清廷的海关税务司,且其活动涉及中国的军事、政治、经济、外交及文化、教育领域,是清廷最重要的"客卿"。赫德对义和团运动抱一定的同情,认为这种排外运动与列强在 (转下页)

的一篇文章[①]所评论的那样，一个爱国者的联盟，他们基于一种义愤填膺的情绪，一下子聚合在一起，冲向外国人；他们更是——正如长久以来所认定的——成群结队的可疑分子，被端郡王和他的同党邀集起来，用于对抗没有防备的传教士和外交官，端郡王等人的居心是：一旦失败，则对之不予认[②]。把这一点明确指出来，并非无用之举。

（马骥　宁波大学）

（接上页）华的不当行动有关系，必须适当尊重中国人民的民族感情。赫德对义和团运动有所论述，多次投书西方媒体，并结集出版：*These from the Land of Sinim*, by Sir Robert Hart, London: Chapman and Hall, 1900。

[①] *The Peking Legations: A National Uprising and International Episode*（北京使馆：一次全国性暴动和国际干预）。
[②] 沙晼言之凿凿。清廷对于像义和团这类游离于正统宗教以外的民间教门，向来态度鲜明。康熙《圣谕广训》有言："自古三教流传，儒宗而外厥有仙释。……自游食无籍之辈阴窃其名以坏其术。"

中国文史研究

中国文学史纲

《续高僧传·阇那崛多传》笺注*

[法] 沙畹（Emmanuel-Édouard Chavannes） 著
胡章龙 译

译者按：沙畹（Emmanuel-Édouard Chavannes，1865—1918）是近代法国汉学史上里程碑式的人物，本文是他对《续高僧传·阇那崛多传》做的译注。沙畹以这位高僧的生平和来华路线为切入点，在注释中对南北朝至隋代的佛教史和西北地区的历史、地理做了大量梳理和探讨，同时还对《续高僧传》的原文做了订正与补充。对同一主题的论述可参看余太山先生《宋云、惠生西使的若干问题——兼说那连提黎耶舍、阇那崛多和达摩笈多的来华路线》一文，见《早期丝绸之路文献研究（增订本）》，商务印书馆，2018年，第63—100页。本文原发于《通报》（*T'oung Pao*）第6卷第3期，第332—356页。

阇那崛多，生于528年，卒于603年，其名字可以还原为Jinagupta[①]。这位印度籍的僧人是译经数量最多的汉文佛经译师之一，只

---

* 本译文为国家社会科学基金重大项目"法国收藏中国西南文献的整理与研究（1840—1949）"（项目号：19ZDA221）阶段性成果。

① 南条文雄《目录》123与129号将他的名字还原为Jñānagupta，我们可以提出以下证据来反驳。我们知道，Jñāna一词一般转写成"阇若那"，比如下文中我们会看到（转下页）

要看一眼他的译经目录，便能了解到他的活动有多么活跃，成果有多么卓著（南条文雄英译《大明三藏圣教目录》附录Ⅱ 123号、129号）。作为唯一一种汉文本《佛本行集经》的译者，他受到了中国人的尊敬（南条文雄《目录》680号）。作为一名重要译师，他还贡献了一种重要且完整的《妙法莲华经》译本（南条文雄《目录》139号），因此，他值得我们做进一步的了解。此外，他的传记里也留下了一些颇有意义的信息。

阇那崛多先是从迦臂施（Kapiça）出发，于559年或560年来到长安（今西安府），他的路线与宋云等人于518年赴犍陀罗的路线基本一致，只是方向相反①。宋云，以及30年后的阇那崛多选择的路线，都是罗布泊到青海湖一线，一直延伸至中国西宁，而不经过著名的敦煌（或称沙洲）。一般的旅行家不会绕过敦煌，从这里出发，有数条路线可以到达东突厥地区。这个例外情况可以用政治原因来解答：一方面，我们知道，516—524年，占据青海湖附近地区的吐谷浑与北魏修好，二者都是通古斯族②，因此518年宋云西行时优先选择经由吐谷浑的领地；另一方面，公元556年，突厥木杆可汗在西魏的支持下远征吐谷浑③。突厥

（接上页）一位叫阇若那跋达啰的人，他的名字意译为"智贤"。音译与意译两相参照，他的原名应该是Jñānabhadra。然而，阇那崛多的名字中并没有"若"字，而这个字实际上又非常重要，它对应的是鼻音ñ，参照般若prajña。此外，我们在下文还会看到一位叫阇那耶舍的人，他的名字意译为"胜名"。依据这一意译，"阇那"只能是梵语jina的转写；那么，中国人依据的原文一定是Jinayaças，同理，他们用阇那崛多四个字来对应的梵文名字应该是Jinagupta。中国译师提出这一音译的时候，一定也碰到了麻烦，因为"阇"通常对应的是ja，而不是ji。我们猜测这里的"阇"字参照的是jaya译作"阇耶"的通例，jaya与jina词根都为ji。在此我要感谢西尔万·列维（Sylvain Lévi）先生在注释上的热情帮助，本文所用梵语的汉文转写问题，以及画龙点睛一般的梵语词源考证，均承蒙他的提示（检南条文雄《目录》，阇那崛多的名字位于附录Ⅱ 125号与129号，"123"当是"125"的误植。——译者注）

① 参看《法兰西远东学院学报》（B.E.F.E.O.）卷Ⅲ，1903年，第389页，注5。
② 《魏书》（卷101，第6页背面）记载，自北魏世宗（500—515年在位）至孝明帝正光（520—524）年间，吐谷浑向北魏每年进贡牦牛、蜀马以及西南地区的珍宝。
③ 参看《西突厥史料》（Documents sur les T'ou-kiue occidentaux）第260页，注1。此条注释当位于中文版《西突厥史料》第235页（中华书局2004年版，下同）"木（转下页）

与西魏的联军在青海湖畔取得大胜，这可能也就是557年[①]阇那崛多得以畅通无阻地穿过此处的国界，从西域来到东土长安的原因。

后来，在行途中，阇那崛多曾得到机会访问遮拘迦国。阇那崛多曾向同时代的中国人费长房口述过这段经历，后者将之收入597年成书的《历代三宝纪》（南条文雄《目录》1504号）。可能是由于阇那崛多本人记忆有误，或是费长房的理解有误，《历代三宝纪》所载的这段口述将遮拘迦的位置错误地记录为于阗东南2000里，而玄奘的传记和回忆录则记录为于阗以西800里[②]。我们可以依据玄奘的记载证实一个相当合理的假设，即遮拘迦王国位于现在的叶尔羌（Karghalik）地区[③]。非常值得注意的是，《大慈恩寺三藏法师传》与《大唐西域记》几乎照录了阇那崛多的口述资料中关于"三罗汉"以及遮拘迦国所藏佛经的记载，只是文字更简略一些。这一处奇怪的巧合可以有两种解释：首先我们可以猜测，由僧慧立撰写，彦琮审校，最终于688年成书的《大慈恩寺三藏法师传》，与僧辩机笔录、648年成书的《大唐西域记》，实际上是将玄奘的旅行日记与之前的旅行者的记录合编在一起的结果。然而，鉴于目前已经无从得知《大慈恩寺三藏法师传》和《大唐西域记》中哪些内容

（接上页）杆可汗与西魏共破青海之吐谷浑"句下，但冯承钧先生未做翻译，现补译如下：《通鉴纲目》："突厥木杆可汗假道于凉州以袭吐谷浑，魏宇文泰使凉州刺史史宁帅骑随之。吐谷浑奔南山，木杆将追之，宁曰：'树敦、贺真二城，吐谷浑之巢穴也。拔其本根，余众自散。'木杆从之，与宁分道破二城，复与会于清海。"树敦、贺真二城位于今西宁以西（参看《大清一统志》卷412，第8页正面）。"树敦"之名显然来自《国语·周语》"祭公谏穆王征犬戎"章里提到的古代犬戎首领之名（参看法译本《史记》，卷Ⅰ，第258页，注5）。——译者注

[①] 我们会在下文中给出将高丽藏本《续高僧传》所载的535年改为557年的理由。
[②] 儒莲译本《大慈恩寺三藏法师传》（Histoire de la vie de Hiouen-Thsang），第277—278页；儒莲译本《大唐西域记》（Mémoires sur les contrées occidentales），卷Ⅱ，第222页。（原文见《大慈恩寺三藏法师传》卷5，《大唐西域记》卷12。以上二书中"遮拘迦"作"斫句迦"。——译者注）
[③] 参看《法兰西远东学院学报》（BEFEO）卷Ⅲ，1903年，第397页，注4；《西突厥史料》，第123页，注1，以及同书第311页。（该注释见中文版《西突厥史料》115页，注1；正文第311页是勘误页，改正了该条注释中的误字。——译者注）

来自玄奘本人,哪些来自唐代以前的朝圣者,我们似乎不必采信这个假设,去怀疑二书中的可靠记载。阇那崛多与玄奘关于遮拘迦国记载的雷同,极有可能是因为这两位僧人前后相隔80年来到此地时,都听说了当地的这个传说,因为当地人会对每一个路过的客人重复这个修行的故事。

阇那崛多传记中最后一处重要的特殊点在于他在他钵可汗身边逗留了约十年,自575年起,至585年为止。他钵可汗去世后,他又继续侍奉新可汗。据《隋书》记载,他钵可汗本人相当崇佛;我们还能从《册府元龟》①中看到,575年前后,北齐皇帝曾请他将《大般涅槃经》译成突厥语,并将之作为礼物送给突厥可汗。从时间上看,这位突厥可汗只能是他钵可汗;有意思的是,我们可以从阇那崛多的传记中读到,这位远东地区有史以来最高产的印度籍译师,在这位他钵可汗身边待了很多年。在此期间,他遇到了一个从圣地印度返回的,中国僧人组成的取经队伍。他们带回了大量中土未有的经卷,阇那崛多协助他们将这些经卷一一分类。他还参与了他钵可汗帐中举行的讨论,对突厥地区的佛教传播不无推动作用。

我们翻译了《续高僧传》中阇那崛多的传记(弘教藏②XXXV,2,第91页正面——第92页正面)。《续高僧传》作者道宣,生卒年分别为596年和667年,本书的成书时间在650年以后。道宣所写的这篇传记多取材于《开皇三宝录》(或称《历代三宝纪》),该书完成于597年,作者费长房③。费长房曾经是一名僧人,后于574年灭佛运动中被迫还俗④。如前文所说,他与阇那崛多是同时代人。更有甚者,他还是阇那崛多的合作者。依据费长房本人的说法,591—595年之间,阇那崛多翻译了四部佛经。负责笔受工作,也就是将这位印度籍大师⑤的口译内容记

---

① 这段文字与《隋书》的记载可以在下文中看到。
② 本文使用的大藏经全部为东京印刷的弘教藏,罗马数字表示的是"套",阿拉伯数字表示的是"卷"。
③ 参看《历代三宝纪》(弘教藏XXXV,6,第81页正面——第82页正面)。
④ 参看《开元释教录》(弘教藏XXXVIII,4,第65页背面)。
⑤ 参看《历代三宝纪》(弘教藏XXXV,6,第81页背面,第1、4、5、12栏)。

中国文史研究　169

录下来的，正是费长房本人。因此，要了解这位著名僧人的信息，费长房的记载无疑是最权威的。《历代三宝纪》与《续高僧传》是仅有的两种关于阇那崛多的史料，而《续高僧传》也只是整合了《历代三宝纪》的记载。664年成书的《大唐内典录》（弘教藏XXXVIII，2，第80页正、背面），730年成书的《开元释教录》（弘教藏XXXVIII，4，第64页正面至第65页正面），以及800年成书的《贞元新定释教目录》（弘教藏XXXVIII，6，第58页正面至第59页正面）的提要里的记载，和以上两种资料相比，只有一些无关紧要的差异：

阇那崛多（Jinagupta）①，隋言德志，北贤豆②犍陀罗（Gandhāra）③国人也，隋云香行国焉。居富留沙富罗城（Puruṣapura＝Peshawar）④，此云丈夫宫也。刹帝利种，姓金步⑤（Kambhu），彼

---

① 《续高僧传》原文所附注释，有的直接与正文混同，有的会标注一个"注"字，而《开元释教录》和《贞元新定释教目录》则将注释印作小字。我在翻译《续高僧传》的原注时会在前面加上com.（原注）以示区别。关于阇那崛多的名字，原文有如下注释：隋言德志。《开元释教录》与《贞元新定释教目录》此处作"志德"，《历代三宝纪》作"至德"，《大唐内典录》作"佛德"。以上数种翻译中，我找不到"志"对应的原文，"至"则可以对应为梵语的jina；jina也可以对应为"佛"，因为jina是针对佛陀的修饰语。至于"德"字，似乎是中国人弄混了梵语gupta和guṇa的结果。
② 原注：本音因陀罗婆陀那（Indrapattana），此云主处，谓天帝所护故也。贤豆之音，彼国之讹略耳，身毒、天竺。此方之讹称也。而彼国人总言"贤豆"而已，约之以为五方也。《开元释教录》与《贞元新定释教目录》在此条注释下加入《大唐西域记》中将"印度"一词的原意解释为"月亮"的说法，参看《大唐西域记》儒莲译本卷Ⅰ，第57—58页（原文见《大唐西域记》卷2。——译者注）。
③ 《历代三宝纪》作"犍达"。原注：隋言香行国焉。这里的"行"字是犍陀罗（Gandhāra）中的词缀ra的意译。
④ 《开元释教录》与《贞元新定释教目录》"罗"字作"逻"。原注：云丈夫宫也。玄奘将此地名译作"布路沙布罗"（《大唐西域记》儒莲译本，第83页；《大慈恩寺三藏法师传》，卷Ⅰ，第104页）（原文见《大唐西域记》卷2，《大慈恩寺三藏法师传》卷2。——译者注）。
⑤ "金"原文注音"俱凡反"。原注：此云项也，谓如孔雀之项。在此我需要采用西尔万·列维先生的如下注释：梵文kambu的这一种译法不见于辞书。Kambhu本义指的是贝壳，后来又用来代指脖子上的三道褶皱。在印度人眼里，这是美丽的标　（转下页）

国以为贵姓。父名跋阇逻婆罗①（Vajrasāra），此云金刚坚也。少怀远量，长乘②清范，位居宰辅，爕理国政。崛多昆季五人，身居最小，宿植德本，早发道心。适在髫龀③，便愿出家。二亲深识其度，不违其请。本国有寺，名曰大林④，遂往归投，因蒙度脱。其郁波弟耶（upāhdyāya）⑤，名曰嗜那耶舍⑥（Jinayaças），专修宴

（接上页）志，由此衍生出了 kambugrīva 和 kambukaṇṭha 两个单词。我怀疑此处的 kambu 是某一种 kamboja 的名字，kamboja 一词经常出现在古代印度西北地区的人留下的文献里，词典中也将这个词释为"贝壳"。波斯语的 Kambujiya（冈比西斯）与 kamboja 同源，只是将 o 替换成了 u。此外，柬埔寨（Cambodge）这个词在印度和中国的梵文碑刻中也全部写作 Kamvuja。

① 倒数第二字，《开元释教录》与《贞元新定释教目录》作"娑"，作"娑"是对的，因为依据原注中给出的意译"金刚坚"，他的原名应当是 Vajrasāra。
② 高丽藏此字作"乘"，当依其他三种版本大藏经以及《开元释教录》《贞元新定释教目录》作"垂"。
③ 指七岁。
④ 西尔万·列维先生告诉我，大林（Mahāvana）对应的应该是现在的马哈班（Mahāban）地区，也就是希腊人所说的 Aornos 群山。这座名为 Mahāvana 的寺庙应该就在此山中。
⑤ 原注：此云常近受持者，今所谓和上，此乃于阗之讹略也。《开元释教录》和《贞元新定释教目录》补充说，依据玄奘的说法，中印度的标准发音是邬波挖耶，意为"亲教"或"依学"。应该只有最后一种译法能同时顾及构成 upādhyāya 一词的 upa 和 adyāya 的词意，"亲教"的译法只能做到大意一致。至于译作"近受持"，"近"字对应的是 upa，"受"字似乎是人为地将 upā° 中的长音 ā 单独抽出，作为前缀 ā 来表示"返回至某人身上，使之接受"。至于"持"字，我们找不到此字的对应依据（西尔万·列维）。
⑥ 原注：此云胜名。关于嗜那耶舍，参看南条文雄《目录》附录Ⅱ 123 号。南条文雄将此人的名字拼作 Jñānayaças。嗜那耶舍来到中国后共译出六部佛经，但仅有两部流传至今（南条文雄《目录》187 号《大云请雨经》、195 号《佛说大乘同性经》）。《历代三宝纪》（弘教藏 XXXV，6，第 78 页正面）著录了这六部佛教的经名，并称"武帝世（559—560），摩伽陀国（Magadha）三藏禅师阇那耶舍（Jinayaças），周言藏称，共二弟子耶舍崛多（Yaçogupta）、阇那崛多等，为大冢宰晋荡公宇文护于长安旧城四天王（devarājas）寺译"。作为嗜那耶舍名字意译的"藏称"，与《续高僧传》中记载的"胜名"不合。此处的错误似乎是由于嗜那耶舍（Jinayaças）与耶舍崛多（Yaçogupta）的名字被弄混了，而后者名字的意译是"称藏"（见下文）。《历代三宝纪》（弘教藏 XXXV，6，第 78 页正、背面）又将三部译经归于耶舍崛多名下（但仅有南条文雄《目录》327 号《佛说十一面观世音神咒经》流传至今），并有如下说明："武帝世（559—560），优婆国（？）三藏法师耶舍崛多，周言称藏，共小同学阇那崛多为大冢宰宇文护译。"

坐（samādhi），妙穷定业。其阿遮利耶（ācārya）①，名曰阇若那跋达罗（Jñānabhadra）②。遍通三学，偏明律藏（vinayapiṭaka）。

崛多自出家后，孝敬专诚，教诲积年，指归通观。然以贤豆圣境，灵迹尚存，便随本师，具得瞻奉。时年二十有七，受戒三夏。师徒结志，游方弘法。初有十人，同契出境，路由迦臂施国。淹留岁序。国王③敦请其师，奉为法主，益利颇周，将事巡历。便踰大雪山西足，固是天险之峻极也，至厌怛④（Hephthalites）国。

---

① 原注：此云传授，或云正行，即所谓阿遮梨也，亦近国之讹略耳。"传授"的译法应当来自动词 ā-čār（ā-čāray°）的施动式（causitif）ācārya，意为"使循环"。"正行"的译法符合其真正的语源，即 ācārya 的名词形式 ā- čāra，意思是"优秀的品行"。

② 原注：此云智贤。关于阇若那跋达罗（南条文雄《目录》附录 II 122 号），我们在《历代三宝纪》中找到了以下信息："《五明论》合一卷。右一卷，明帝世（557—560）波头摩国三藏律师攘那跋陀罗（Jñānabhdra），周言智贤，共阇耶舍于长安旧城婆伽寺译。耶舍崛多、阇那崛多等传语，沙门智迁笔受。"我们可以看到，这部合译作品（今已佚）由两位师父，即阇若那跋达罗和阇舍耶那，以及两位徒弟，耶舍崛多和阇那崛多共同完成。他们四人此前一同来到中国。

③ 依据这段记载，阇那崛多经过迦臂施时（555），迦臂施似乎已经在政治上从犍陀罗独立了出来，因为这些从犍陀罗来的旅行者见到的国王，与他们熟悉的犍陀罗国王不是同一个人。一个世纪后的玄奘发现犍陀罗与迦臂施由同一位君主统治，在此之前，犍陀罗王室已经被完全消灭，参看《西突厥史料》，第 130 页，注 1（见中文版《西突厥史料》，第 121 页，注 1。——译者注）。

④ 为了从迦臂施走到渴罗槃陀，阇那崛多选择的路线与数年后的达摩笈多（Dharmagupta）一样。他于 590 年到达今西安府（参看《法兰西远东学院学报》卷 III，1903 年，第 439—440 页）。阇那崛多与达摩笈多都步行翻越了西部的数座雪山，也就是从最西边翻过兴都库什山（Hindou Kouch）。他们的东行应该与玄奘西行的路线相同；他们可能是从锡布勒山道（Shibr）进入巴米扬（Bamian），过了兴都库什山，就到了厌怛的领地。厌怛部落于 563—567 年被突厥消灭（参看《西突厥史料》，第 326 页。——译者注。此处有排印错误，实当作第 226 页。参看中文版《西突厥史料》，第 199—200 页），无怪乎阇那崛多于 555—557 年间行至此地时对厌怛人还有记录，而三十年后的达摩笈多经过此地时，厌怛已被巴达哈伤（Badakchan）取代了。过了厌怛（或称巴达哈伤），阇那崛多与达摩笈多经过瓦罕（Wakhân），到达渴罗槃陀。我们知道，宋云于 519 年远赴乌场国（Udyāna）的渴罗槃陀时，同样是从厌怛的瓦罕地区路过。但从此地开始，他的路线便不再与阇那崛多和达摩笈多的来华路线相同了。宋云是从卡菲里斯坦（Kafiristan），而非喀布尔山谷（vallé de Kaboul），到达乌场国，而后到犍陀罗的。换句话说，阇（转下页）

既初至止，野旷民希，所须食饮，无人营造。崛多递舍具戒，竭力供侍，数经时艰，冥灵所佑，幸免灾横。又经渴罗槃陀（Tachkourgane）①及于阗（Khoten）②等国，屡遭夏雨寒雪，暂时停住。既无弘演，栖寓非久。又达吐谷浑国③，便至鄯州④，于时即西魏后元年（557）也⑤。虽历艰危，心逾猛励。发踪跋涉，三载于兹。十人之中，过半亡没，所余四人，仅存至此⑥。

以周明帝武成年（559—560）初届长安，止草堂寺⑦。师徒游化，已果来心，更登净坛，再受具足。精诚从道，尤甚由来。稍参京辇，渐通华语。寻从本师胜名（Jinayaças），被明帝诏，延入后园，共论佛法，殊礼别供，充诸禁中。思欲通法，无由自展，具情

（接上页）那崛多与达摩笈多从最西边翻过兴都库什山，宋云应该是从东边的朵拉（Dora）山道进入达赤塔剌勒（Tchitrāl）山谷的巴达哈伤。

① 关于渴罗槃陀国，参看《法兰西远东学院学报》卷Ⅲ，1903年，第398页，注3，以及《西突厥史料》，第124—125页（见中文版《西突厥史料》，第116页——译者注）。
② 参看《法兰西远东学院学报》卷Ⅲ，1903年，第393页，注9。
③ 阇那崛多经过吐谷浑时，其都城位于青海湖以西15里，参看《法兰西远东学院学报》卷Ⅲ，1903年，第389页，注5，以及第390页，注2。
④ 现在的西宁（属甘肃省）。
⑤ 弘教藏使用的底本高丽藏作"于时即西魏大统元年（535）也。"但宋、元、明版大藏经"大统"二字作"后"，《开元释教录》《贞元新定释教目录》同。如果采用作"后"的版本，则这句话的意思是"这是西魏灭亡后的第一年"，也就是557年。实际上，557—558年间，西魏皇帝已经完全被剥夺了权力，北周又未敢宣布自己的正统地位，此时的国都已经迁到了现在的西安府，但又没有颁布年号。因此557、558两年只能称作西魏后一年、后两年。从另一角度说，高丽藏本的535年显然是错的。一方面，此年阇那崛多年仅七岁；另一方面也没有证据证明他15岁来到西宁后，一直等到559年或560年才到长安。
⑥ 我们可以通过这四人来到中国后翻译的佛经来找到他们的名字：第一位是阇那耶舍（参看上文注），第二位是阇若那跋达罗（参看上文注），第三位是阇那崛多本人，第四位应该是耶舍崛多（南条文雄《目录》附录Ⅱ124号），他与阇那崛多都是阇那耶舍的弟子（参看《历代三宝纪》，弘教藏XXXV，6，第78页正面）。耶舍崛多共译出佛经三种，但仅有一种流传至今（南条文雄《目录》327号《佛说十一面观世音神咒经》，其余信息见上文）。
⑦ 草堂与草庵（parṇaçālā）意同，指的是佛教苦修者的住所。草堂寺位于鄠县东南圭峰山脚下，也就是西安府西南面。1680年朱集义所刻的石碑将草堂寺列为关中八景之一，这块石碑现存于西安碑林。

上启，即蒙别敕，为造四天王寺，听在居住。自兹以后，乃翻新经，既非弘泰，羁縻而已①。所以接先阙本，传度梵文，即《十一面观音》②、《金仙问经》③等是也。会谯王宇文俭④镇蜀，复请同行，于彼三年⑤，恒任益州僧主，住龙渊寺，又翻《观音偈》⑥、《佛语经》⑦。建德（572—578）隳运，像教不弘⑧。五众⑨一期，同斯俗服。武帝下敕，追入京辇，重加爵禄，逼从儒礼。秉操铿然，守死

---

① 换言之，译经活动并非由于官方委任；阇那崛多及其同伴在北周朝中的职位有名无实。
② 此经至今尚存，在大藏经中的经题为《佛说十一面观世音神咒经》（弘教藏 XXVII, 12, 第 20 页背面至第 23 页正面；南条文雄《目录》327 号）。这部佛经，以及其余两部今已不存的佛经，均题作耶舍崛多译（南条文雄《目录》附录 II 124 号）。上文说到耶舍崛多是阇那崛多的同伴。
③ 《历代三宝纪》（弘教藏 XXXV, 6, 第 78 页）将此经著录作《金色仙人经》，译者为阇那崛多。这部佛经似乎已经失传（梵文题当作 Kanakavarṇa ṛṣi paripṛcchā sūtra——西尔万·列维）。
④ 据《周书》（卷 5，第 6 页正面），天和五年（570）八月，"以柱国谯国公俭为益州（今四川成都府）总管"。因此阇那崛多赴四川的时间当在 570 年底。宇文俭的封号由"公"改为"王"的时间为 574 年（《周书》卷 5，第 8 页正面）。
⑤ 571—573 年。
⑥ 《历代三宝纪》（弘教藏 XXXV, 6, 第 78 页背面）著录作《妙法莲华经普门品重诵偈》一卷，实际上只是补译了鸠摩罗什本《妙法莲华经》所无的观音菩萨普门品。鸠摩罗什译出了《妙法莲华经》的所有散文部分，阇那崛多译出的是他的这位前辈忽略的韵文部分（南条文雄《目录》137 号）。
⑦ 阇那崛多所译的这部经在《历代三宝纪》中也曾提到。然而，现有的大藏经（VI, 8, 第 68 页正、背面）将此经归为菩提流支译本。除了《续高僧传》提到的这两部佛经，《历代三宝纪》还记载了阇那崛多在成都龙渊寺译的第三种佛经，即《重重杂咒经》（弘教藏 XXVI, 5, 第 44 页背面—第 46 页背面；南条文雄《目录》347 号）。
⑧ 建德三年（574）五月丙子日，朝廷下令彻底毁灭佛、道教，佛像被毁，僧人、道士被迫还俗（《周书》卷 5，第 8 页背面）。
⑨ "五众"指比丘（bhikṣus）、比丘尼（bhikṣunīs）、式叉摩那（çikṣamāṇas，意思是研习戒律的僧众）、沙弥（çramaṇeras）、沙弥尼（çramaṇerīs）。《历代三宝纪》此句作"七众"，如此则需要在"五众"的基础上加上优婆塞（upāsakas）、优婆夷（upāsikas）（参看《大明三藏法数》）。

无惧。帝悯其贞亮,哀而放归。路出甘州①,北由突厥②,阇梨智贤,还西灭度。崛多及以和上乃为突厥所留。未久之间,和上迁化,只影孤寄,莫知所安。赖以北狄君民,颇弘福利,因斯飘寓,随方利物。有齐僧宝暹、道邃、僧昙等十人,以武平六年(575)相结同行,采经西域。往返七载,将事东归③,凡获梵本二百六十部。回至突厥,俄属齐亡,亦投彼国。因与同处,讲道相娱。所赍新经,请翻名题,勘旧录目,转觉巧便,有异前人,无虚行苦。同誓焚香,共契宣布④。

大隋受禅,佛法即兴。暹等赍经,先来应运。开皇元年(581)季冬,届止京邑。敕付所司,访人令译。开皇二年(582)

---

① 这里的记载相当含混,但我们可以从中得知阇那崛多拜会的突厥可汗驻地不在鄂尔浑(Orkhon)地区,而应该在阿尔泰山(Altaï)附近。
② 《历代三宝纪》(弘教藏XXXV,6,第82页正面)的记载更详细一些:"还向北天路,经突厥,遇值中面他钵可汗,殷重请留,因往复曰:'周有成坏,劳师去还。此无废兴,幸安意住。资给供养,当使称心。'遂尔并停十有余载。师及同学悉彼先殂。唯多独在。"我们对他钵可汗相当熟悉,他的统治时间为572—581年(参看《西突厥史料》,第48页,注1、注2,以及第280页——译者按。分别见中文版《西突厥史料》,第51页,注3、注4以及第256—257页正反)。《隋书》记载了他的礼佛行为(卷84,第1页背面):"齐有沙门惠琳,被掠入突厥,因谓佗钵曰:'齐国富强者,为有佛法耳。'遂说以因缘果报之事。佗钵闻而信之,建一伽蓝,遣使聘于齐氏,求《净名》《涅槃》(南条文雄《目录》118号)《华严》等经,并《十诵律》(南条文雄《目录》1115号)。佗钵亦躬自斋戒,绕(pradakṣiṇa)塔(stūpa)行道,恨不生内地(Madhyadeça,即印度佛教圣地)。在位十年,病且卒,谓其子奄罗……"(其余内容见儒莲《突厥史料》,第30页)。我在《册府元龟》中(卷996,第5页正、背面)找到了一条奇怪的记载,其中提到的突厥可汗无疑就是他钵可汗:"北齐后主武平末,侍中刘世清能通四夷语,为当时第一。后主命世清作突厥语翻《涅槃经》,以遣突厥可汗。敕中书侍郎李德林为其序。"
③ 这支取经队伍于575—581年间赴印度求法,他们的收获比阇那崛多和达摩笈多带到中土并翻译出来的佛经要多得多。据《历代三宝纪》,这支队伍共11人(而非10人),其中留下姓名的有宝暹、道邃、智周、僧威、法宝、僧昙、智照、僧律。
④ 换言之,他们委托阇那崛多翻译从印度带回的新佛经。

仲春，便就传述①。夏中诏曰："殷之五迁，恐民尽死②。是则居吉凶之土，制短长之命，谋新去故，如农望秋③。龙首之山，川原秀丽，卉木滋阜，宜建都邑，定鼎之基永固，无穷之业，在兹可域。"城曰大兴城④，殿曰大兴殿，门曰大兴门，县曰大兴县，园苑池沼，其号并同。寺曰大兴善也，于此寺中传度法本。时崛多仍住北狄。至开皇五年（585），大兴善寺沙门昙延等三十余人，以躬当翻译，音义乖越⑤。承崛多在北，乃奏请还。帝乃别敕追延。崛多西归已绝，流滞十年，深思明世重遇三宝⑥。忽蒙远访，欣愿交并，即与使乎同来入国。于时文帝巡幸洛阳，于彼奉谒，天子大悦，赐问频仍。未还京阙，寻敕敷译。新至梵本，众部弥多，或经或书，且内且外，诸有翻传，必以崛多为主。佥以崛多言识异方，字晓殊俗，故得宣辩自运，不劳传度，理会义门，句圆词体，文意粗定，铨本便成，笔受之徒，不费其力，试比先达，抑亦继之。尔时耶舍已亡，专当元匠⑦，于大兴善更召婆罗门僧达摩笈多

---

① 从下文可知这次译经结束时间为585年，译完后发现不少问题，于是决定请尚在突厥的阇那崛多来主持翻译工作。
② 参看《史记》（Sseu-ma Ts'ien）法译本，卷Ⅰ，第194页，注1。
③ 意即聪明的君主会采取措施以求民众安乐，犹如农民播种劳作以求秋天丰收。
④ 开皇二年（582）六月，隋代开国皇帝认为长安城布局太过逼仄，于是决定在长安附近建立新都。新的都城建在今西安府以北10里的龙首原坡地上，也就是前198年汉高祖建未央宫的位置。之前的首都因此被称为"长安旧城"（见上文注）。
⑤ 昙延参与的翻译工作由那连提黎耶舍主持，参看下文注。
⑥ 意思是中国已由明君统治，佛教昌盛。
⑦ 印度高僧那连提黎耶舍卒于589年，但阇那崛多主持宫廷译经的时间实为585年。随后于590年来到长安的达摩笈多也加入了译经的队伍。以下是那连提黎耶舍传记（《续高僧传》；弘教藏XXXV, 2，第90页正、背面；参看南条文雄《目录》附录Ⅱ 120号、128号）的部分内容："那连提黎耶舍，北天竺乌场国人……耶舍北背雪山，南穷师子，历览圣迹，仍旋旧壤……六人为伴，行化雪山（兴都库什山）之北。至于峻顶，见有人鬼二路，人道荒险，鬼道利通，行客心迷，多寻鬼道。渐入其境，便遭杀害。昔有圣王，于其路首，作毗沙门天王石像，手指人路。同伴一僧错入鬼道，耶舍觉已，口诵观音神咒，百步追及，已被鬼害，自以咒力得免斯厄，因复前行……循路东（转下页）

（Dharmagupta）①，并敕居士高天奴、高和仁兄弟等同传梵语。又置十大德沙门僧休、法粲、法经、慧藏、洪遵、慧远、法纂、僧晖、明穆、昙迁等，监掌翻事，铨定宗旨。沙门明穆、彦琮②重对梵本，再审覆勘，整理文义。昔支昙罗什（Dharmarakṣa）③等所出

（接上页）指到芮芮国（芮芮，《历代三宝纪》作茹茹。此部落又称蠕蠕，实际为阿瓦尔人。参看《西突厥史料》，第230页——译者按。见中文版《西突厥史料》，第204—205页）。值突厥乱，西路不通。反乡意绝，乃随流转。北至泥海之旁，南距突厥七千余里。"552—555年，芮芮部落（阿瓦尔人）被突厥彻底消灭（参看《西突厥史料》第222页，第11—18行——译者按。见中文版《西突厥史料》第196页），《历代三宝纪》（弘教藏XXXV，6，第81页正面）。记载那连提黎耶舍逃至北齐国都邺城（今河南省彰德府）的时间正在此时。他于天保七年（556）到达邺城，时年40岁，北齐将之安顿在天平寺里。从此时起，那连提黎耶舍开始翻译三藏殿里保存的上千捆佛经。据《历代三宝纪》（弘教藏XXXV，6，第65页正面），那连提黎耶舍在天平寺里译出佛经七种：《菩萨见实三昧经》（南条文雄《目录》23（16）号），568年；《月藏经》（南条文雄《目录》63号），566年；《月灯三昧经》（南条文雄《目录》191号），557年；《大悲经》（南条文雄《目录》117号），558年；《须弥藏经》（南条文雄《目录》66号），558年；《然灯经》（南条文雄《目录》428号），558年；《法胜阿毗昙论》（南条文雄《目录》1294号），563年。那连提黎耶舍因其学识与德行受到所有人的尊崇。公元577年，北周灭北齐。北周于574年颁布的灭佛令使得那连提黎耶舍不得不穿上世俗衣饰，但他坚持将僧衣穿在俗衣下面。581年，隋定都长安，与此同时，正如上文所述，赴印度求法，而返程途中因灭佛运动而滞留突厥的中国僧人簇拥到了新皇帝身边，他们从印度带回了一批佛经。为了翻译这批佛经，那连提黎耶舍于开皇二年（482）七月（当作582年——译者注）被召至国都，并被安置于大兴善寺中。当时共召集了三十位沙弥，其中也包括昙延（见上文）。那连提黎耶舍于582—585年间共译出佛经八种，见《历代三宝纪》（弘教藏XXXV，6，第80页背面。这八种经分别对应南条文雄《目录》的第62、185、188、232、409、411、465和525号）。但那连提黎耶舍主持翻译的部分佛经在当时被认为质量不佳（见上文），因此（585）又找来尚在突厥的阇那崛多来主持译经工作。那连提黎耶舍此后便不再有译经活动，他移居至广济寺中——该寺后来因避隋炀帝讳（605—616年在位）改名弘济寺，唐代又因避高宗讳（650—683年在位）改名崇济寺，因高宗谥号中有"大弘"二字。

① 我已于别处概述过达摩笈多的生平（《法兰西远东学院学报》卷Ⅲ，1903年，第439—440页）。他于590年到达长安，此后一直留在中国，直至619年去世。
② 关于彦琮，参看《法兰西远东学院学报》卷Ⅲ，1903年，第438—439页。
③ 参看南条文雄《目录》附录Ⅱ67号［此处标点当作"支、昙、罗什"，分别代指先后翻译《大集经》的支娄迦谶、昙无谶、鸠摩罗什三人。沙畹将"支"字解为（月）支，又将"昙罗什"理解为北凉的昙无谶，似误。——译者按］

《大集》(南条文雄《目录》61号),卷轴多以三十成部。及耶舍高齐之世出《月藏经》一十二卷,隋初复出《日藏》分一十五卷[①],既是《大集》广本,而前后译分,遂便支离,部帙羁散。开皇六年(586),有招提寺沙门僧就合之为六十卷。就少出家,专宝坊学,虽加宣导,恨文相未融,乃例括相从,附入大部,至于词旨惬当,未善精穷。比[②]有大兴善寺沙门洪庆者,识度明达,为国[③]监写藏经,更厘改就所合者,名题前后,甚得理致。且今见翻诸经,有多是《大集》余品,略而会之,应满百卷[④]。若依梵本,此经凡十万偈,据以隋文,可三百卷。崛多[⑤]曾传于阗东南二千余里[⑥]有遮拘迦国,彼王纯信,敬重大乘。宫中自有《摩诃般若》《大集》

---

① 参看南条文雄《目录》62号、63号。
② 需要注意的是650年左右创作的《续高僧传》这一段沿用的是《历代三宝纪》的原文,后者的成书时间为597年,这里作"最近"讲的"比"指的是比597年稍早的某个时间。
③ "为国",《历代三宝纪》作"奉为皇后"。
④ 《历代三宝纪》(弘教藏XXXV,6,第81页正面)在此处还有一句话:"于本梵文,三分将一"。而实际上,《历代三宝纪》这一段提要的开头便说明了"依如梵本,此《大集经》凡十万偈。若具足翻,可三百卷",《续高僧传》的作者改写了这句话,但删去表示不确定的"若"字,结果导致句意不太清晰。此外我认为,依据《历代三宝纪》的记载,费长房写下这段文字时(597),洪庆的译经工作还没有最终完成,原文说的是"应满百卷","于本梵文,三分将一"。
⑤ 以下这段文义不连贯的文字提到了《大集经》。《历代三宝纪》的表达更通顺一些(弘教藏XXXV,6,第81页正面);在僧就的译经目录提要下面,首先说明了阇那崛多在遮拘迦访见的《大集经》,其次提到《大集经》在中国的翻译,从5世纪的昙无谶(译者按:原文为"支昙",似当指支娄迦谶、昙无谶二人)到略早于597年的某个时间的洪庆。《续高僧传》的作者调换这两段提要的先后顺序。无论如何,尤其需要注意的是,《历代三宝纪》的作者是阇那崛多同时代的人,二人还是合作者关系。与遮拘迦相关的这段描述是阇那崛多亲口说出来的。阇那崛多于556年前后经过遮拘迦的这段经历在《大慈恩寺三藏法师传》(儒莲译本,第277—278页)和《大唐西域记》(儒莲译本卷Ⅱ,第222页)中有类似记载,我们在上文中已经说过如何以最佳方式解释这一处雷同。
⑥ 此处的记载不准确。通过玄奘的描述可以得知遮拘迦王国(当即叶尔羌地区)位于于阗西800里,参看《法兰西远东学院学报》卷Ⅲ,1903年,第397页,注4;《西突厥史料》,第123页,注4,以及第311页——译者按:此处有排印错误,第123页注4当作注1。此条注释及勘误上文已有引用。

《华严》三部，王躬受持，亲执锁钥。转读则开，香华供养。或以诸饼果诱引小王，令其礼拜。此国东南可二十余里，山甚岩险，有深净窟，置《大集》、《华严》、《方等》、《宝积》（南条文雄《目录》51号①）、《楞伽》（南条文雄《目录》175号）、《方广》、《舍利弗》、《花聚》（南条文雄《目录》339号）《二陀罗尼》、《都萨罗藏》（？）《摩诃般若》（南条文雄《目录》1号）、《八部般若》（南条文雄《目录》1［e］号）、《大云经》（南条文雄《目录》187号）等凡十二部，减十万偈。国法相传，防卫守护。又有入灭定罗汉三人窟中禅寂，每至月半，诸僧就山，为其净发。此则人法住持，有生之所凭赖。

崛多道性纯厚，神志刚正，爱德无厌，求法不懈。博闻三藏，远究真宗，遍学五明，兼闲世论。经行得道场之趣，总持通神咒之理。三衣一食，终固其诚，仁济弘诱，非关劝请。勤诵佛经，老而弥笃，强识先古，久而逾诣。士庶钦重，道俗崇敬。隋滕王②遵仰戒范，奉以为师。因事尘染，流摈东越③，又在瓯闽，道声载路，身心两救，为益极多。至开皇二十年（600）④，便从物

---

① 此处有误。《大宝积经》实为南条文雄《目录》23号，51号为阇那崛多译《入法界体性经》。——译者注

② 隋滕王名瓒，是隋文帝的弟弟，卒于591年，其子纶继位，与阇那崛多交好的就是这位杨纶。从他的传记中（《隋书》卷44，第1页背面）可以看到他经常与术士王琛、沙弥惠恩、崛多（阇那崛多）来往。他经常请这三人观测星象，占星的爱好为他招来了祸患。隋炀帝登基不久，杨纶即被指企图用术法夺权，大业元年（605）十月被流放至始安（今广西府桂林）。

③ 东越，或称闽越，是公元前2世纪末在福建地区建立的王国。"瓯闽"一词指的应该是今浙江省，因为两汉时越东海国旧都东瓯，即现在的浙江省温州市。依据《续高僧传》的记载，阇那崛多因受滕王的牵连而被发配；但滕王被发配至广西，阇那崛多则被发配至浙江和福建一带。

④ 这个时间无疑是错的，阇那崛多并非卒于600年。事实上，1.阇那崛多至605年还因滕王受到牵连；2.阇那崛多与达摩笈多于601年重译、补足了《法华经》，南条文雄在为这个译本所写的提要中做了很有意思的分析（南条文雄《目录》139号）。要确定阇那崛多的卒年，可以从以下几个方面推算：他27岁时从迦臂施国出发，历经三年，（转下页）

故，春秋七十有八。自从西服来至东华，循历翻译，合三十七部，一百七十六卷。即《佛本行集》（南条文雄《目录》680号）、《法炬》（南条文雄《目录》422号）、《威德》（南条文雄《目录》423号）、《护念》（南条文雄《目录》23（18）号）、《贤护》（南条文雄《目录》23（39）号或75号）等经是也，并详括陶冶，理教圆通，文明义结，具流于世。见费长房《三宝录》①。初，隋高祖又敕崛多共西域沙门若那竭多（Jñānagata）、开府高恭、恭息都督、天奴、和仁及婆罗门毗舍达等，于内史内省翻梵古书及乾文。至开皇十二年（592），书度翻讫，合二百余卷，奏闻进内，见唐《贞观内典录》②。

（胡章龙　中山大学中国语言文学系）

（接上页）　于577年到达西宁，时年30岁。再考虑到他78岁时去世，其卒年当为605年。所以他的生卒年份别为528年和605年。

① 我们已经在注释中多次引用过《开皇三宝录》（或称《历代三宝纪》）的内容。该书完成于597年，作者费长房。书中（弘教藏XXXV，6，第81页正、背面）给出了阇那崛多于486—495年间译出的31部佛经的目录，并一一注明其具体完成时间。《大唐内典录》（弘教藏XXXVIII，2，第29页背面至80页正面）著录了37种共176卷，这个数字正与《续高僧传》相合。

② 这一部《内典录》如其名字所述，完成于贞观（627—649）年间。它与成书于664年的《大唐内典录》应该不是同一部著作。但至少可以确定的是，《大唐内典录》（弘教藏XXXVIII，2，第79页背面至80页背面）与以上记载不同，书中并未著录任何阇那崛多翻译的天文学著作，或是《续高僧传》中提到的37部佛经以外的任何译作。

在华教会大学与中国人文和艺术研究

洪业（William Hung） 著

张红扬 译

译者按：洪业（William Hung，1893—1980），号煨莲，福建侯官县人，历史学家。曾任燕京大学文学院历史系教授、文理科科长（又称教务长）、图书馆馆长等职。1930年创办哈佛燕京学社引得编纂处并任主任。1940—1945年任哈佛燕京学社北平办事处执行干事。洪业该文写于1954年，在北京大学图书馆藏司徒雷登文献中发现，到目前为止，未见任何出版信息。该文是洪业撰写的唯一一篇全面论述在华教会大学中国研究的文章。洪业认为，新教大学通过开展中国人文与艺术研究，取得了可与国立大学比肩的卓越成就，由此获得了中国知识界的高度认可，延续了佛教和早期耶稣会尊重中国文化的传统。但总体而言，由于历史局限，新教未能完成与中国文化交流和融合的使命，对于启发中国文化创新方面的贡献尚待历史检验。

在外来宗教影响中国文学和艺术的历史上，立下首个地标的是佛教。5世纪后半叶，云冈和龙门石窟的雕塑开始呈现出一种统摄的艺术，到了6世纪，这种艺术已见成熟，它以中国草书书法自由飘逸的线条缓和了犍陀罗式衣褶的拘谨，将东方内敛神秘的气质注入了希腊美学的表现形式，由此超越了中外的原型。除雕塑外，建筑也是如此，千百年来，佛塔、宝塔和寺院遍布全国，成千上万。尤其是寺院设计，依山傍水，风景优美，与园林艺术相结合，令人内心平静，具有与自然和谐相处的美感，这继而又极大地影响了8世纪中国的诗画创作。

佛教在中国语言文学领域的其他门类中也产生了有益影响，这种影响虽不如在诗词中那么广为人知，但同样值得探究。在汉语语言研究中，我们应肯定古代佛教学者对历史音韵学的奠基性贡献。3世纪初出现的使用两个汉字来为一个汉字注音的反切注音法，是不是佛门高人的发明仍是一个疑问，但梵文的影响在唐末比丘守温的字母系统中非常明显。该字母系统自9世纪中叶以来一直在汉语字母系统中占有主要地位，中国音韵学研究领域的学人都不能忽视。中国思想史领域的学人也不能忽视佛教文献对中国哲学的影响。起源于印度的形而上学和认识论不断地渗透到中国知识分子的学术思辨中已达千年之久，即使是伟大的朱熹（1130—1200）也无意识地在他的正统新儒学思想中留下了一些佛教影响的痕迹，这些痕迹若能为他所意识到，就会被他删除。另一些具有重要历史意义的例子表明，儒家和佛教对于对方虔诚笃学的有意识地模仿。北平西南的石经山的洞穴中成千上万的石板石刻，代表佛教对正统儒家实践的仿效。官修儒家经典始于175年[1]，旨在建立经典标杆，以维护文本的纯正规范。另外，从10世纪上半叶开始，儒家经典雕版印刷的风尚，可能是循着佛教徒传播经文树立的榜样，因为最早的雕版印刷佛经，是藏于大英博物馆中的《金刚般若波罗密经》，为 Vajrachedikā Prajñāpāramitā 之中文译本，印刷于868年。当然，正是由于中国中文版 Tripitaka——《大藏经》和《续藏经》的鸿篇巨制，启发儒家学者编纂了若干经解丛书，其中第一部经解丛书出现于17世纪末。[2]

佛教起源于国外，但在中国已高度本土化并受到尊重。由此可以理

---

[1] 熹平石经。全文脚注皆为译者注，以下不再单独注明。——译者注
[2] 1691年《通志堂经解》，纳兰性德著。

解，为何伟大的利玛窦（Matteo Ricci，1552—1610）1583年踏入广东首府[1]时，要将自己伪装成一名佛教僧人。但他来华的实际意图是说服儒家学者皈依基督教。1610年利玛窦在北京去世时，基督信徒中已有一些最杰出的儒家士大夫，耶稣会传教士则通常被称为"泰西儒士"。在艺术领域，尽管耶稣会传教士引入了一些欧洲的宗教图像，其中一些传教士还在清廷担任画师和建筑师，可他们对中国艺术家的影响力微不足道。但在科学领域，他们教授的数学、天文学、地理学和力学，对于中国许多文人学士来说，无论他们是不是基督徒，都有巨大的影响。提倡实用生活而非玄思的哲学家在其著作中表达了对机械发明的欣赏，尤其是那些有益于灌溉和农业改良的发明。最优秀的研究者都应用了新的数学和天文学方法重新研究古代典籍中的历法。世界地图和外国地理学说得到广泛赞赏，并在一定程度上拓展了中国学术的精神视野。甚至传教士利用拉丁字母记录中文词汇的工作，尤其如金尼阁（Nicolas Trigault，1577—1628）所著的《西儒耳目资》（1626），最近被中国音韵学家认为其为汉语音韵学研究做出了重要贡献。

来华耶稣会传教历史上最美好的特质即是传教士与中国基督徒学者之间的友好氛围——充满相互尊重和信任。这几乎是利玛窦的《交友论》（1595）的生动体现。《交友论》是一部广为流传的主要以西塞罗（Cicero）的《论友谊》（*De Amicitia*）一书为基础的论著，书中随处可见基督教注释和儒学术语。这几乎是东西方之间最优秀的精神和道德遗产至诚和解的预言。这个和解的预言不仅通过利玛窦研究和欣赏儒家经典的事迹得到证实，而且传教士亦可在自己的文化中找到支持和认可，尤其是耶稣会先知和神学家中有伟大如红衣主教让·德·卢戈（Cardinal Jean de Lugo，1585—1660）者，他就会很容易地意识到上帝在基督教以外的宗教和哲学中的启示。极为遗憾的是，其他教会的传教士，主要是西班牙的多明我会传教士，在某些儒家礼仪和术语问题上责难耶稣

---

[1] 肇庆。

会，引起了长期屈折的礼仪之争，梵蒂冈和清廷都偏执一词卷入争议，导致在中国已有超过一个半世纪历史的、大有发展前景的传教事业无法继续。

与佛教和耶稣会相比，新教在中国既缺乏佛教那样经历几个世纪逐渐同化和发展的历史，也没有耶稣会传教团那样的取得快速而巨大成功的祥瑞开端。当新教传教士在19世纪初期到达中国的南部边境时，清廷及士大夫阶层已经对他们产生了偏见。由于他们最初接触的通常是几乎未受任何教育的民众，难怪即使是传教士中一些最优秀的人也倾向于把中国看作一个由无知、愚昧、有罪的人组成的国家，他们有肮脏的身体、粗俗的语言和卑鄙的本性。当他们逐步获得法律许可得以在中国居住、工作、购置财产以及建造教堂、医院和学校时，他们仍然被清廷普遍视为商业扩张的先锋队和帝国主义的间谍。在鸦片战争中中国战败后，清廷是被迫将上述权利纳入条约。

在这种充斥着错误判断和怀疑的不幸气氛中，如果新教对中国生活和思想的影响甚至不及在古代和中世纪的影响都很小的琐罗亚斯德教、摩尼教、雅各布派教、内斯特罗教、穆罕默德教、犹太教和方济各会，也是不足为奇的。但令人惊讶的是，在不到一个半世纪的时间内，虽然遇到了许多困难和敌意，在华新教传教士和教徒人数却迅速增长，并对政治、社会及知识生活做出巨大的贡献。这使古代佛教徒和17世纪的耶稣会传教士感到惊奇和艳羡。

新教在华统计数据的增长可以用传教士和教徒数量为例说明。从1807年至1925年，新教传教士的数量从一增加到八千多。从1807年至1935年，新教教徒从零增加到超过五十万。这些数字很重要，但仍不足以反映新教带给中国人的超越其原有生活环境以外的深远及重要的影响。新教传教士全身心地与所在地区的中国人一起发起、鼓励或参与慈善服务和社会改革，例如饥荒救济、战争救济、麻风病人治疗、盲人救助、反对缠足、反对娶妾、讲卫生、扫盲等。而在教育中他们的影响是最为显著的。研究中国现代教育史的学人不能不承认以下这些传教士的贡献：丁韪良（William A.P. Martin，1827—1916）、林乐知（Young J. Allen，1836—1907）、傅兰雅（John Fryer，1837—1928）和李提太摩（Timothy Richard，1845—1919）。他们使中国官僚中开明的政治家了解了调整历史悠久的文学课程的迫切需要，开设新学校教授外语和技术，以更好地满足战争和外交等紧急情况对于人才的需要。

在20世纪的头十年，日本模式的教育为越来越多的中国学校所仿效，传教士对中国的教育改革的启发和参与度下降，教会学校为求发展，越来越多地将重点放在高等院校教育上。这些大都源自美国的教会院校，留美归国学生人数不断增长。将在随后数十年中，与不断增加的归国学生一起，大大影响政府支持下的大学的行政和课程结构。

在本文的其他地方，可以看到新教院校对妇女领导地位的提升，以及对医学、外交、法律、新闻、农业、林业、工程等现代职业和技术发展的杰出贡献。但是，他们在中国人文艺术领域的成就相对较弱。

造成这种弱势的原因有三。第一，教会院校认为，传教事业的主要目的是传福音，而不是教育。即使有必要为基督教社区的年轻人提供某种高等教育，在保持宗教虔诚的同时接受非宗教的训练，也没必要让学生浸润于中国人文和艺术遗产研究，当时许多中国教育工作者也认为此非急需，大多数传教士则认为这是异教的。当讨论中国研究人员和设备的问题时，解决方案往往是节约而不是改善。因此，尽管英语系通常是美国或英国学院中最重要的系，而中文系通常在中国的教会院校中最不重要。

第二，中国学生自愿来或分派至教会院校是为了学习英语、西方人文、科学和技术，而不是中国人文与艺术。由于无需求，为何要改善呢？在一些教会院校中，曾有段时间中国学生之间也用英语对话或写信，许多人穿西方服装，有些人使用进口化妆品。1912年民国成立后，民族主义思潮在中国教育界迅速涌现，反对教会教育的突出指控是，它在一定程度上使中国学生失去中国特质，以致他们几乎成了外国人。一位中国著名教育家指控说："我认为教会学校的产品不可能为爱国而牺牲自己的生命"——这种说法是不公正的。驳斥此种指控可援引1948年国民政府教育部编撰的《第二次中国教育年鉴》中的记载：抗日战争中，一位教会学校毕业生名列"殉难人士名单"之首[①]。除此之外，教育部长范源濂（1874—1934）慨叹，教会学校的学生对中国历史无知且无法写好中文，确实不幸言中。一般说来，若是一位教会院校毕业生在中国文学领域有相当的知识和技能，也很可能不是从教会院校教育中获得的。

第三，那时的中国语言和文学老师大多是既无善于启发的个性以吸引学生，也不具备使教学变得有趣的教育学技能。即使他们自己通过了传统的县、省或国家级科举考试，他们的知识内容也早已过时。他们从事这个最没有吸引力的职业聊以度日，在午后最困倦的时光，在光线或通风最差的教室里为那些不专心的年轻人讲课。他们是学院中最不受尊敬的成员，学生在私下通常以最无礼的绰号来称呼他们。在这些教员中，也常会有思想活跃的人尝试新的研究方法和教学方法。而这些思想活跃者常常会关注其他机构中的新职位，在这些机构中，他们的努力可以得到学校行政和学生些许关注。直到1926年，在第二届中国基督教高等院校两年一次的会议上，刘廷芳（Liu Ting-fang，1891—1947）在发表的大会主席演讲中呼吁彻底改革中文系并全面加强中国文化教学，大会的中国研究分会报告了决议："我们建议中文系主任和教授应具有与其他系的系主任和讲师相同的地位。"

彻底的改革确实即将发生。有几种机缘促使上述情况之改善。在1910年的爱丁堡世界宣教大会上，与会者认识到，在非基督教土地上的传教事业应包括"恢复和重建国家道德和精神生活基础的建设性工作"。越来越多的传教士以及受过更好教育的传教士来到中国，决心比上个世纪的前辈们更好地了解和欣赏中国文化。1915年以国立北京大学为中心兴起了中国教育者与学生参与的新文化运动，它呼吁在民主精

[①] 陆浩琛，毕业于圣约翰大学。

神的照耀下，应用科学方法重新研究和评估中国的知识和艺术遗产，得到了全国范围的响应，激起对于传统文化批判和创新的浪潮，其中的参与者也包括教会院校的青年。在随后的十年开始之际，新教界开始倾听基督教本土化，尤其是基督教领导层本土化的呼声。当非宗教运动、非基督教运动，以及收回教育权运动兴起，并在国共合作的大革命期间（1924—1927）达到高峰时，教会学校要想持续发展显然必须在政府注册并符合某些条件：学校行政负责人或校长之一应该是中国人，宗教崇拜和指导应该是自愿的，而不是强制性的。在接下来的数年中，几乎所有正在运营的学校都在南京的国民政府教育部注册了。如果不考虑财务控制权，就学术管理方面的领导权而言，那些由中国基督徒学者而不是传教士主导的大学才是真正的中国基督教大学。

中国校长和院长当然想改造中国研究机构。新人员和新设备自然需要新的财务支出。如果像往常一样依靠美国的大学董事会，那将是一个不可能完成的任务。由于此段时期可怕的经济萧条，他们不得不敦促裁员，扩张不成反收缩许多！然而，奇迹出现了。1928 年基督徒纪念日①，哈佛燕京学社从查尔斯·马丁·霍尔（1863—1914，美国铝工业的创始人）的遗产中获得了约一千四百万美元以援助亚洲国家的教育，学社 4 月刚刚在马萨诸塞州成立。该学社受托人决定将捐赠的收入专门用于两个研究生中心以促进中国研究，其一是在哈佛大学组建了中国和日本研究特别项目，其二是燕京大学的中国研究项目，得益于霍尔地产（Hall Estate）的捐款，该项目已在三年前投入运营；霍尔遗产捐款另用来设置六个中国研究本科中心，分别设在福建基督教大学、岭南大学、山东基督教大学、金陵大学、华西协和大学和燕京大学。

可支配经费中最令人喜悦的用途是用来扩大高校图书馆中文收藏的规模，师生们都为它的发展而高兴。燕京大学图书馆的藏书几乎是从零开始的，在学校临时校址盔甲厂的几年里，仅缓慢地、少量地增加了

---

① 圣诞节。

几千册。1926年，迁入新校园后，新图书馆大楼的馆藏开始迅速增长。统计数据说明，到1934年，燕京大学图书馆已是全国四大大学图书馆之一（国立清华大学：总藏书272508册，中日藏书201940册；燕京大学：总藏书257155册，中日藏书220411册；国立中山大学：总藏书253959册，中日藏书228021册；国立北京大学：总藏书195374册）。之后燕京大学图书馆不断发展，而且在1942—1945年日军占领燕京大学校园期间，几乎没有遭受损失，这使得它轻易地成为中国最好的大学图书馆。除了书刊外，书库里存放着明代和明代以前的织锦函套保护的精美的经卷，以及大量的稿本。有一些比较重要的稿本研究已经发表，例如1931年出版的《知非集》（清崔述撰，1740—1816）；1936年出版的清浦起龙（1679—1762）撰文集之一《不是集》；明张萱（1558—1641）（1627年抄本）1632年辑《西园闻见录》一百零六卷[①]，1940年编为四十卷出版。自1931年起，图书馆每两周出版一期《燕京大学图书馆报》，其中刊载了许多有目录学价值的论文。

　　其他基督教会院校的图书馆虽不及燕京大学图书馆，但在馆藏规模和服务质量上，它们往往比其周边的政府机构[②]要完善。就图书馆服务而言，应特别提到武昌文华公书林，以及曾与武昌华中大学相关的文华图书馆学专科学校，特别是其创始人韦棣华（Mary Elizabeth Wood，1862—1931）。历史上很少有女性能像韦棣华一样对教育做出如此大的贡献。1923年，韦小姐访谈了美国国会的每一位议员，敦促将庚子赔款全部退还中国。利用第二次退还的庚子赔款建立了中华教育文化基金会，以及其他几个国家在一定程度上仿效美国退回的赔款，资助了许多研究项目、出版物、研究基金和国际文化企业。韦小姐于1920年创办的文华图专，从1924年起，每年都得到中华基金会的资助。该校毕业生就业于全国各地公共和机构的图书馆，成为图书馆事业的核心，使得

---

① 实出一百零七卷。

② 应指国立大学。

世界上领先的美国图书馆学技能和精神在中国广受欢迎。中国的学者和藏书爱好者，和世界其他地方的相同人群一样，经常想把自己的藏书交给那些有优秀图书馆员的图书馆。值得一提的，陈宝琛（1848—1935）藏书交由福建协和大学图书馆，其中《福建人集部著述解题》目录提要发表在《协大学术》1935年3期，章钰（1865—1937）藏书，交由燕京大学图书馆，1938年图书馆出版了《章氏四当斋藏书目》5卷。①

大学中国人文和艺术学习与研究的训练，需要具有可用性的图书馆资源，需要教师的启发和指导，需要学生自己的洞察力和勤奋。甚至即使有资金，最大的困难仍是没有足够的适合的教师。仅有几个精通历史、哲学或文学的信奉基督教的中国教师是远远不够的。必须采取灵活的措施解决问题。国立大学的一些最著名的教授和毕业生，如果他们不敌视基督教的理想，就可邀请其兼职或全职教学，并享有最好的待遇和设施。学生选择中文文献学、文学、哲学、历史、宗教、艺术或考古学作为主要的研究领域时，若符合条件，将获得研究基金以鼓励他们在研究生阶段继续学习。根据政府规定，在研究生在校学习至少两年后，提交一篇合格的论文，并通过委员会的笔试和口试，委员会必须包括来自其他大学的教授，即可向教育部推荐其获得文学硕士学位。以往20多年来毕业的硕士中，已有多人在基督教会院校担任教师。由于政府曾考虑但从未颁布文学博士学位条例，教会学校认为应该挑选一些有前途的学士和硕士到英国、法国、美国去——特别是到哈佛大学去攻读博士学位，希望将所学习领域最先进的技术带回中国。已有十几个博士学成回国，任教于基督教会学校，并取得了值得称赞的成功，如假以时日，这个数量可以成倍增长。

出版物是鼓励教师、学生和研究生学习和研究的另一种形式，大约在19、20世纪之交，在沙畹（Edouard Chavannes，1865—1918）及其弟子的领导下，汉学已经成为一门国际参与的具有科学方法的学科。

---

① 应为三卷。

在中国，能与《通报》（创刊于1890年；第二卷始于1900年）、《柏林大学东方语言研究所学报》（1898年创刊）、《法国远东学报》（1900）、日本《支那学》（1920）等刊物比肩的是1923年新文化运动领袖在国立北京大学创办的《国学季刊》。1924年和1927年，清华大学紧随其后，先后出版了《清华学报》和《国学论丛》。在教会院校中，燕京大学在1927年率先创办了《燕京学报》，其他教会院校紧随其后也出版了《岭南学报》（岭南大学，1929）、《史学年报》（燕京大学，1929）、《金陵学报》（南京大学，1931）、《福建文化》（福建协和大学，1931）、《齐大季刊》（齐鲁大学，1932）、《之江学报》（之江大学，1932）、《文学年报》（燕京大学，1932）、《华西学报》（华西协和大学，1933）、《协大艺文》（福建协和大学，1935）等类似刊物。在战争和逃难的年代里，大多数国立和其他私立大学的期刊被迫中断。但在成都，教会大学却出版了《责善半月刊》（齐鲁大学，1940）、《中国文化研究所集刊》（华西协和大学，1940）、《斯文》（金陵大学，1940），以及《中国文化研究所汇刊》（金陵大学、齐鲁大学和华西大学联合出版，1941；燕京大学于1944年加入）等刊物。这些战时出版物大多以极差的纸张油墨印刷，日本投降后，教会院校回迁（1945—1946）后，这些出版物大都停止发行，准备恢复出版以前的期刊。1949年，《福建文化》和《协大艺文》合并为《协大学报》。

在这些期刊上发表的数百篇文章中，有许多是从作业论文和毕业论文中产生的。篇幅长的论文通常作为论文抽印本出版。文章以文言或白话文写成。也有一些论文以英语、法语或德语写成，多为外国学者所供稿。美国对于汉学兴趣越来越大，特别是自美国学术团体理事会1931年和1935年分别出版《美国中国研究进展》和《中国及相关文明研究》以来，以及哈佛大学1936年创办《哈佛亚洲研究杂志》和"哈佛燕京学社研究专著系列丛书"以来更是如此，这些刊物发表的中文论文常有英文摘要。第二次世界大战爆发前不久，燕京大学不定期邀请北平的外国汉学学者开会，会上常分享关于中国研究的具体课题的英文论文。其中已有 6 篇论文发表。

汉学研究论文的质量参差不齐，国内的都是如此。最好的和最糟糕的都有。有两个方面的缺陷可以弥补：一个涉及一手资料源的广博程度，另一个涉及论文陈述的形式。就一手资料源而言，现代学者比前人有优势，更容易获取图书馆资料，可以利用的研究工具诸如书目和索引等数量更多、质量更好。就书目和索引而言，上品中不少由基督教大学编撰：孙海波的《甲骨文编》（甲骨文索引）（燕京大学，1934，五卷），福开森（John Calvin Ferguson，1866—1945）的《历代著录画目》（金陵大学，1934，六卷），邓嗣禹和毕乃德的《中国参考书目解题》（燕京学报，专著12，1936；修订版，哈佛大学出版社，1950），陈德芸的《古今人物别名索引》（岭南大学，1937），特别是《引得》（《哈佛燕京学社汉学引得》，燕京大学，1931—1950，六十四种七十七册）尤其出色。就二手资料源而言，中国学者往往对外国汉学家的论据和结论不甚了解，以下参考工具书的出版标志着这一情形已大为改进：贝德士（M. Searle Bates）双语版的《西文东方学报论文举要》（金陵大学，1933）、于式玉的《日本期刊三十八种中东方学论文篇目附引得》（《引得》特刊之六，1933）、于式玉与刘选民的《一百七十五种日本期刊中东方学论文篇目附引得》（《引得》特刊之十三，1940）。在论文的表述形式上，中国的研究论文作者，特别是年高学者，往往对标点、文稿、书目注释等方面的特殊性不大了解，但自《研究论文格式举要》（燕京大学研究院，1939）出版以来，论文形式方面的问题得到了明显的改进。

如果统计所有中国研究出版物中或有助于拓展知识边界或修正以往学者的结论的那些出版物，教会院校所占的份额是相当大的。虽然这些高校数量只占全国高校总数的十分之一，但它们的贡献却占了一半以上。再也不能指责教会教育忽视中国文化了。新教界对中国文化的新关注，不仅消除了早期非基督教知识阶层对其的轻蔑，而且也增进了传教士与进入教会事业领导层的中国知识分子之间令人欣慰的同道情谊。早在耶稣会来华时期就呈现的美好的精神和知识友谊，也在新教在华传播时代即将结束时显现出来。《普天颂赞》（基督教文学会，1936）是中国人和传教士之间友谊的产物，他们以源自东西方的音乐和诗歌进行宗教礼拜，既优美又和谐。

但是，即使是《普天颂赞》也须待变幻莫测的历史的检验，才能与古老的佛教诵经比肩。同样，基督教中国作家笔下的几卷近期诗歌、戏剧和小说也有待时间的筛选。可以肯定的是，像福音、洗礼和十字架这样的术语如今在非基督教文学中经常出现。但在数量和频率上，它们很难与中国佛教的表达相比较。艺术创作中也是如此。南京圣卢克画室（St. Luke's Studio，成立于1926年，1936年成为教会艺术学会）所创作的《圣经》题材的中国画，同北平天主教大学（辅仁大学）的作品一样，并没有超过17世纪和18世纪耶稣会的作品，它们对当代中国艺术家的影响可忽略不计。建筑业表现稍好。北京协和医学院、金陵大学、燕京大学的校园建筑设计成功引入了中国宫廷建筑的风格，亦成为南京、上海的政府建筑中的风尚。这些建筑主要采用混凝土结构取代了木石结构。创新主要体现在工程技术方面，艺术风格方面以仿古为主。

新教没有像佛教那样对中国的艺术和文学创作做出巨大的贡献并不是一个严重的失败。悲剧的失败在于，新教没有按照爱丁堡会议的指示，完成恢复和重建中国国民生活的道德和精神基础的使命。由新式教育激发的中国思想中，科学和民族主义唯物论相混淆，民主和无神论相纠结。这样的思想，以及科学和民主，只能通过宗教来拯救。但是，宗教团体是分裂的，宗教对新式教育的影响，即使在教会大学，也很微弱。1937年，代表13所基督教院校的中华基督教高等教育联合会委员会成立了宗教研究所。战争和迁徙推迟了成员的第一次会议，直到1943年夏天方在四川举行。会议上，由一名佛教方丈、一名天主教主教、一名卫理公会主教和一名伊斯兰教的教长组成的理事会成立了一个全中国宗教协会。《金陵神学志》（24.1，1948年10月）发表了两篇长篇论文：一篇讨论妨碍基督教各教派有效团结的问题，另一篇则表示迫切需要有组织地研究东方宗教。有宗教思想的领导人试图通过宗教所做的事情太少了,且太晚了。

洪业 1954 年 4 月 27 日

(张红扬　北京大学图书馆、北京大学亚洲史地文献研究中心)

马伯乐《书经中的神话传说》节译[*]

[法]马伯乐（Henri Maspero） 著

刘国敏 卢梦雅 译

译者按：法国著名的汉学家马伯乐（Henri Maspero，1883—1945）发表于1924年的《亚洲研究》（*Journal Asiatique*）的《〈书经〉中的神话传说》在我国史学界备受瞩目。该文长达上百页，分三个部分阐释了《书经》中的神话传说：一是羲与和的传说，二是洪水的传说，三是重黎绝地通天。1939年，商务印书馆曾出版了留法学者冯沅君的译文，并由顾颉刚作序，陆侃如撰《马伯乐先生传》冠篇。该文被介绍到中国后，给中国现代民间文学运动和神话学研究带来了深刻的影响。郑师许高度评价道："马伯乐为法兰西汉学的巨子，以第一流的坚实学者而又有伟大的贡献。今舍别的不说，单举起最显著的，即《表现于书经中的神话的传说》一书，这是一本指示研究我国传说的方针的书，为这学的研究者所永不能忘记的。"[②] 本译文节选自文章的第一部分"羲与和的传

---

[*] 原文载于 *Journal Asiatique*, 1924, Paris: Imprimerie nationale, Librairie orientaliste Paul Geuthner, pp. 1-100。该译文为2017年重庆市社会科学规划项目（2017QNWX32）、教育部人文社科青年项目"近代法国汉学的中国民间文学研究（1890—1928）"（18YJCZH115）、山东大学人文社科青年团队项目（IFYT18013）的阶段性成果。

② 郑师许：《中国民俗学发达史》，《民俗》1943年第1、2期合刊，第55页。

说"。在这部分中，作者由《尚书·尧典》开头描写的羲和受命为起点，援引了大量文献以探讨羲和形象以及整理与之相关的太阳传说，并与越南等地区的太阳传说进行比较，阐述了中国古人对于世界的形式与构成的看法。作者最后的结论是，这些描写只是古人对世界幼稚的想象，而中国历代经学家却将这段神话传说附会为君王授命臣子于四时奔赴四方测日，以此论证他所认为的中国学者共有的一个错误即过于"欧赫迈罗斯主义"——历史神话化。

《〈书经〉中的神话传说》始终以比较神话学的视角分析中国的先秦文学，是西方汉学在中国上古史和神话学方面的代表作之一。早期法国汉学家把古史传说从华夏古典文献中梳理出来，将其纳入西方的学科体系和叙述方略，以西方神话学的理论和范式进行历史考据或者民族文化传承的研究。了解这些成果，一方面能够帮助我们了解法国汉学是如何影响西方人对中国思想文化的认识；另一方面鉴于当下我国民俗学和神话学研究仍经常援引此文，可见此文对当代中国上古史和神话研究具有重要的方法论意义，值得重新译出。

中国学者历来只用一种方法阐释中国的神话故事，那便是欧赫迈罗斯主义。他们以挖掘史实为由，排除了看起来不真实的神异因素，只留下平淡乏味的残渣——诸神与英雄化为神圣的帝王与贤臣、妖怪化为叛逆的王侯或奸臣。根据各种形而上的理论尤其是"五行说"，强行以编年顺序连接起来构成了所谓的中国起源史。事实上，这些记载仅有历史之名，实为传说——或源于神话，或来自王公贵族的宗庙，或源于当地的宗教场所，有些传说部分出自文人们为阐释某种礼仪的记载，也有些简单的故事取自民间传说。所有这些充斥于中国历史开端的幽灵都应该消失，我们应力求在伪史的叙事中重新寻找神话内容或民间故事，而不是执着于在传说的外壳下寻找并不存在的历史。①《书经》中充满了一度被历史性阐释的纯粹的神话传说，即使不能很容易地辨认出所有，但是记载于其他文献中的一些已为人所知的故事还是很容易被识别出来。本文将研究其中具有显著特征的若干传说故事②。

---

① 最近，德国汉学家魏德迈（A. Wedemeyer）曾就"尧、舜、禹"的研究做了大量的工作，他将其视为"确定的历史人物"；为了避免尧的120岁，舜的103岁和禹的百岁（这些他也认为有一些不可靠），他严肃讨论了年表的更正，详细研究了负责治理大洪水的官吏的职能，舜时的陶器市场，等等。参见《古代中国史的现场和过程》（A.Wedemeyer, «Schauplätze und Vorgänge der altchinesischen Geschichte», Asia Major, Introductory volume（Hirth Anniversary volume）, 1923, p. 463 et suiv）。
② 我并不想建立一个完备的参考书目，但是我认为至少对最常被引用的著作而言，在此汇集参考文献所引用版本的目录索引是合适的。以下书目中的每本书只载一个版本，即我所参考的版本；但《山海经》例外，因为这是中国古代文学作品中最不能确定和错误最多的书，在引用此书的其中一些段落时，我不断引用一系列不同的版本：

　　邢让：《山海经》《四部丛刊》，1468。
　　吴任臣：《山海经广注》，1666。
　　杨慎：《山海经补注》，在李调元《函海》中，1753。
　　毕沅：《山海经新校正》（1781），在《经训堂丛书》中，1887。
　　郝懿行：《山海经订伪》（1804），1891年石印本。
　　郝懿行：《山海经笺注》，版本同上。
　　孙星衍：《尸子》，平津馆丛书，1799。
　　《淮南子》，汉魏丛书，1875年石印本，上海。
　　《归藏》，玉函山房辑佚书。
　　《国语》，四部丛刊李泽远堂本，1528。
　　《列子》，戴遂良（Léon Wieger）法译本，《道教的天师》（Les Pères du système Taoïsme），第二卷。
　　《吕氏春秋》，四部丛刊明宋邦乂本。
　　《穆天子传》，平津馆丛书。
　　《大戴礼记》，四部丛刊嘉趣堂本，1533。
　　《太平御览》，上海积山书局，1894。
　　《周礼》，四部丛刊仿宋本。
　　洪兴祖：《楚辞补注》，惜阴轩丛书。
　　《文选》，胡克家1809年翻刻1181年本，上海洪文书局1912年重印本。
　　经书，参照理雅各《中国经典》（Chinese Classics）；《二十四史》，上海通行本。

在《书经》第一章"尧典"开头，紧承对尧帝的赞颂，有一长段叙述了尧帝授予羲与和职务。很久以来，人们就注意到此处有两种叙述手段不同的文字混杂在一起：一个是在每次授命的末句，似乎是指明四季特征的历法片段，此处暂且不论，因其隶属于古代中国天文学史研究[1]；我将在此研究的是另外一种，即每次授命的开端，由以下四句组成[2]：

---

[1] 原文及中国古代的天文学一般参看德莎素（De Saussure）《尧典中的天文学》（"Le texte astronomique du Yao tien"）(《通报》，第二辑第八卷第三期，1907年7月，第301页及以下）以及该作者关于《中国天文学的起源》的一系列文章，自1909年起发表于同一刊物（《通报》）。

[2] 我所引用的《尧典》原文不是近代的版本，因为近代版本中采用了3世纪时伪托孔安国之名的伪书（理雅各译本第一卷第18—20页，顾赛芬译本第3—6页）；此外，我也不愿用司马迁的引文（《史记》第一卷第5页上至6页上，沙畹译本第一卷第44—48页），因为，他总是习惯以注代替原文，我还是更喜欢用汉代的今文《尚书》，像人们根据引文而恢复原文一样。然而不管是何文本，意思却没有太大差别（将我的翻译与理雅各和顾赛芬的译文相比较就能很容易地判断出来）。因为从一开始，汉代的今文本和古文本（我说是两种，因为我相信所有的文本最终都来自唯一的古代手稿，即真正的孔安国所读的文本）就相互影响（我们不得不承认尽管司马迁大体上用的是今文本，但同时也引用了古文本），使得辑佚的工作变得更加困难：汉代的编者和传抄者似乎不断在文中插入他们抄自别人的注解。可以特别参阅段玉裁《古文尚书撰异》和陈乔枞《今文尚书经说考》（《皇清经解续编》）。不管恢复汉代的文本有多难，不管选择哪一个，局限于当前的文本都没有任何好处：它完全不能保证已经建立完善，而且某些情况下提供的是我们确定为错误的字词，或是在文中引入注解（如"宅"代替"度"，"讹"代替"伪"），有时或是依成见而选用错误的字词，但这些无疑大多要归咎于作伪者，他们所依据的手稿或多或少都是错误的。

分命羲仲，度①禺②銕③，曰暘④谷，寅宾出日，辩秩⑤东作。申命羲叔，度南交⑥，辨秩南為⑦。

---

① 今文本与古文本中都是"度"，伪书中则改为"宅"。此字在四个句子中都有。我们知道，司马迁引用原文比较随意，他便多处用注释"居"代替。孔颖达似乎是用"宅"字注夏侯氏（今文经），但事实上这一段被引用的是"夷"的异体字，而"宅"则无关紧要，是孔颖达自己所引的书中的。

② 《史记》中是"禺"字，见《经典释文》第三卷（《尚书音义》卷一），今本第一卷第5页上写作"郁"显然是错误的；《尚书考灵耀》亦作"禺"，见《经典释文》第三卷第3页上。马融写作"嵎"，同夏侯一样，根据《尚书正义》第一卷第2页下和《说文》"嵎：嵎銕崵谷也"（"銕"字证明所用的是今文本）。人们在这二字间游移不定，然而我认为"嵎"字是受《禹贡》的影响，《禹贡》中有此字。古文本写作"堣"。译者按：注释中涉及古代异体字的辨析的相关内容，译文中皆用繁体，其余部分则用简体，便于阅读。

③ 《史记》第一卷第5页上，《尚书考灵耀》《说文》，夏侯（见《尚书正义》第二卷）写作"鐵"，这只是"銕"的异体字。古文本写作"夷"，"銕"字同时还有东方野蛮人之意。

④ 《史记》第一卷第5页上（索隐标明是"湯"的异文）；《说文》"暘：暘谷日出也。虞书曰。曰暘谷"。一些抄本中写作异体字"崵"：《说文》"崵：崵谷嵎銕也"。段玉裁（前书第一卷第14页上及下）曾试图指明古文本写作"暘"，今文本写作"崵"；但是，虽然《说文》第二段引文确定是今文（"銕"字可作证明），但第一段引文却没有提供任何特征（可作证明）。段玉裁的理由似乎是：既然一种是今文，另一种不同的则只能是古文；但是每一文本都有大量的异体字，且没有任何证据证明许慎编写字典（《说文》）时没有同时收录几种写法。《史记》可证明"暘"是今文（同时也可证明"銕"是今文）。

⑤ 《尚书大传》第一卷第2页上；《周礼》第六卷页下，郑玄注；《史记》第一卷上作"便程东作"，尽管评论家将前两个字视为注释，而且这两个字也确实可能是给出了意义，但是在我看来，我更倾向于这是"使（辨的注释）秩"的误写。古文经中写作"平"而非"辨"，马融写作"苹"，但是郑玄却更赞同今文经而写作"辨"。陈乔枞指出"平""苹""伻""抨""进""辨""辯""俾"这些字在汉代的文本和注释中是不加区别地乱用的，它们都可以作"使"的注释（前书第一卷第27页下至28页上）。"秩"在古文经中写作"豑"，参看说文"豑"字。每一句话的最后四个字是从《周礼》来的。

⑥ 郑玄认为此处缺三个字，疑为"曰、明、都"，与北方的"幽都"相对。认为此处缺三个字，是由其他相对称的句子来确定的，不过这阙文是很久之前的，因为在今文本和古文本中都存在这种阙文。郑玄这种纯粹的想象而致力于去补足这三个字，其实并无多大意义。

⑦ 人们就用"為"（《史记》第一卷下"索隐"）还是"譌"（《尚书大传》第一卷上，《史记》第一卷下）字犹豫不决。古文本中写作"偽"，官方今文本中写作"訛"字是作伪者修正的。这三个字"为、譌、偽"都是同样的意思（"訛"字也一样），都是"譌"的意思，即"改变"。

分命和仲，度西曰柳穀①，寅餞②入日③，辨秩西成④。
申命和叔，度朔⑤方曰幽都，辨在朔易⑥。

如此一段文字不免为我们带来一系列的困惑：这些是什么人物？他们被派遣到怎样的地方？他们被委任了什么工作？

让我们来分析这些人物。在《尧典》的作者看来，很显然羲、和是尧帝任命的官员。但是《书经》是将他们描写成这一形象的唯一文献（以及根据《书经》写成的史书），在其他记载中，这两个名字不是指

---

① 郑玄注《周礼》第二卷第35页上引"穀"之前的九个字；《史记》第一卷第5页下写作"西土"，这个"土"字是司马迁加上的注释，此外，今文本中写作"昧谷"，"谷"字应该是解释，但是"昧"字是由于受到通行本《书经》的影响，因为索隐中标出是"柳"的异体。3世纪的作者虞翻在一篇奏疏中说原本写作"夘"（卯），伏生正确地将其读成且释作"栁"（柳）（这是汉代的写法，参看《淮南子》第三卷第7页下"细柳"），而郑玄读成"未"，释作"昧"则是不准确的（吴志：《三国志》，第十二卷，第3页上）。我们注意到郑玄自己在注《周礼》时却用了"柳"字，可能他注《周礼》在注《尚书》是真的，这也说明了他引《尚书》几乎都是以今文本为根据，然而他注《尚书》却是以古文本为根据的。"穀"字是对同音字"谷"字的误用。

② 《尚书大传》第一卷第2页上引了自"寅"字以下的八个字。段玉裁拟据《史记》第一卷第5页下"敬道日入"四个字将"饯"改为"践"，较之于"饯"字，"践"与"道"的意义更相近一些（前书第一卷第26页上，参阅《今文尚书经说考》第一卷上第34页下）。这种改动在我看来是无益的；最初的原文应该是"戋"字，到了晚周，不同的抄本或释为"饯"，或释为"浅"（古文中写作"淺"），可能还有其他的一些写法；不管怎么写，很明显都是"践"字的意义。

③ 参见《尚书大传》。据《古文尚书》所制的抄本中有时写作"内"，有时写作"纳"。

④ 参见《尚书大传》。

⑤ 今文本写作"朔"字并没有明确的证据，只是《史记》曾有引用，是用来代替"北"字，都是同样的意义，无甚可疑之处。

⑥ 《史记》第一卷第6页上引用了至"都"字以上的十个字（除了以"北"字代替的"朔"字）；后四个字在《尚书大传》（第一卷第2页上）中有引用。《史记》此处换成"便在伏物"，代替"朔易"的字似乎是《尚书大传》的注。参看江声《尚书集注音疏》第一卷中关于此文原文的论述，以及采用江声说法的《古文尚书撰异》第一卷第28页上，反对江声的《今文尚书经说考》卷一第36页上至37页下。不管我们接受对《尚书大传》原文的何种假设，对《尚书》经文是无疑问的。

多个人物，而是一个，即"羲和"；并且这个人物显然具有神话性，是太阳的母亲（不如说是太阳们，因为有十日），她早上给太阳洗澡，每天给太阳驾车。

以下几篇可追溯至公元前 4 世纪至前 3 世纪[①]的文章描绘出了这位神祇的特征。

1.《归藏》[②]："瞻彼上天，一明一晦，有夫羲之子，出于旸谷。"

2.《归藏》[③]："空桑之苍苍，八极之既张，乃有夫羲和（注：是主日月之职），出入以为晦明。"

[①] 近来的书极多：所有的关于《楚辞》《山海经》《淮南子》的注释者，《广雅》的作者等。但是对他们而言只不过是考古而已，对太阳的母亲——羲和女神的信仰早已消逝，因此在最初的几个世纪组建的道家神庙中，羲和并未有一席之地。

[②] 郭璞注《山海经》第十五卷第 71 页下引启蛰编《归藏》。《归藏》今天已全佚，汉代时便已佚一半，此书类似《易经》，是根据卦来占卜的，但是《归藏》的卦是依据另一种顺序来排列的。《归藏》被认为是殷商时期占卜的书，但是不会早于公元前 4 世纪，根据殷商时的传统来判断，该书当是宋国的官方占卜之书，就像周王朝时的《易经》和传说属于夏朝但是可能应该是晋国的《连山》一样（但是最后一本已全佚，留存下来的片段显示唐以前以此书名流传的都是伪书）。《归藏》是郭璞所注，也就是《山海经》的注释者。我翻译为"注视着他们……羲和的儿子们"（Regardez-les...les fils du Hi-ho），因为传说羲和有十个儿子，他们每天相继升上天空。但是也可以译为单数"注视着他……"（regardez-le...）和"羲和的儿子，出入旸谷"（le fils du Hi-ho, qui sort de Yang-kou）。此段跟下一段一样，"夫"字只起着冠词的作用。

[③] 郭璞注《山海经》第十五卷第 71 页下引启蛰编《归藏》，《路史·前纪》："空桑之苍苍。八极之即张。乃有夫羲和（是主日月之职）。出入以为晦明。"此段很明显是五言和六言诗的一节，第一句、第二句和第四句诗有韵（"张"和"明"字在古文中常相叶），此例在《楚辞》中也能找到：《九歌·少司命》（《楚辞》第二卷，第 14 页下）的开头就是这样，四行诗，前三句是五个字，第四句是六个字，韵置于第一句，第二句和第四句中，第三句无韵；这种韵律的用法亦见于《东君》的开头（同上，第 16 页下），韵是"方""桑【驱】""明"（我在此列举这些韵为了准确地说明"明"的叶韵，如同《归藏》段落中所用的一样），也可见于《东皇太一》（同上，第 2 页上），开头一句是五个字，其余是六个字，等等。这也是为什么我认为"是主日月之职"这一句是解释羲和之名的注的原因，在文中不合规则：事实上在韵文中插入这一句，完全打断了韵律，且将不押韵的最后一字放在了必须要押韵的地方。这种不改变原文意义的校勘，对于文本的建立和批评是有益的，并没有改变原文作为神话的价值。

3.《山海经》①:"东南海之外,甘水之间,有羲和之国。有女子名羲和,方日浴于甘渊,羲和者,帝俊之妻,生十日。"

4.《离骚》②:"吾令羲和弭节兮,望崦嵫而勿迫。路漫漫其修远兮,吾将上下而求索。饮余马于咸池兮,总余辔乎扶桑。折若木以拂日兮,聊逍遥以相羊。"

5.《天问》③:"日安不到?烛龙何照?羲和之未扬,若华何光?"

6.《尸子》④:"造历者,羲和之子也。"

---

① 《山海经》第十五卷第71页下。现在的文本(语、词)完全讹用且文意荒谬;参看《山海经新校正》第十五卷第2页下,《山海经笺疏》第十五卷第6页上,《山海经广注》第十五卷第7页下,《密书十八种》第十五卷第4页下,等等。"東南海之外。甘水之間。有羲和之國。有女子名羲和。方日浴于甘淵。羲和者帝俊之妻生十日(杨慎在《山海经补注》第20页上中将"方"后的"日"字删去,为:"方浴于甘淵。")。

《初学记》第五卷和《太平御览》第四卷第7页上,《北堂书钞》第一百六十九卷有一段更好的文字:"東海之外。甘泉之間。有羲和之國。有女子名羲和。為帝俊之妻。是生十日。常浴日於甘泉。"以"泉"代替"淵"字是为了唐高祖李渊的名字;这在唐朝的书中是一贯的替代法,因此在《初学记》中是十分正常的。但是以"泉"代替"水"(甘泉之間),以"常"代替"方",尤其是"日"字的移动和那句"为帝俊之妻,是生十日"是很重要的。洪兴祖的《楚辞补注》第一卷第22页上曾引此段,朱熹《楚辞辩证》第一卷第9页上(古逸丛书本):"東南海外有羲和之國,有女子明曰羲和,是生十日,常浴日于甘淵"(《辩证》作"甘洲",此"洲"字只是印刷错误)。很显然有一类至少是7世纪初的重要的抄本,给出了这种颠倒和异文;但是在现今版本中句子的顺序和"方"的异文在《后汉书》第七十九卷第4页下的注的引文中得以证明。由此可见自7世纪初开始,《山海经》的抄本就已呈现重大的分歧。

我是根据四部丛刊本来翻译的,与《后汉书》的注所引的是绝对相同的,当然,只除了一点,《后汉书》成书于唐朝,始终以"泉"代替"淵"字:"東南海之外。甘水之間。有羲和之國。有女子名羲和。方日浴于甘淵。羲和者帝俊之妻。是生十日。"

这一段中不只是有这一处讹用,在郭璞的注中同样也被篡改,郝懿行曾十分恰到地注意到应在最后一句话加上"日"字:"言生十子。各以日名名之。故言生十日。【日】数十也。"

② 《离骚》(《楚辞》第一卷)第21页下至22页上。我联想到屈原讲述的他的天上之旅,他的灵魂乘着太阳的车子漫游。

③ 《天问》(《楚辞》第三卷)第7页下。

④ 《尸子》第二卷第11页上,孙星衍(1797)平津馆丛书。参阅《太平御览》第十七卷第12页下:"造曆者,羲和之子也。"《艺文类聚》第五卷写作:"造歷數 (转下页)

7.《淮南子》①:"至于悲泉,爰止羲和,爰息六螭。"

因此羲和犹如"司日"②之神,她既是母亲也是御者。太阳或者说她的儿子太阳们,是鲜活的生命,不过是特殊的物种。它们是火③,在它们的居住地周围散发出炽热,可"流金铄石"④;这是几团球形的火,或者更确切地说是莲花状⑤,皮肤透明,它们的母亲每天早上都给它们

(接上页) 著……"《广韵·历》引用作:"羲和造曆。"我们知道《尸子》的今文本是由章宗源根据古书引用的宋末已佚的原本重辑而成的。

① 《淮南子》第三卷第7页下。我是根据《北堂书钞》《初学记》(第一卷第6页上)《太平御览》第三卷第6页下的所引的"爰止羲和,爰息六螭"来翻译的。这些引文清晰地显示出7世纪初的稿本(虞世南编《北堂书钞》正是他在隋炀帝治下半失势之时,他被任命为秘书郎,被拒升迁,也就是在605年至616年间;参阅《新唐书》第一百零二卷第2页下)与唐朝和宋初的文本一样,都用羲和之名。今文本用"其女"两个字代替(参阅《汉魏丛书》第三卷第7页下等),且这些异文至少可追溯至宋时的稿本,因为洪兴祖在《楚辞补注》第二卷第16页下写作:"至於悲泉。爰止其女。爰息其馬"(En arrivant à Pei-ts'iuan, alors s'arrête cette femme, alors sont retenus ses cheveaux);四部丛刊影印南宋钞本(1823)第三卷第9页上也是这样写的。"其女"两个字暗指"羲和",中国的批评家是这样理解的;参阅《楚辞补注》。

《淮南子》是公元前139年(《史记》第一百一十八卷第1页上)刘安第一次入朝时献给汉武帝的(《前汉书》第四十四卷第4页上)。书中有原创但是并不多,大部分是淮南王刘安自164年即位后召集文人门客编纂的古书的摘录及或全或是片段的一些古代的短论,不幸的是并未指出其处。大部分内容是周朝末和秦朝时期的,约为公元前4世纪末或前3世纪时。

② 扬雄在《河东赋》(《前汉书》第八十七卷上第8页下)中也是这样表述的:"羲和司日。"

③ 理雅各译《易经·说卦传》,第432页。"离为火,为日。"同样的,"坎为水,为月"(同上,第431页)。理雅各的翻译总是引入象征和比较的观念,这段文字完全曲解了(附录也全部曲解)。"离为火,为日,为电,(在卦的理论中)为第二个女儿(乾与坤)"(而不是像理雅各所翻的:"它暗示第二个女儿的观念"),"为甲胄,为戈兵",等等。为着一些我们所想不出的理由,中国古人将所有这些他们认为自然中带火性的东西都归在此卦中,如日、电、旱、枯木、龟等。以日为火的信仰在汉朝时依然流行:王充在《论衡》(汉魏丛书本)就多次提到,如第十一卷第31页上,佛尔克(Forke)译本第二卷第267页;他依然明确指出这个"火"与地球上的"火"没有什么区别(第十一卷第31页上,佛尔克译本第二卷第268页)。

④ 《招魂》(《楚辞》第九卷),第2页下。

⑤ 高秀在《淮南子》注(第四卷第3页上)是这样描述的——慎子说:"月如银丸"(外篇,第23页下,四部丛刊万历重印本)。不幸的是这本小册子的这种描述太 (转下页)

沐浴，除去旅行带来的尘土，重放光明①；火团中间住着一只三足乌②，即"踆乌"③；每个太阳都有其踆乌；是踆乌赋予太阳以活力，"善射"的羿射倒了十日中的九日④，射杀的便是这些踆乌。

太阳的母亲和御车者与月亮的母亲和御车者相对应。但月亮的母亲

（接上页）不可靠：不仅仅是这本书已佚，是借助于古代的征引而辑成的，而且可能整篇都是伪造而补全的（比如将四部丛刊本与钱熙祚《守山阁丛书》中的评论比较，只保留了四分之一的真实内容），但是近代批评家认为残留的真实内容还要更少一些，且在我看来也是汉朝或六朝时的伪作。

① 关于日浴，参阅前面第四段（《山海经》）。
② 《山海经》第九卷第47页上："……有大木【扶桑】；九日居下枝，一日居上枝；【其中皆载乌】。"最后一句（中括号内的）在今文本中没有找到，只有："有大木；九日居下枝，一日居上枝。"我根据《楚辞补注》第三卷第10页上的引文及《山海经》中的另一篇（第十四卷第65页下）与此段相似进行补充。但是不幸的是，这一段在各种本子和引文中都已被严重篡改，呈现以下不同的形式，且都不正确：

《楚辞补注》第三卷第10页上引文："皆戴乌。"
1468年本，第十四卷第65页下："皆载于乌。"
吴任臣本，第十四卷第6页下："皆载于乌。"
毕沅本，第十四卷第2页下："皆戴于乌。"
郝懿行本，第十四卷第6页下："皆戴于乌。"

第一种的意思是："他们都戴着这些乌"（ils portent tous des corbeaux）。其余四种的，尽管有异文，意思都是："他们都被乌带着"（ils sont tous portés sur des corbeaux）。因为这里的"载"应理解为"戴"的意思，在周朝末期的文本中经常都是这样用的，参阅《礼记》，顾赛芬译本，第一卷第587页："地载萬物。"但是不管是第一种还是第二种的意思都与民间传统所说的不一致，我们都知道中国人认为乌的存在既不是在"（日）上"，也不是在"（日）下"，而是在"日中"。另外，更严重的是，它们都与郭璞在此处的注中"中有三足乌"不一致。为了使文本与注相一致，最简单的方法就是删去"于"字（像《楚辞补注》所引的一样），同时采用古文本中的"载"字，"皆载乌"（Ils contiennent tous des corbeaux）。鉴于郭璞在注中所给出的解释，他在文本中所做的不会有其他的意思；按照我的观点，一方面将第九卷所缺失的句子完全补上；另一方面，将十四卷中被篡改的地方重新修正。近代的异文我认为应该归咎于传抄者或印刷者努力地想要避免将乌置于日中，尽管有通俗的信仰，但是在他们看来（日中有乌）是不可能的，为了与他们真实的想法一致，便将乌置于日旁。

③ 《淮南子》第七卷，第14页下。此段的注中以反切"才论"来注"踆"字的音。
④ 《天问》（《楚辞》第三卷）第10页上。"羿焉弹日，乌焉解羽。"参阅《庄子》第二卷，戴遂良译本，第222页。

和御车者变为两个人。月亮的御车者（不知道是男神还是女神）叫"望舒①"或"纤阿②"，而月亮的母亲，在世界的西极名曰"常羲"："有女子方浴月，帝俊妻，常羲；生月十有二，此始浴之。"③"常羲"这个名字有多种异文："常义""常仪""尚仪""常宜"④；但是我们很容易能看出这些不同写法之间的联系："尚"不过是"常"的变体，"羲"受"羲和"之名的影响由"义"或"仪"演化而来；这些写法就缩减为两种："常义"和"常宜"，古音都读作 žián-ñiá，这是月神的名字"嫦娥"勉强合理的一个异名，古音读作 žián-ná，但是我们都知道这个名字中的"常"是礼节上的处理：汉朝时，为了避讳孝文帝的名字"恒""亘"及其他派生字，改由"常"及其派生字代替。⑤因此，最终月神以"姮娥"⑥这个名字较为著名。不过关于"姮娥"，有另一个传说直至今天都很流行：人们说，她是善射的后羿的妻子，后羿得了长生不老药，姮娥偷吃之后，害怕丈夫报复，就逃跑升天并藏匿于月中⑦。十二个月亮的

---

① 《离骚》（《楚辞》第一卷，第 23 页上）。
② 司马相如《子虚赋》（参阅《史记》第一百一十七卷第 3 页下，《文选》第七卷第 6 页上）；刘向《九叹》（《楚辞》第十六卷）第 24 页下。
③ 《山海经》第十六卷第 76 页上。
④ 《路史·后纪》第三卷第 9 页上。罗萍在注中引用这个名字的异文之后，认为是士安，也就是皇普谧，写作"常耳"，"耳"字是"宜"的误抄。
⑤ 《前汉书》第二十八卷上第 12 页下。《山海经》有另外一个汉朝时对字的篡改的例子。同样地，篡改的原因在于要避讳当朝皇帝的名字：为了避讳汉孝景帝的名字，夏启的名字一直写作"开"。我们注意到，这两种情况关涉的是汉初的皇帝名字，是在刘向和刘歆发行《山海经》之前，因此他们所出版的原始稿本，自身应该已经带有礼节上的篡改；因此流传至今也不足为奇。"嫦"字不单独存在，在字典中都是作为"姮"的异体字给出的，读作 heng，不过《康熙字典》加了通俗的音 tch'ang "常"。
⑥ 这两种写法（及其他的一切异文）在古书中极其混乱：《归藏》在讲述后羿之妻时所用的名字是"常娥"（《太平御览》第九百八十四卷第 6 页上），《淮南子》和张衡《灵宪》中写作"姮娥"（《太平御览》第四卷第 9 页上），《连山》，冒充夏朝时占卜之书，实际是公元前 4 世纪时的伪作，其中写作"娘娥"，此处的"娘"字是"姮"字的误抄（玉函山房辑佚书，《连山》，第 2 页上）。
⑦ 《归藏》，参阅《文选》第十三卷第 4 页上；《太平御览》第九百八十四卷第 6 页上；《淮南子》第六卷第 14 页下。

母亲的传说很显然是受到十个太阳的母亲的传说的影响，但我不敢妄称这只是种对称的复制，因为有若干个关于月神的传说流传下来不足为奇。

所有这些观念在远东并不是专属于古代中国人，我们今天依然能够在中国南部和印度支那北部的原住民中找到类似的观念。富贵①的白泰人认为，太阳、月亮、星星本身都不是神，它们只是由不同的神灵所管辖的或大或小的金球。太阳和月亮的主子们②都是年轻男女，他们把太阳和月亮像滚球一样滚过天际（就像中国的羲和驾着太阳的车子一样）；统领群星的女子（Òn nan daó）每天早上用一块大的纱巾将星星盖上，晚上又揭开。这些人物是神，而不是太阳、月亮和星星这些无生命的东西③。

羲和遵循着中国人所熟知的固定路线，驾着太阳的车子日日旅行。屈原曾指明路线的起止："出自汤谷，次于蒙汜，自明及晦，所行几里？"④ 这一行程在上文所引的《离骚》那段中讲得很详尽。但是《淮南子》里描述得更详细⑤："日出于旸谷，浴于咸池，拂于扶桑，是谓晨明。登于扶桑，爰始将行，是谓朏明。至于曲阿，是谓朝明……日入崦嵫，经细柳入虞泉之池。"太阳从升到落所经过的这些地方都是在很多传说中人们众所周知的。"扶桑"或"空桑"，有时人们也叫作"榑

---

① 富贵（Phú-qui）是安南（Annam）乂安（Nghê-an）省的官署所在地。我在此以及文中其他段落所引用的安南和东京（Tonkin）几个泰族的信仰、传说、传统等是我于1911年至1920年间多次收集的。
② 分别称 Pu1 něn 和 Nan1 bwon2。
③ 靠近东京安沛省（Yên-bai）乂路（Nghĩa-lô）的孟生（Mu'ong Cha）的白泰人认为太阳是火球，月亮是银球；一个男神和一个女神借助天绳很虔敬地牵着它们，在以云铺成的特殊的路上行走。
④ 《天问》（《楚辞》第三卷）第7页上。"汤"字，通常读"tang"，这里读作"yang"，我一般写作"旸"，因为这是《书经》中的形式，但是这两个字似乎是不加区分地使用的，"暘"要用得少些。
⑤ 《淮南子》第三卷第9页上，我是根据《太平御览》第三卷第6页下所引的来翻译的，其文句要比近代的版本好一些。

木"，太阳通过此树由地升天。这种树生长在天之东极，旸谷之高处。枝干高达300里，其叶却不比芥子大。此树承载着十个太阳，九个在下，一个在枝头①。因为有十个太阳，一旬之内，每天轮换着爬上枝头："十日代出，流金铄石些。"②一天，十个太阳全部升起，烧尽了大地万物，于是后羿射掉了九个太阳③。太阳们的尸体本来横陈在被射落的地方，但有人将其放置到了世界极西的"若木"④之下。咸池是这个传说中最广为人知的地名之一，被屈原多次引用："饮余于咸池兮"⑤"与女沐兮咸池，晞女发兮阳之阿"⑥。公元前4世纪至前3世纪左右的中国人出于占星之便，给星星命名且制定了星谱，由于"咸池"的出名，就被从神话自然而然地引入了天文学中。在中国的天象⑦中，御夫座中一个由三颗星构成的小星群依然使用此名。此外，日落之地"崦嵫山"是一个在中国古代文学中常见的地名，如上文引用过的《离骚》一句"望崦嵫而勿迫"。《山海经》也多次提到此地，见于其中最古老的一部分是《五藏经》（即《山经》），以"崦嵫"为名的山是世界西方山脉中的最后一座山⑧，既然太阳在此沉落，自然这里就是大地的最西端；成书较晚的部分《大荒西经》也同样有征引⑨。另外，写于公元前5世纪

---

① 《山海经》第九卷第47页上，第十四卷第65页下。
② 《招魂》(《楚辞》第九卷) 第2页下。
③ 《归藏》，参阅郭璞《山海经》第九卷第47页上的注；《天问》(《楚辞》第三卷) 第10页上；《逸周书》，参阅《太平御览》第三卷。
④ 《淮南子》第四卷第9页下，何可思（Erkes）译本，第50页。
⑤ 《离骚》(《楚辞》第一卷) 第22页上。
⑥ 《九歌·少司命》(《楚辞》第二卷) 第16页下。我认为"陽"字在此处等同于"暘"。但是我保留此字并译为："太阳（或太阳们）的小山岗"[le tertre du soleil (ou des soleils)]。参阅《楚辞补注》第五卷第5页上。同时参阅《远游》(《楚辞》第五卷) 第5页上："朝濯发于汤谷兮，夕晞余身兮九阳。"此处"暘"写作"湯"。
⑦ 施古德（Schlegel）：《中国天文图》(Uranographie chinoise)，第389页。这是御夫座的三颗星（0，1，2）。关于咸池在中国天文学中的重要性，参阅《淮南子》第三卷第7页上，以及钱塘在《淮南子天文训补注》（湖北崇文书局，1877）上卷第39页的一段长注。
⑧ 《山海经》第二卷《西山经》第31页上。
⑨ 同上，第十六卷《大荒西经》第75页下。

或前4世纪的历史小说《穆天子传》（3世纪在一个墓中出土了其重要部分）指出穆王曾到过此地，在此为西王母[1]刻了铭文之后，曾参观过日落之地[2]。传说中的"细柳"之谷，即《书经》中所称的"柳"，为王充所证实："儒者论日，且出扶桑，暮入细柳。扶桑东方地，细柳西方野也。桑柳天地之际，日月常所出入之处。"[3]如同"咸池"一样，"柳"的名字也十分出名，被引入中国人的天文学中，用来命名"长蛇座"（Hydre）[4]——二十八宿之一，与印度 Açleṣā 的第二十七宿（nakṣatra）相对——由八颗星组成的一个小星群。与扶桑相对的是世界最西端的"若木"，其花在太阳未升之时便发出红色的光照耀大地[5]：月亮每晚升自此木，月以继月，其灿烂之花可能就是星群。

中国的传说详细描述了太阳的出没之地。但对路程中的各处描写较为简单，这是合乎情理的。然而《淮南子》中出现十五个左右的地名。有些偶然发生的事件，因其重要性而产生了一些传说：在太阳和月亮的旅途之中，它们有时遭到麒麟[6]的攻击并被吞噬（"有食之"），大地陷入黑暗之中，这便是日食和月食。人们前来击鼓援助，根据情况擎"救日之弓"或射"救月之矢"[7]。

太阳自西向东的反方向回归是不可见的，这可能也成为传说的主题。我仅找到了一个相关记载，出现在屈原为祭日而做的文章篇末（包

---

[1] 《穆天子传》第三卷第2页上，称为"弇山"。

[2] 《列子》第三卷，戴遂良译本，第107页。

[3] 《论衡》第十一卷第31页上，佛尔克译本第一卷第265页。

[4] 施古德：《中国天文图》，第441页。这是长蛇座的几颗星：δ（柳宿一），σ（柳宿二），η（柳宿三），ρ（柳宿四），ε（柳宿五），ζ（柳宿六），ω（柳宿七），θ（柳宿八）。

[5] 《山海经》第十七卷第83页上，第十八卷第85页上；《天问》（《楚辞》，第三卷）第7页下："羲和之未扬，若华何光？"何可思：《论〈淮南子〉的世界观》（"Das Weltbild des Huai Nan Tze"）第50页。我认为这是第一个推测"若华之木"是星星的。

[6] 《淮南子》第三卷第2页上。

[7] 《周礼》第三十七卷第43页下；毕欧（Biot）译本第二卷第392页；沙畹：《古代中国社神》（*Le dieu du sol dans la Chine antique*），第486页。

括了总结太阳的生涯）①：

九歌·东君

暾将出兮东方，照吾槛兮扶桑。抚余马兮安驱，夜皎皎兮既明。

驾龙辀兮乘雷，载云旗兮委蛇②。长太息兮将上，心低徊兮顾怀。羌声色兮娱人，观者憺兮忘归。

緪瑟兮交鼓，箫钟兮瑶簴。鸣篪兮吹竽，思灵保兮贤姱③。翻飞兮翠曾，展诗兮会舞。应律兮合节，灵之来兮蔽日。

---

① 《九歌·东君》（《楚辞》第二卷）第16页下。这一章费之迈（Pfizmaier）的《离骚与九歌》（*Das Li-sao Und Die Neun Gesange*）[维也纳皇家科学院（AK. Wissensch. Wien），1851]。我将"東君"翻译为女性，而不是像费之迈一样译为男性：Der Herr des Ostens（东方之王）。"君"字不能判断性别（参阅《湘君》，同上，第5页上至第9页上，湘水之女神）。屈原在他的作品中多次提到羲和，关于日神的性别没有什么疑问。这一篇中确实没有宣告羲和之名，但在一篇祭她的祭文中以她的名字来指定她，这是不可能的。注释者们并没有弄错，且正确指出是关于羲和的（《楚辞补注》第二卷第16页下）。事实上，在李龙眠的《九歌图》手卷将其画为男性并不能证明什么，只能说明画者并不愿意将太阳描绘成女性，或者可能是对于宗教考古学细节的无知。

② 这一句在同一作者的《离骚》中也有（《楚辞》第一卷第48页上）。

③ "灵保"指女巫（sorcière）或女祭司（prêtresse），意思好像是自己被鬼神附身。参阅申德勒（Schindler）《中国古代的巫觋》（*Das Priestertum im alten China*），在此书的第22页和第33页，他译为Gottbegnadete，第22页也译为Gottbetraute，这种表达的缺点在于既不是直译，也不是意译。在我看来，直译是不可能的（参阅费之迈前书，译为der Gottheit Schützerin），因为"灵保"应该是口语（参阅《楚辞补注》第二卷第17页下"说者曰，灵保，神巫也"），且没有任何可以证明"保"字不是代替的同音字；可能是这个原因以致中国学者并没有试着去解释这个字。朱熹认为"神保"与《诗经》中的祭祀代表死者的"尸"近似（理雅各译本第370—372页），他将其理解为是"神降"的暗示（有时是女巫的神，有时是死者的灵魂），这种"神降"能使"巫"或"尸"在祭祀仪式中活动起来；他将具有同样支配性特征的两种现象联系起来（我认为是这个原因）。申德勒前书第33页，翻译这一句和之后的四句诗时，将前三个字译为"Die gedankenvolle Gottbegnadete…"；但是，除了gedankenvoll这个单词不适用于我们所知的"巫"的事业外，此处"思"字是"虚"字而非"实"字（我用这术语来指中国字是合适的，尽管"虚"字和"实"字的概念在这一时期之后很久才兴起）；此处申德勒并未给出任何理由而将这一指示词删除。另外，他似乎也并不满意他的翻译，因此在附注中建议了另一种译法，但是更不可行。

青云衣兮白霓裳①，举长矢②兮射天狼③。操余弧④兮反沦降，援北斗⑤兮酌桂浆。撰余辔兮高驼⑥翔，杳冥冥兮以东行⑦。

不仅太阳每日的轨迹在传说中被细致地描绘，它一年的运动也同样产生了大量的神话。在地的东北角和西北角有二神"夒"和"石夷"，分别主管八风之一，并且阻止太阳以确定日夜的长度⑧。夒使太阳在冬

---

① 这位女神穿着绿色的衣，这是太阳升起的地方——东方的颜色，和白色的裳，即太阳落下的地方——西方的颜色。
② "矢"（la Flèche）是大犬星座（Grand Chien）中的 η 和 o²。参阅施古德：《中国天文图》，第434页。
③ 天狼即天狼座（Sirius），此句可删除。原文的意思是参见（马伯乐：《书经中的神话传说》，《亚洲研究》，1924年，第31页）。
④ "弧"（l'Arc）：是由大犬星座的 κ，ε，σ，δ 和 164 及南船座（Navire Argo）中的 o，π 星所组成的星座。参阅施古德：《中国天文图》，第434页。弓加上箭对着狼的威胁是中国占星术中所常见的。参阅《史记》第二十七卷第5页下，沙畹译本第三卷353页："'狼'下有四星，曰弧，直狼。"《太平御览》第六卷第12页上中《大象列星图》："'弧'常属矢向狼星。"参阅施古德前书。扬雄在《羽猎赋》中同样说到："大弧发射"（《前汉书》第八十七卷上第11页下称为《校猎赋》）。
⑤ 北斗（la Grande Ourse）。李光地在《离骚经注》第二卷第10页上，从这一段文字中看到了一系列的当时事变的暗示，尤其是楚秦之战。
⑥ 我读作"高驰"，根据的是异文的一种以及《离骚》中相似的一段（《楚辞补注》第一卷第48页上）："神驰之邈邈"；通行本中的"駞"字（写作"驼"）只是"驰"字的误写。
⑦ 这一句与第四句相应，都是叙事的，不是女神说的话的部分。
⑧ 《山海经》第十四卷第66页下：夒 Yuan；第十六卷第73页上：石夷 Che-yi。其中第二段中因为脱文而被篡改，但是相比于其他相似的段落，这是可以重构的。我把应该补充的字放在方括号内［］；把需要删去的字放在〈〉内；应该改正的字放在圆括号（）内；应该替换的加星号＊放置之后，比如：（極）北＊，意思就是原文中写作"極"，我建议修改为"北"。

　　1. 第十四卷，第66页下：有人名曰夒。北方曰夒來之風。曰狹。是處東（極）北＊隅以止日月。

　　2. 第十六卷，第73页上：有人名曰石夷。［西方曰石夷］來風。曰韋。處西北隅以司日月之長短。

　　3. 第十四卷，第64页下：［有人］名曰折丹。東方曰折［丹］來風。曰俊。處東極以出入風。

（转下页）

至日升时折返回去，防止超过指定的用以升起的北方界限；石夷使其在夏至日落时折返回去，防止超过指定的用以降落的北方界限（和用以升起的南方界限）。尽管这些说法与扶桑的旧传说完全不符，然而人们承认，事实上太阳的出与归、上升与降落的地方根据季节而异：这便是所谓的"九津"，太阳从这些地方升起。学者们很可能给太阳在东升西落的六座山都取了名字，以便于以月为单位标记太阳一年的运动。

（接上页）4. 第十五卷，第69页下：有神名曰〈因〉因乎。南方曰因乎（夸）來*風。曰乎民。處南極以出入風。

（極）北＊。与第十六卷第73页上的"西北隅"相对，这个修改是必要的，这两个人物彼此是被放置在相对称的位置上。另外只有四个"極"，并不能形成地的方角，而是处于四边的中间。且应另外考虑到紧接着的一段再次提到了东北角。

［西方曰石夷］其他段落的平行性表明了补充这五个字的必要性，相邻的"石夷"两个字的重复可以充分解释这一缺漏。

［有人］这两个字的增补是源于《北堂书钞》第一百五十一卷和《太平御览》第九卷第18页上。

［丹］我建议加这个字是因为，在所有其他的段落，"曰"字后重复先前的神的名字；郭璞惊讶于此段的异常，不敢修改此文，却加了注。另外，作者似乎想以四个字为句构成风的名字：当专有的名字只有一个字时（像第十四卷第66页下），他加上"之"字；此处缺失了这个"字"，貌似指出了在原文本中专名是由两个字组成的。

〈因〉我建议删去这个字的原因与之前我添加"丹"的理由一样。

（夸）來＊：通过与其他段落的比较，便表明此处应将绝无意义的"夸"字替换为"來"字。也不应用其异体字"本"字。

这两种"风"是著名的：《吕氏春秋》第十三卷第2页上提到狭风（《太平御览》第九卷第18页上写作"猋"）；《淮南子》第四卷第9页上写作"炎"；《夏小正》第一卷第1页上（顾凤藻《夏小正经传集解》，1281年版序言）提到"俊"风；《山海经》第一卷第10页下，《淮南子》第三卷第4页上及第四卷第1页下，《史记》第二十五卷第2页上，沙畹译本第三卷第306页，以及《易通卦验》（《古纬书》第十四卷，第2页上）写作"倏"；《吕氏春秋》第十三卷第2页上写作"滔"。显而易见，狭和炎只是异体字，这两个字都是正确的。相反，"俊""倏""滔"这不同的三个字一定是由于抄写的错误；《吕氏春秋》的形体（"滔"字）确定是错误的，"俊"与"倏"字间难以选择；然而与《夏小正》《淮南子》和《史记》相同，我似乎更喜欢"倏"字。因此，东风真正的名字是"倏"。

此外，这两种风其中一种的名字是"苑"，见于《庄子》第十二卷，戴遂良译本，第303页（参阅下文第37页注释第一条此段的译文）。

这些传说在相当晚的时期才出现在文学作品中，但其中一些清晰的事实能够证明其古老性。《书经》本身就证明了日出与日落的地点之古老。十日传说的古老既被中国文字本身所证实——"旭"① 字意为朝阳，代表九个太阳在第十个太阳上升的时候留在树下；同时，这个传说是中国与南蛮人共有的传说之一②。文字也可证明太阳之树的传说的古老："東"意为东方，代表着每天早上升上扶桑或空桑枝头的太阳；"杲"代表着太阳上升到树顶，意为天色大亮；相反，"杳"表明太阳降到了树脚下，意为天色已暗③。另一个迥异的事实亦可以证明此传说之古老。日上枝头的传说与日沐咸池的传说均在周礼中有一席之地：夏至时，人们在湖中的方丘上奏"空桑之琴瑟，咸池之舞"④ 以召唤土地神。这个舞蹈十分著名，据说为黄帝⑤ 所创，初次演奏于"洞庭之野"⑥。由三段组成。庄子⑦ 曾给出一种心理学的分析，但不能帮助我们了解此曲。汉

---

① 人们通常考虑以"九"作为其声，但是这几乎是不可能的；"九"与泰语"kɐo"相符，没有词尾的辅音，不管中文和泰语与藏语、缅甸语的确定的关系是怎样的，但可确定的是这一语族的数字名称是类似的；藏语的 ku，缅甸语的 dgu 也没有最后的辅音。这使它们与"旭"字分开，该字有词尾喉音：xiòk。（"kɐo"，为目前能找到的最清晰版本——译者注）
② 它是富贵白泰族的英雄（Khun Chu'ong）传说的一部分，就好比是中国的后羿传说的一部分一样。
③ 参见《说文》："東""杲""杳"；戴遂良《汉字》（Leçons étymologiques）第 33 页说："des arbres qui garnissent l'horizon"（填满地平线的树木），这是不准确的，参阅第 374 页。何可思前引书第 50 页注释第 112 条已将这些字与扶桑的传说对照过。
④ 《周礼》第一卷之第 4 页下至第 5 页上（四部丛刊本），毕欧译本第二卷第 35 页，有一个倒霉的印刷错误，将"空桑"印成了 Kiong-sang。"空桑之瑟"在《大招魂》(《楚辞》第十卷）第 5 页上有提到。
⑤ 《庄子》第十四卷，戴遂良译本，第 321 页；《周礼》；《前汉书》第二十二卷第 4 页上；《白虎通》上卷第 19 页上。另一个不太通行的传说认为是尧创造的，见《淮南子》第十一卷第 25 页上；《乐记》(《礼记》第十七卷）之顾赛芬译本第二卷第 68 页有提及但并未指出归因于谁所创。
⑥ 屈原在《远游》(《楚辞》第五卷）第 9 页上中说奏此舞于洞庭附近，是暗喻这一传说。在唐朝时，此舞仍然很著名，以致 757 年一个人在那附近挖池塘时找到了刻有古文字的一个旧钟，人们都认为是黄帝时的旧遗物，另一个（旧钟）则于 766 年在同一个地方发现。
⑦ 《庄子》第十四卷，戴遂良译本，第 321 页。

代时歌词就已散佚，现仅存唐代元结填写的词①，但仍无法呈现原作的样子，因为元结也不比我们多了解多少。由于仪式中"空桑"与"咸池"之名同时出现，而且仪式出现在仲夏，太阳最强烈并且开始减弱，结束向北的行程开始折回，这恰恰说明了上文这些相关传说与仪式之间的关系。但是我们对该仪式一无所知，便无法展开分析。我们肯定很想知道太阳与土地神有何关联。既然祭坛为方形，说明《周礼》有理由认为该仪式意在祭祀土地。然而太阳牵涉其中也是毋庸置疑的，《庄子》曰：黄帝"烛之以日月之明……日月星辰行其纪"。②中国学者对此早有了解：陈旸在11世纪就已注意到咸池之名暗示了太阳所沐浴的湖泽，还有经学家在"空桑之琴瑟，咸池之舞"后注释道："洗光咸池"③。因此，尽管这些传说只在晚于《书经》的文献中有细节的描述，但各种事实的汇合在一起证明了太阳树和太阳沐浴传说的古老。

这些传说与中国古人对世界的形式与构成的看法是相符的。中国人把宇宙想象成一种车，方形的地为底，圆形的天空为顶④：这也是为什么人们称地"载"天"覆"⑤。在底和盖之间并没有充实的墙壁⑥，但是在地的四角有支撑着并将天与地分开的支柱以阻止天倒塌。最初，这些

---

① 《乐府诗集》第九十六卷第5页上（汲古阁版，《四部丛刊》重印本）。
② 《庄子·天运》。
③ 参见《乐书》（我引自《文献通考》第一百四十四卷，第60页下）。陈旸于1050年将《乐书》200卷献给皇帝。（见《宋史》第一百二十八卷，第7页下）。
④ 《大言赋》（《古文苑》，守山阁丛书本，第二卷第3页下）："方地为车，圆天为盖"（《大言赋》被认为是与屈原同时期的朋友宋玉所作）。在《易经·说卦传》（理雅各译本，第430页）中就已有车底喻地的比喻："坤為地……為大輿"（不是理雅各所译的"它提出一个观念……一辆大车"：il suggère l'idée…d'une grande voiture）。我们在《周礼》（第四十卷第67页上，毕欧译本第二卷第488页）中也发现了，但是是颠倒的，谓在帝王的车舆中"轸之方也，以象地也。盖之圜也，以象天也"。
⑤ 《中庸》理雅各译本第293页。参阅《礼记》第二十八卷，顾赛芬译本第二卷第475页。
⑥ 因为没有侧壁，因此宇宙并不是一个封闭的盒子，此说源于屈原《远游》的末尾，在诗中，诗人走遍世界，最后在大壑边上俯身，那里"下峥嵘而无地兮，上寥廓而无天"（《楚辞补注》第五卷第13页下）。

柱子是等高的，使天与地得以平行，但西北柱（即不周山）被共工摇动之后①，天开始向地的这一边倾斜。从那时起，天倾向西北，地倾向东南，北极星不再位于天的中央，地上的河流自西东流，天上的星宿则自东西流②。

天由"九重"③构成，称为"九天"④。每一重天都以门隔开，这些门由虎豹看守⑤，由"帝阍"掌管⑥；最底层是天与地的分界处的"阊阖门"⑦，西风由此门降于地，人通过此门可以升天到达天宫——即紫微

---

① 关于共工的传说，参阅马伯乐：《书经中的神话传说》，《亚洲研究》，1924年，第54页。或删除该注释，文本只选译了第一部分，第二部分没有译。
② 《列子》第五卷，戴遂良译本，第130页；《淮南子》第三卷第6页上。
③ 《天问》（《楚辞补注》第三卷）第2页上。"圜则九重，孰营度之？惟兹何功，孰初作之？"与此意相同的一段又可见于《汉乐府》中（《前汉书》第二十二卷第8页上，参阅沙畹《史记》译本第三卷附录一第605—629页）。中国的注释家们倾向于"九重"合于"九野"，就是说将天空分为占星术的九区与地上的九州相对应，以便每个地方都与某些星相对应。例如，朱熹在《楚辞集注》第三卷第2页上（古逸丛书本，第九卷，重印元刻本）认为"九重"与下句的"九天"等同，他在《楚辞辨证》第二卷第1页上，以《淮南子》第三卷第6页下列举"九野"的一段来解释"九天"。但是"重"字意思是"重复"（réduplication），它所指示的与在天的下面而列的九区——即"九野"——没有任何的共同之处。这一点，一个世纪前的雷学淇在他的《古经天象考》（1825）第二卷第1页下至第2页上中很好地确认了，先阐释了天分成九（区）是因为九是阳数，然后清晰地辨别了哲学家所称的"九野""九位""九行""九鸿""九列"等等，这是四角、四边和中央，意思就是说从平面的范围内来计算天的，此外，屈原所称的"九重"是从深度来计算天的，他定义的与欧洲天文学（托勒密）的九个天球相同，即月亮、下面的两个行星、太阳、上面的三个行星、恒星和九霄（Empyrée）。如果我们将不能接受的（至少因为时代不同）托勒密理论放置一边，值得指出的是，雷学淇至少清楚地指出了"重"字所含的"层"的意义。
④ 《天问》（《楚辞补注》第三卷）第3页上。
⑤ 《招魂》（《楚辞补注》第七卷）第2页下。"魂兮归来，君无上天些！虎豹九关，啄害下人些。"何可思（Eduard Erkes）曾翻译《招魂》，但我未看到该译本。
⑥ 《离骚》（同上，第一卷）第24页上："吾令帝阍开关兮，倚阊阖而望予。"《远游》（同上，第五卷）第5页下："命帝阍其开关兮，排阊阖而望予。"
⑦ 关于阊阖门，参阅《离骚》《远游》（前书）；《淮南子》第一卷第2页上，第四卷，参阅何可思译文（前书）第38页和注51。

宫，位于最高层，在北斗中①。上帝即居住于此，同时掌管着天上和人间，尤其掌管死者，死者的灵魂居住在上帝的领域之内，每个灵魂都有他的等级地位。这个宫殿由天狼看守："豺狼从目，往来侁侁些。悬人以嬉，投之深渊些。致命于帝，然后得瞑些。"②九重天不是拱顶的形状，下面是平的③，像车轮一样停在支撑它的四个天柱上④，太阳、月亮、星星在下面，如同地上的河水一般，沿着它的斜度向西北方向流动⑤。在下面，同样流动的还有"天河"，又称"天汉"或"云汉"，即银河，或者"天津"⑥，天上的河流经此汇入人间的大壑，且这天河使得织女和她的丈夫"牵牛"永远分离。在天顶上有一条缝，即"列缺"，闪电

---

① 关于上帝的宫殿，参阅《招魂》第2页下，《远游》第5页下。
② 《招魂》（《楚辞补注》第七卷）第2页下。我翻译为"一只狼"（un loup），用的是单数，因为此处与《九歌·东君》相近（同上，第二卷第7页下；参阅前文第22页），指的是天狼星（Sirius），位于与上帝宫殿，北斗星不远的地方。参阅沙畹《史记》译本第三卷第310页注3；施古德：《中国天文图》，第430页。
③ 《列子》第五卷，戴遂良译本，第139页中关于小孩问孔子午时的太阳比早上的太阳离地更近还是更远的逸事，与天是穹形的信仰无关。对于那些相信午时的太阳比早晨离地更近的人来说，天是一个不动的圆形的平面，中国处于地球的中央；太阳沿着天的东端到西端的直径移动时，午时的太阳比早上和晚上离地更近，因为中午太阳与地球的距离就是等腰三角形的高度，此等腰三角形的底部则是太阳一日行程所遵循的直径，早上和晚上太阳与地球的距离则是三角形的两边（参看《论衡》第十一卷，佛尔克译本第一卷第263—265页）。对于那些认为午时的太阳离地比早晨更远的人来说，天同样是一个圆形的平面，但它是移动的，移动时牵引着位于圆边缘上的太阳而移动，所以它每天的路线不是直径，而是天球的周长；此外，中国不是位于世界的中心，它是东南大陆。对于中国居民来说，当太阳在中午时，是它经过世界的南方，因此比早晨太阳经过中国大陆东方时更远一些，只有正好在地球中部大陆，距离则是一样的。事实上，孩子们问孔子关于这两个天文学理论的看法，这正是3世纪中期，也就是写《列子》的时期，学者们所讨论的两种理论。
④ 《天问》（《楚辞补注》第三卷第1页下）。屈原承认前一个注中的第二个理论，他认为天在移动时牵引着众星移动；这也是为什么他问"斡"（也就是北极星）被系在什么地方。
⑤ 以"流"字指星星的移动在《诗经》中已有，理雅各译本第226页。参阅《列子》第五卷，戴遂良译本，第130页；《淮南子》第六卷第14页上。
⑥ 《诗经》理雅各译本第355页（顾赛芬译本第265页）、第528页（顾赛芬译本第391页）。

由此发光①。此外，天上还有一些门，通过这些门，天上的气可以降下，与地上的气混合：北极有寒门（冷气）②，南极有暑门（热气）。事实上，在民间想象中，天的周围共计八门，四门在四极（东、南、西、北），四门在四极间（东北、东南、西北、西南）③。

地横陈在天下面④，即"下土"⑤，置于八根柱上⑥，原初时，地与天以路相通，后来这条路被重黎所毁⑦。地被分成几个同心区：中间的是九州，即为中国；四周环绕着北狄、东夷、南蛮和西戎。这是人类所居住的世界。东边与南边临海，但北边和东边⑧是流沙，广阔的沙漠，是旱魃的领土⑨；人类世界与流沙被两条河分开，北面是向东流的赤水⑩，西

---

① 《远游》（《楚辞补注》第五卷）第13页下。"上至列缺"和注："列缺，窥天间隙。"参阅司马相如《大人赋》（《史记》第一百一十七卷第16页下；《前汉书》第五百七十八卷第6页下）；扬雄《校猎赋》（《文选》第八卷，第5页下成为《羽猎赋》；《前汉书》第八十七卷上，第11页上）；应劭注："列缺，天隙电照也。"（《前汉书》写作"列缺"）电为"列缺之气"（《前汉书》第五十七卷下第6页下），或者甚至就写作"列缺"。

② 《远游》（《楚辞》第五卷）第9页下；司马相如《大人赋》（《史记》第一百一十七卷第16页下；《前汉书》第五百七十八卷第6页下）；《淮南子》第四卷第9页下，何可思译本第54页。

③ 《淮南子·地形训》："八纮之外，乃有八极。自东北方曰方土之山，曰苍门；东方曰东极之山，曰开明之门；东南方曰波母之山，曰阳门；南方曰南极之山，曰暑门；西南方曰编驹之山，曰白门；西方曰西极之山，曰阊阖之门；西北方曰不周之山，曰幽都之门；北方曰北极之山，曰寒门。凡八极之云，是雨天下；八门之风，是节寒暑。"上文所提及的四极间门（第四卷第9页上，何可思译本第45页）并不是天门，而是这昆仑城门；天门之名和昆仑城门之名常有混淆。

④ 关于地上世界的详细而系统的描述，参阅《淮南子》第四卷，此篇何可思已翻译：《论〈淮南子〉的世界观》，见《东亚研究季刊》（*Ostasiatische Zeitschrift*）第二十七卷。

⑤ 《诗经》二之六，第三篇第一章，理雅各译本第二卷第363页："明明上天，照临下土。"

⑥ 《天问》（《楚辞》第二卷）第1页下："八柱何当？"王逸注中解释为在地下的八根柱子。

⑦ 《书经》理雅各译本，第593页。删除"参阅下文，第94页。"

⑧ 译者注：此处疑有误，当为"西方"（à l'Ouest）。

⑨ 关于魃的传说，可参阅马伯乐：《书经中的神话传说》，《亚洲研究》，1924年，第57页。

⑩ 赤水出自北方的幽都山，《山海经》第十八卷。

面是向南流的黑水①。更远一些是四海②，彼此连通，环绕着人所居住的世界，就像希腊人的洋河一样；四海之外③，是神怪居住的地方。在那里，东边是日升的旸谷；旁边是羲和每天给太阳洗澡的地方，叫甘渊或咸池，还有扶桑或叫空桑；西边是日落的弇兹山和繁花照耀夜空的若木，这也是十二个月亮的母亲姮娥所住的地方，以及姮娥给月亮洗澡的池塘。这些地区居住着风神——其中两个负责在夏至日出至冬至日落时，阻止太阳向北的行程④，还居住着天吴、水伯——虎身，八头十尾⑤，雨神之妻⑥和掌管疫病的女神西王母⑦，以及其他各种神、女神、英雄和妖怪。在那里，还安置了民间想象中的驻扎在遥远的荒野和山脉的

---

① 黑水位于流沙之东，《山海经》第十八卷第84页下；它源于北海的幽都山（同上，第87页上）。赤水和黑水的流向见于《禹贡》，大概作于公元前9世纪或前8世纪，梅鲁的传说尚未传入，这两条河也未被印度传说的河流同化。值得注意的是，尽管河流的颜色确定与五行学说有关，但是并不是由方位来决定的。

② 《诗经》理雅各译本第二卷第637页（顾赛芬译本第463页）。寻求这些传说的历史的或地理的解释的习惯，并不仅仅是在中国，在欧洲也同样强烈，人们曾长久地讨论关于这些海的位置，尤其是在大陆寻找西海的位置。最近，何可思（《论〈淮南子〉的世界观》，第27页）建议看到"上古时代的回忆，即中国西部的整个盆地仍是一片海洋"。中国人以为人居住在一个四面环水的世界，并系统地以各点的名称来指定四海环绕的大地的各个面；他们并不是有着这种观念的唯一的民族。当"荷马史诗"谈到环绕地球的海洋时，没有人看到除传说之外的其他东西；奇怪的是，当中国人用差不多同样的术语来说明同样的观念时，人们却又不愿意认为是同样的了。

③ 《诗经》理雅各译本第二卷第640页（顾赛芬译本第464页）。"相土烈烈，海外有截。"中国的注释家曾很好地看到了"海外"的意义，但是为了避免影射传说中位于"四海之外"的地方，他们专断地将四海解释为王畿，而四海之外的国家为诸侯的领地。理雅各承认了这一解释，并郑重地添以解说，认为相土的影响并没有超过那一时期中国的界限。即使人们像这首诗的作者一样承认这一人物的历史存在，但这也只是有点夸张的颂词，并没有理由给这首诗中的"海外"一词赋予与其普通含义不一样的意义。

④ 所有的这些地名和人名可参阅前文。

⑤ 《山海经》第十四卷第64页下；参阅第九卷第46页下，有差不多同样的描述。同时又称为玄冥（《礼记·月令》，顾赛芬译本第一卷第391页）。

⑥ 《山海经》第九卷第47页下。

⑦ 《山海经》第二卷第24页下，第十六卷第77页上；《穆天子传》第三卷第1页上；《列子》第三卷，戴遂良译本，第106页；《庄子》第六卷，戴遂良译本，第255页。

奇怪部落①：高逾百英尺的龙伯巨人②、短于一英尺五寸的僬侥矮人③、贯胸人④、长股人⑤、不婚而生子的思士⑥等，这些都是他们从印度人和希腊人那里所得知的。

远不只这些，因为"天圆而地方，则是四角之不掩也"⑦，那里是太阳永远都不会照耀的地方。地之西南隅是古莽："阴阳之气所不交，故寒暑亡辨；日月之光所不照，故昼夜亡辨。其民不食不衣而多眠。五旬一觉。"⑧西北隅是九阴，天不庇，日不照。中间耸立着人头蛇身的烛龙，身长逾千里："不食，不饮，不息；视为九阴之昼，暝为夜，息为风雨。"⑨东南角有大渊，天河之水与地上的江海都汇入此处。"渤海之东，不知几亿万里，有大壑焉，实惟无底之谷，其下无底，名曰归墟。八纮九野之水，天汉之流，莫不注之，而无增无减焉。"⑩此外是空虚

---

① 关于希腊的影响在《山海经》中，参阅劳费尔（Laufer）《中国的人种论传说》（*Ethnographische Sagen der Chinenen*），见《库恩纪念集》（*Festschrift für Kuhn*）第199—210页。
② 《列子》，戴遂良译本，第132页。
③ 《山海经》第六卷第38页上（异体字：周饶）；第十五卷第70页下；《列子》第五卷，戴遂良译本，第132页；《竹书纪年》理雅各译本第112页。
④ 《山海经》第六卷第37页上；《竹书纪年》理雅各译本第109页。
⑤ 《山海经》第八卷第43页上；《竹书纪年》理雅各译本第109页。在此也找到了"长胫"之名（《山海经》第十六卷，第73页下），是相同的意思。
⑥ 《山海经》第十四卷第64页上；《列子》第一卷，戴遂良译本，第72页（这一句在译本中被漏掉了）。
⑦ 《大戴礼记》第五卷第7页下第58节；《曾子天图》，1535年嘉趣堂本，四部丛刊重印本。
⑧ 《列子》第三卷，戴遂良译本，第111页。
⑨ 在《山海经》第八卷第42页上，北方的位置并没有详细说；第十七卷第83页上：地方在西北，赤水之外；《天问》(《楚辞》第三卷第5页上)："日安不到，烛龙何照？"（何可思译本第53页注131，并不曾正确理解这一传说所讲的是什么，且《天问》这一段翻译得不好），王逸注也说这个国家在西北方。
⑩ 《列子》第五卷，戴遂良译本，第130页。《山海经》第十四卷第1页上提到了，但是可能在原始文本中紧接此名的说明已佚。参阅《庄子》第十二卷，戴遂良译本，第303页："谆茫将东之大壑，适遇苑风（参阅马伯乐：《书经中的神话传说》，《亚洲研究》，1924年，第23页。）……夫大壑之为物也，注焉而不满，酌焉而不竭。"

的:"经营四方兮,周流六漠。上至列缺兮,降望大壑。下峥嵘而无地兮,上寥廓而无天。"①

以这种幼稚的方式去想象世界的情况是永远不会完全消失的;然而,在公元前5世纪到前3世纪之间,这种情况有所改变。我所引的这些书,如《山海经》《列子》和屈原的作品等,已表现出受到外国思想的影响。事实上,西方旅行者在此时期带来了一些新的概念,一种是地理的或称为伪地理的。例如,印度教的宝塔梅鲁(Meru),很快就被冠以《禹贡》中的"昆仑"②而流行起来;又如 Dvīpa,这个概念只为一些学者所知。另一种就是天文学的或占星术的③,例如,对行星的认识,对于天的总体运动的理论,即天从东向西牵引着固定于其上的星星以及有着各自运动轨迹的太阳、月亮和行星;又如,可能与二十八宿和阿拉伯的 Naksatra 与 manāzil 一致的二十八宿的系统,以及天体分区与地面分区之间相对应的占星学理论,等等。然而,本文并不致力于研究中国人对世界形式与构成的观念史,而是在受到外来思想侵入以致观念改变之前的原始观念状况,这将足以表明扶桑与太阳之母在整个神话中的地位丝毫未被动摇。

值得注意的是,在印度支那的蛮族中人们发现了与我上文所描述的类似的东西。我将简述我从安南北部富贵地区的一些白泰巫师那里听到的情况,这些信仰在整个安南和东京边境的泰族部落中都很流行,并且

---

① 《远游》(《楚辞》第五卷)第13页。我们在上文已看到列缺是上天的缝隙,电由此闪耀,引申则指电本身。

② 似乎《禹贡》中提及在崑崙旁边有三条不同流向的河流,与梅鲁的所有名字及其河流导致错误的同化,事实上文本毫无相同之处。我将在研究《书经》这一段时,再来讨论这一问题。

③ 反对源于西方的理论,且中国天文学理论相对较晚的说法,参阅索绪尔(Léopold de Saussure)在《通报》中所发表的几篇论文,他致力于指出中国天文学的古老与独创性。关于中国占星术源于西方,大家都是认同的;参阅贝佐尔德(Carl Bezold)的《司马迁与巴比伦的占星术》["Szěma Ts'ien und die babylonische Astrologie",《东亚杂志》(Ostasiatische Zeitschrift),1919年4月至1920年5月,第8卷第1—4期,第42—49页]中所做的有趣而准确的比较。

在东京义路的黑泰人也对我讲述了几乎同样的传说。此外，这些只是散见在各种仪式上的押韵的祷辞，绝无叙述者的想象①。

宇宙由三层组成：上为天，中为地，下为矮人的世界。每层都是平的，天和地一样，是巨大的水平的圆形的蓝色石板，边缘上是竖着一英尺高的"天足"（tĭn fa5），"天足"立于山上，其中两座山因太阳在这里东升西落而出名。上层是掌管死者灵魂的神（Pu T'èn）的领域；下层是星星、太阳和月亮自东向西地流动：一头猪（Lon）从北向南跑，来去之间形成一条在下界可以看到的路，即天河（Tan mu lòn）。我曾说过，群星是些小金球，星神（On nan dao）每天早上用大纱巾盖上，晚上揭开；太阳和月亮是大金球，太阳主人（Pu nen）和月亮夫人（Năn buòn）在前面滚动。在地上过夜的太阳不是靠着一棵树上天的，而是靠东方的一座山，即水域尽头的金峰（P'a kăm la năm）。太阳从山的外面开始爬，上升途中被山隐藏，以至于人们只能在它爬上山顶时才能看见它；太阳在"天足"中找到一个凿穿的门，及金峰山顶之光门（Tu hŭn ten P'a kam），通过此门，太阳经过天的下面，这便是日出过程。太阳经过一条特殊的路从东向西穿过天空，晚上到达另一座山——天尽头的山（Pu fa ñot），太阳从那里下降，这便是日落。夜晚，太阳从南边的天外，又自西向东滚动在地上。月亮从相反的方向沿着类似的路径行进，但是它有着自己的门和路，晚上从世界的北边返回。根据日子，负责月亮运行的月亮夫人应该用长的布带将月亮包裹或揭开，每个月的十六至初一，每天将布带缠一圈；从初一至十五，每天又展开一圈，月亮的位相便这样产生。尽管太阳和月亮的行进路线截然不同，但是彼此非常接近。每个月初，当月亮白天旅行时，引导日月的男女神明们得以彼此遥遥相望，愉悦地对唱和交换想法，希望能够相聚。当相聚得以成功时，他们把球放下，一起嬉戏。女子为了不让

---

① 我第一次收集这些口头传说是在我开始研究这些人的时候（1911）；随着我获得或复制这些稿本的过程中，我能够重新发现祷辞中的一些元素。

男子看到，就在四周张幕布云，这就是日食形成的原因①。月食的产生有更危险的原因：天上有只吃月的大蛤蟆（Kŏp ki' buòn），池神（Pu nòn Hăñ）将它锁在池塘底，当神睡着时，大蛤蟆有时就会挣脱锁链并逃跑，然后去寻找月亮并吃掉它。月亮夫人立即召唤池神，为了帮助神明，地上的少女们在月食开始时就用杵击打稻臼，用声音将池神唤醒，他抓住大蛤蟆，逼它交出月亮，重新将它缚在池塘底。

太阳从水域尽头的金峰上升到天空，同太阳下降之处——天尽头的山峰（Pu1 fa5 ñot）一样，是撑天之柱之一。金峰位于世界的东端，在东海中。东海的水向东流，从一个方孔流入山洞中，通过一个圆孔从山顶流出②。此水便是天河（năm5 Tè-tao）之源，洞穴与中国的"大壑"相对，天上的水与地上的水由此交汇（但是 Tè-tao 不是银河）。在洞口处站立着水域尽头的神（Si-su），他在鸟雀和巨蟹的帮助下，阻止使水下流的树木进入洞内或堵住入口；也是他使洞内保持黑暗：每天晚上，他打开天上黑暗的大门（Tu2 èo fa5），让黑暗在地上蔓延，成了夜晚③。

富贵地区的人不谈天以外的地方，但是义路的黑泰人④却了解这些地方：世界之初的二神（Suón 和 Nùn），即最早的统治者（Muong

---

① 我曾提到过的靠近东京义路的白泰族那里，日食差不多用同样的方式来解释。牵引太阳的男神与牵引月亮的女神由众神之主（Pu1 chạo T'èn）配为夫妻；但是，因为女神不爱她的丈夫，婚礼之后就立刻逃跑了；她的丈夫开始追她，但是抓不到，这便是为什么当月亮出现时太阳恰好从地平线消失，一个照亮白天，一个照亮夜晚；当太阳偶尔成功追上月亮时，他便侵占了她，日食便产生了；一旦她逃脱，月亮再次逃离，追逐再次开始。关于月食，是因为蛤蟆吃了月亮。

② 孟生的白泰族称此洞为 T'ăm nâm k'au zu，即水进入洞穴的地方；它与太阳升起的地方相近；天河（T'a K'ai，在他们那里，这就是银河）就是从这里出，在天地之间流淌，靠近太阳的路线，它把神与死者的世界分开，与生者的世界分开。

③ 义路流域同时包括白泰族和黑泰族：后者是18世纪末才来到此处的，有时住在与白泰族分开的村落，有时是（两族）混住的。我的许多文本源自白泰族人 pu mo，是 Ban-mou 村人，这是个混合村庄。

④ 孟生的白泰族同样认为黑暗（mú't）是一种黑色的丝巾，三个向太阳取暖的老人（t'am pu t'ao fiñ dèt），留在黑暗之门（Tu mú't）后面，与星星一起，每天晚上出去把它叠起来，早上又放好。

Muaé）和贵族的部落祖先（Lo-kăm）就来自天以外的地方。"那时，这神去'nòk fa4 天'外面吃 Um 的 mu'on 和 Ai 的 mu'on。于是 pu1 tao Nu'n 神便把'lum fa4 天'底下的 Lò 的 mu'on 组织起来。"① 在这里，找到了死者灵魂之一所居住的村庄。除此之外，他们都以这样的方式描述世界，除了他们将称为"Ta K'ai"的天河看作他们的银河之外，其余的都与中国古人的信仰接近。

现在回到《书经》，我们在上文已经梳理过中国经学家的传统解释：羲与和是天文学家，"寅宾出日""寅饯纳日"这些虔敬的仪轨指出了用仪器对日出日落所做的天文学的观测，特别是他们测量日晷的影子；得益于这种科学的观察，他们在四方所做的工作确定了四个季节。简而言之，根据两位"仲"所受的训令，我们可以解释两位"叔"所受训令中让人费解的文字。

人们早就注意到，尧没必要仅仅为了用科学仪器观测日出日落而派遣羲与和去四方。但是传统解释不仅没有说明去远方的任务，而且对两位"仲"所受到的训令给予了原本没有的、牵强的意义，不得不自作主张地引入四方与四季的象征关系来解释他们的差事。相反，如果人们考虑到文本中各种元素的神话意义，承认《尧典》的编纂者把"羲和"看作一群官员的同时，仍然思想上认可这样的传说，并且在文字中保留了那些与历史化的阐释不相冲突的部分，那么这一段的意义就变得十分清楚。我将依次研究到东方和西方的两"仲"所受的特别的训令以及到四方的四兄弟的训令。

羲仲与和仲不是受命去科学测日的天文学家，而是虔敬的朝廷大员，一个以皇帝的名义去"寅宾出日"，一个是去"寅饯纳日"。为了各尽其职，他们自然被派到极远的地方，即日出与日落之地，一个在世界东方的尽头，一个在世界西方的尽头，因为《尧典》的作者，同那一时期及之后很长一段时期的中国人一样，坚持认为太阳升与落于地。

---

① San kyam mwon². 此为目前能找到的最清晰版本——译者注

"寅"和"饯"字应该以本义来理解，而不应像经学家为了指明羲与和的科学运作，从而认作简单的、恭敬的词句，歪曲了本来的意思。事实上，羲仲每天早上到太阳上升处，在太阳升天离开国家领土的时候以迎宾之礼待它；和仲每天晚上在太阳下降的时候，到达太阳沉没之地，恭敬地送它到地上。

除了居住在东方和西方的两兄弟的特殊职务以外，这四兄弟同样平分了"辨"的职务，即与自己所居住的一方相关的各种职务。中国的注释家认为四方的记载是四时的象征（这确实符合古代中国人的观念），将"东作""南为""西成""朔易"解释为四时的田间劳作：春耕、夏种、秋收、冬息。这是公元前2世纪前期《尚书大传》的理论，被马融、郑玄和3世纪以孔安国之名作注的伪书所采用，所以也成为经典了。我只知道阮元作出过不同的解释：这四个表述不与人类的劳作有关，而是与四时中太阳的运动有关。这四个词说明的是通过对四方和四时的观察而标记的轨道，何况"朔易"也用于日食的观测中①。然而，这个解释中存在一个中国学者所共有的错误，太过于"欧赫迈罗斯主义"——从实际上仅包含有神话的文字中去探寻天文学。除去这一点，阮元绝对有理由破除传统的观念，承认这并不是关于人类的工作而是太阳的工作。况且，如果羲与和仅仅是负责掌管四季劳作的官吏，没必要将他们分配到四方；四方与四时之间的象征关系可能需要的，只是将他们的观测台与办公场所安置在都邑的四郊而已（犹如国家祭祀一样）。相反，若是关涉观测太阳的话，很明显就需要到太阳所在的地方去，即世界的尽头。

但是人们对于北方和南方的太阳需要做些什么呢？在我看来，羲叔与和叔唯一的工作可能是：当太阳在夏至之日到达它向北行程的极点和在冬至之日到达向南行程的极点时，负责阻止太阳并使之后退；而在东

---

① 《尧典四时东作南伪西成朔易解》，在《研经室续集》第一卷第1页上至第7页上。此文为阮元于1825年所作。

方和西方两兄弟，负责使太阳在春分和秋分之时继续行程。正如上文所示，根据《山海经》记载，第一项工作是两位风神负责的；而《尧典》却将之分派给羲叔与和叔，所有关于太阳运行的工作都成为他们家族的特殊职务①。

如此，羲与和划定了太阳运行的两种路线：每年的路线和每日的路线，太阳便不会弄错。同时太阳的意外也已被预测到，羲与和同时负责阻止日食。《书经》中的一章《胤征》讲述了夏代的君主仲康前去征伐由于疏忽未能阻止日食的羲与和。不幸的是，此章今已散佚②，仅凭《尚书序》（名为孔子所作，但事实上成书于公元前4世纪）告诉了我们一点情况："羲和湎淫，废时乱日。胤征往征之，作胤征。"③

虽然太阳之神被严重地神话历史化了，但是他所承担的职责还保留了一些原始的面貌：尽管《尧典》的编纂者极力消除一切奇幻的东西，

---

① 自然不可能确定《尧典》的作者们是否已经知道《山海经》的传说，并简单地将《山海经》所引的两个神与羲和两兄弟视为相同，或是他们是否遵循另一个传说。我倾向于与中国神话史实说习惯完全一致的第一种假设，比如他们努力将重、黎与羲、和同化，或是飞廉与皋陶同化等。

② 今本《书经》中的《胤征》一章是3世纪中期的伪作，原作几乎不存在了；但是此文涉及的日食却是确定的，因为《左传》（昭公十七年，理雅各译本第667页）所引的一段经文暗示，虽未明言，实指此事："夏书曰：辰不集于房，瞽奏鼓，啬夫驰，庶人走。"这一句曾被3世纪的作伪者分毫未改地引用于其书中（理雅各译本第165页）。第一句"辰不（"弗"的异体）集于房"几乎是不能理解的，注释也几乎只是更加晦涩；唯一能确定的是它在某种程度上指明了日食，因为下面的几句描写的是在这种情况下完成的仪式；我根据杜预注的《左传》翻译了一部分，此注中以"安"释"集"，不以"房"为星宿名，而是视为普通的名词，整个解释为"日月不安其舍则食"。但我认为应当用一种更普遍的方式，使"房"有"地方"的意义，以"方"字来代替。我们注意到，《左传》中将日食记在第四个月，然而，在今本《书经》中，伪作者将其记载秋天的最后一个月，即九月：此种修正是受到将"房"视为"房宿"的解释的影响，因为在《月令》（《礼记》第四卷，顾赛芬译本第一卷第384页）中的一段有"季秋之月，日在房"。

③ 《书经》，序言，理雅各译本第三卷，参阅《史记》第二卷第10页上，沙畹译本第一卷第166页。

但由于对太阳和地球各自真实位置的无知，使得他们与我们所认为的真实的界限不同，所以文本的神话特征看来是非常明显的。

（刘国敏　长江师范学院
　卢梦雅　山东大学外国语学院法语系）

论我对中国诗人的无知*

[法] 克洛德·华（Claude Roy） 著
蒋向艳 译

译者按：《论我对中国诗人的无知》（"Essai sur mon ignorance des poètes chinois"）是法国诗人克洛德·华（Claude Roy，1915—1997）为其中国古典诗法译集《中国诗歌瑰宝》（*Trésor de la poésie chinoise. Paris: le club français du livre*, 1967）写的序言。克洛德·华是法国著名诗人、小说家、散文家，出版了20多部诗集、8部小说，曾获1985年法国龚古尔诗歌奖。作者在这长篇序言中表达了他对中国古典诗歌出于直觉的爱，认为中国古典诗歌唱出了人类共通的灵魂之声，唤起了具有灵敏直觉的诗人作者的强烈共鸣。在文中克洛德·华还探讨了中国诗歌翻译之难，认为翻译只是"权宜之计"，但这"权宜之计"并不妨碍诗歌之美的传达，相反能借此实现中西文学的沟通和交流。

---

* 本文为国家社科基金一般项目"《诗经》在法英美汉学界的接受研究"（项目号21BWW024）阶段性研究成果。

一

　　一首诗首先是一个生命体，然后才是按一定次序组合起来的语词。人们能确定自己对某一事物怀有爱意，即使他（她）并不知道这种爱是从哪天开始产生的，也不知道爱是否会持续。我们认识所有那些自负的恋人，以假装完全知晓人们相爱的理由。然而，若要知晓打动我们的那个事物、触动我们的那首诗的理由，最极端的疯狂无疑是假装知道所有的诗。我们只能尝试。无疑应该尝试。唯一的真知是：我们所未知的，总是比对已知事物的误解更多。一首诗的秘密，它让我们领略的魅力，总是从我们身边逃逸，即使在那个我们自以为已经将它抓住的瞬间，就像某种我们自以为理解，有时候甚至更加荒谬地自以为"拥有"的事物一般。然而爱情有其理由，它首先并不完全是理性的。当我们逐字逐句地分析一首打动我们的诗，研究它的起源，手稿的状态，它的音韵、谐声，我们可能会比初次阅读时懂得更多，而那"我不知道是什么"的诗的力量则又一次从我们身边逃逸了。诗歌之美可能更切近了些，但依然模糊不清。诗歌爱好者和恋人有时候在他（她）爱恋的对象面前清醒过来，吃惊地问自己："我究竟发现了他（她）有什么好呢？"回答可能就是，特里斯坦（Tristan）没有在他离开伊索尔德（Isolde）的地方找到她，他得不停地追随她，以语词或是沉默，用目光或是抚爱追问她，这样，有时候（并不总是）他才能找到她。我们熟稔于心的这首诗，总有一刻，它逃离了我们，我们不再知道它为什么打动我们、将我们征服。我们白白地用心记住了它，而要重温那个我们素所熟悉的道理，爱之理由出自于心，却不为理性所识。人们所爱慕的总有点儿像公元前343年屈原在一首诗里描写的这位妙龄仙女：她行踪不定，不期然邂逅相遇，专意等候却芳踪难觅：

　　　　荷衣兮蕙带，
　　　　儵而来兮忽而逝。

夕宿兮帝郊，

君谁须兮云之际？

——屈原《九歌·少司命》

在所有不可能的爱情中，尤其是精神判定为荒唐，而心却明确感受到火焰的爱情中，对一名法国人来说，最不可能、最荒唐的或许就是对中国诗歌的爱。我承认自己就是这个疯子，一个荒唐的人，好幻想却注定失望的情人，绝对幸福，又完全不满足：我爱了很多年，尽管有着难以逾越的时间和空间、文化和传统、语言和文字的障碍，我依然爱这最不可翻译、不可移植的诗歌，就是李白、王维、白居易和陆游的诗。

对一个在弗朗德和朗格多克之间地区出生的人来说，他从小学的是拼音文字b、a——ba，而不是复杂的象征符号文字；他童年时的夜间读物是维钦托利和查理曼，而不是虞帝、传说中的水神或秦始皇。他在一片长着橡树和玫瑰花而不是荷花和竹子的土地长大，要他爱中国诗是一件很荒唐的事，就像寓言故事里的主人公一样荒唐——他们狂热地想要邂逅一位遥远神秘的公主，为了遇见她，他们必须在山腰的迷宫里越过七扇牢固的大门：先是一扇木门，后面是铁门，铁门后面是青铜门，青铜门后面是铜门，铜门后面是银门，银门后面是金门，金门后面是水晶门。水晶门后面（无疑）空空如也。

为尝试感知翻译中国诗那最不可思议也最有诱惑力的"不可能"，我首先选择中国古代诗歌的伟大奠基者、革新者——汉武帝写的一首诗。我选这首诗是因为它创作于上古时期，中国诗在接下来的世纪里是在这种诗歌的基础上发展起来的：充满了隐喻—引用和有意识的回忆。而这首诗所涉及的文学纪念略显不够丰富，没有那么多的暗示、历史隐喻和回忆。这首诗似乎经常被翻译，原因在于它具有克制而审慎的美。皇帝的爱人逝去了，皇帝既没有大声哀号，也没有滔滔不绝地抱怨，他只是发出一声轻叹。诗采用了六句押韵的五言乐府诗形式：

罗袂兮无声，玉墀兮尘生。

虚房冷而寂寞，落叶依于重扃。

望彼美之女兮，安得感余心之未宁兮。

——汉武帝《落叶哀蝉曲》

汉武帝的诗有四种英译本。1900年，翟理斯（Herbert Allen Giles，1845—1935）采用了八音节的韵体诗翻译。庞德（Ezra Pound，1885—1972）在1908年运用了令人赞赏的自由体诗，不押韵。亚瑟·韦利（Arthur Waley，1888—1966）的译文最忠实，也最简练。艾米·洛威尔（Amy Lowell，1874—1925）改写了它。

翟理斯的译文：

The sound of rustling silk is stilled,

With dust the marble courtyard filled.

No footfalls echo on the floor,

Fallen leaves in heaps block up the door...

For she, my pride, my lovely one is lost,

And I am left, in hopeless anguish tossed.

庞德的译文：

The rustling of the silk is discontinued,

Dust drifts over the courtyard,

There is no sound of foot-fall, and the leaves

Scurry into heaps and lie still,

And she the rejoice of the heart is beneath them:

A wet leaf that clings to the threshold.

亚瑟·韦利的译文：

> The sound of her silk has stopped.
> On the marble pavement dust grows.
> Her empty room is cold and still.
> Fallen leaves are piled against the doors.
> Longing for that lovely lady
> How can I bring my aching heart to rest?

艾米·洛威尔的译文：

> There is no rustle of silken sleeves,
> Dust gathers in the Jade Courtyard.
> The empty houses are cold, still, without sound.
> The leaves fall and lie upon the bars of doorway after doorway.
> I long for the Most Beautiful One; how can I attain my desire?
> Pain bursts my heart. There is no peace.

1939—1945年间，在北京，在铎尔孟（André d'Hormon，1881—1965）带领的中法译者的努力下，汉代的诗神奇地变成了魏尔伦（Paul Verlaine，1844—1896）体，变得"世纪末"了。五言诗句的简洁形式被保留下来。然而大部分汉译法的精妙译文奇怪地使用了一种借自萨曼（Albert Samain，1858—1900）、朵尚（Auguste Dorchain，1857—1930）以及比较少借自魏尔伦的"诗的词汇"：风变成了"朔风"（l'aquilon），门变成了"扉"（le vantail），波浪总是"银光闪闪"，心通常是"受伤的心"，等等。汉武帝诗的译文对原文足够忠实，却又是如此完美、谨慎、完全地（在我看来）背叛了原文：

她的罗袖，

不再嗦嗦作响。

尘埃落在，

玉板之上。

屋子冷寂，

空无一人。

门窗紧闭，

落叶堆积。

我依然在寻找，

曾经的那位美人！

此时此刻，她会不会，

被我那哀痛的心打动？

这首诗确实被翻译了。剩下的就是设法使它恢复活力。自以为把握了这首诗精神的疯子，他首要的任务就是保持诗的简洁和具体的字，并使用简短的音步。我放弃增加诗句的数量，使用了不押韵的六音步诗句，与其让译诗有放大的"诗意"，我宁愿让译诗冒"平淡"之虞。下面是我和我的朋友罗大冈费了好几周工夫，费劲而美好（甚至绝望）地合作翻译出来的译文：

窸窣声停息了，

她的罗袖不再发出声音。

灰尘覆盖着，

玉石铺砌的院子。

房间里又空又冷。

沉寂。虚空。静默。

门口，

堆积着层层落叶。

>她已经不在了，
>该如何找回她？
>哦，心在流泪……

像桀溺（Jean-Pierre Diény，1927—2014）先生翻译汉代名诗《古诗十九首》那样杰出的译作，每句诗的诗义都有着些许让人迷惑的不确定性。桀溺为19页的诗歌译文作了119个注释。对最富有怀疑精神的学者来说，一首诗的主题本身是主体：诗中的"分别"是指失宠的大臣向主人告别，还是离家去打仗的丈夫向妻子告别？或者是丈夫抛弃妻子造成的分别？这里说话的是谁？是留下的人，还是离开的人？这样的词可以表示"我们并不富有，欢庆是短暂的"，也可以表示"生命短暂，及时行乐"。疑问句既可以表示否定，也可以表示肯定。桀溺注意到，"在翻译的每一步，译者都得在几个可能的义项中进行选择；在某处引入一个主体，或者确定一个动词形式，译者就明晰和简化了原文；以文学的方式呈现如此这般的某位旅行者或弃妇，译者就剥夺了这些传统角色所承载的丰富含义。中国读者在《古诗十九首》中发现了一个取之不尽的宝藏，对其赞叹不已。而西方读者对它们却只有看似清晰、实则肤浅的认识，看不到其丰富内涵，就只会走马观花，一眼而过"。

作为欧洲人、法国人，从一首中国诗中获得乐趣，在精神上丰富自己，这件"傻事"却是必要、美妙而明智的。如果想更好地看到这种"傻事"，这里还有一个例子，是李白最有名的一首诗。李白生活于701年至762年之间的唐朝，他的朋友把他称为"谪仙"。在李白写这首《江上吟》的时代，法国正遭受着撒拉逊人的侵略，墨洛温王朝王位的觊觎者们正上演着一场王位争夺战，罗马正受到蛮族人的围攻，拜占庭正为剧烈的叛乱所苦，伊斯兰因宫廷叛乱和斗争摇摇欲坠。当时的西方诗歌留给我们的只有用中古拉丁语写成的令人赞赏的宗教诗。还要再等上一百年，直到881年，西方才出现第一个用通俗语言写成的诗歌文本，这就是法国保存至今的《圣女欧拉丽短歌》（*La Cantilene de Sainte*

Eulalie），这是用一种不再是拉丁语也尚未是奥克语或法语的语言写成的。伟大的中世纪史研究家乔治·洛特（Georges Lote，1880—1949）冷静地写道："我们最早的韵文体文学作品并不预示着光辉灿烂的文学前景。这些作品中只有勉强凑合的音节，形式平庸、呆板，缺乏深度。"而同时代的中国诗歌却正处于伟大的诗歌经典时代。

当李白开始写作时，中国由唐代的皇帝重新完成统一已逾百年，唐朝皇帝的权力覆盖了整个中国陆地，包括西藏、满洲里和朝鲜、新疆。中国的学者和科学家已经具备了精确的化学和天文学知识，他们没有等待古腾堡发明印刷术，已经用铁链条建造了悬空桥；中国的农村用水力磨坊进行灌溉，中国的工匠是制陶业的艺术大师，在唐朝都城长安，聚集着来自全国各地以及阿拉伯、叙利亚、波斯、朝鲜半岛、日本等地的文人，他们到这里来跟中国的知识分子讨论宗教和文学。中国的画家和雕刻家是当时世界一流的，诗人和作家更是如繁花在东方之极绽放，而同时代的法兰克人、伦巴第人、西哥特人、保加利亚人却在为瓜分罗马帝国灭亡后留下的残羹冷炙而争吵不休。

我在这里所举的李白的诗产生于这样一个世界，这个世界并非只是简单地位于对8世纪的西方人而言的世界尽头，这确实是"另一个世界"（un autre monde）。西方的文化和历史传统使我们对这个世界和社会毫无所知，这简直不可思议。西方的、欧洲中心主义的"正直人"（l'honnête homme）难以想象他们是怎么穿衣、吃饭和考虑人类命运的，在日常生活中奉行何种宗教和道德，他们的建筑和音乐、经济和政治关系的形式是怎样的，人与人之间的关系又是如何，异性之间和社会各阶层之间的关系究竟是怎样的。

这首诗仿佛从一颗很难理解的行星中冒出来，我是这样发现它的。早在18世纪末和19世纪，法国的汉学先锋已经翻译了这首诗。但我略过了这首诗早期比较粗糙的法译文，而选择了出版于1901年的译本作为这首诗的第一个译本。这是泰奥菲尔·戈蒂耶（Théophile Gautier，1811—1873）的女儿、瓦格纳心中科西玛的竞争者俞第德（Judith

Gautier，1845—1917）翻译的。在她的《玉书》（*Le Livre de Jade*）里，我第一次读到了这首题为《江上吟》的李白的诗：

> 木兰之枻沙棠舟，玉箫金管坐两头。
> 美酒樽中置千斛，载妓随波任去留。
> 仙人有待乘黄鹤，海客无心随白鸥。
> 屈平辞赋悬日月，楚王台榭空山丘。
> 兴酣落笔摇五岳，诗成笑傲凌沧洲。
> 功名富贵若长在，汉水亦应西北流。

50年后，1949年，我的朋友罗大冈在里昂留学时翻译了这首诗，收在他的《首先是人，然后是诗人》（*Homme D'abord, Poète Ensuite*）这本书里。他的译文如下：

> Sur la barque de sorbier, avec des rames de bois odoriférant,
>
> Flûte de jade-chantant sur la poupe, orgues d'or sur la proue,
>
> Au milieu, une grande amphore de mille bossoles débordant d'un beau vin,
>
> Je vogue avec une belle chanteuse, au gré des flots.
>
> Immortels, nous le serons un jour lorsque les hérons jaunes viendront nous emporter sur leur dos.
>
> Aventuriers de haute mer, nous manquons de cœur pour suivre les vols capricieux des mouettes blanches.
>
> La poésie de Chou Yuan rayonne comme le soleil et la lune,
>
> Du palais du prince son maître, il ne reste plus que la colline dénudée.
>
> Ivre de vin et d'inspiration, j'agite mon pinceau à ébranler les montagnes.

Mon poème fait, je fredonne et ma voix domine le pays des immortels.

Si les honneurs et la richesse d'ici-bas pouvaient durer,

Le fleuve Han coulerait à rebours!

同时代稍后，夏尔斯·勒普莱（Charles Leplae, 1903—1962）[①]在布鲁塞尔高等中国研究院凡·杜尔姆（R. P. Van Durme）教授的帮助下，完成了这样一个译本：

Voguant dans une barque légère en bois de sorbier jaune, poussée par des rames précieuses de magnolia.

Au son de la flûte de jade et de la flûte d'or,

Vidant nos amphores, emplissant mille fois nos coupes,

Accompangés des courtisanes, nous nous éloignons, nous suivons les flots, nous nous abandonnons.

Et pourtant l'immortel attend, il chevauche, lui, la grue jaune de l'immortalité.

Tandis que moi, sur cette rivière, trop insouciant, je suis les mouettes blanches.

Et je sais que les poèmes de K'iu Yang sont si parfaits qu'on pourrait les prendre au ciel entre le soleil et la lune.

Tandis que les terrasses et les pavillons du rois de Tch'ou, son maître, se sont écroulés laissant la montagne déserte.

L'enthousiasme m'exalte, je vais écrire, j'abaisse mon pinceau sur le papier, mon poème ébranlera les cinq monts sacrés.

Voilà! Mon poème est fini, et je puis me moquer, en longeant les

---

① 译者注：夏尔斯·勒普莱是比利时后表现主义雕塑家。

bords de cette rivière.

Du succès des honneurs et des richesses. Car les suffrages du monde sont-ils vraiment de longue durée?

Mais non! Il serait aussi fou de le croire que les eaux du Han pourraient remonter leur cours.

从一个译本到另一个译本，法国化了的李白诗的用词数量也是不同的：俞第德的译本用词 53 个，罗大冈译本用词 143 个，而夏尔斯·勒普莱用词 196 个。显然，俞第德放弃翻译那些她认为法国读者难以理解的东西，包括历史、文学和宗教典故。她的译本与原文的关系就像人的躯干与四肢健全的运动员。但原文又是怎样的？原文由两个六句诗的诗节组成，每句诗七音节——也即七言，因为汉语是一种单音节的语言。这种语言是有调性的语言，其诗歌不仅仅遵循音步——每个诗节都有六句七言体，并遵循平仄交替的原则，使得汉语文本在听觉上富于音乐性。每节诗的第二、第四和第六句诗押韵。

下面是这首诗经逐字翻译的译文：

> Bois magnolia la rame Bois sorbier la barque
> Jade flûte Or flûte placées deux extrémités
> Bon vase vin contient élever mille mesures
> Emmener courtisanes Suivre Flots S'éloigner Suivre S'abandonner
> Homme Immortel Avoir Attendre Chevaucher Jaune Gruo
> Hote Rivière N'avoir pas Souci Suivre blanches mouettes
> Tch'ou Empereur Terrasses Palais Vide Montagne Dépouillée
> Tranporté Ivresse Poser Pinceau Ebranler Montagnes
> Poème Terminé Rire Se moquer Longeant Bord Rivière
> Vertu Gloire Richesse Honneurs Si longue durée
> Han Rivière réellement devrait d'Ouest à Nord couler.

人们已经能够明白最忠实、最认真的翻译省略了多少基本成分：把一首用单音节词写成的诗译入一种多音节语言，我们是受限制的。李白的诗是用一种有调性的语言写成的，而我们则尝试将其译成一种几乎没有音调的语言。李白运用的动词既是及物动词又是不及物动词，我们运用严格意义上的及物动词或不及物动词，试图把握他想表达的。我们几乎可以说，汉语是一种没有语法的语言，而法语语法是如此精妙，以至于我们可以略带贬义地说"这是中文"。但中国诗或许首先是一种"观看"的东西。我们尝试使用字母文字来呈现一个作品，而它原本是用表意文字"画"出来的。许多伟大的中国文人同时以画家、诗人和书法家闻名，这不是偶然的现象。毛笔在丝绸或者纸上描摹，以其完美和精确同样受中国文人的赞赏；当他说"竹子"的时候，就会想到在晨风中颤抖的竹子形象，并唤起情感。夏尔斯·勒普莱和凡·杜尔姆十分合理地分析了有文化的中国读者在读《江上吟》这首总共84个汉字的诗第一遍后所能察觉的东西。在一种图像式或象征式地表现事物的文字里，表示"人"的汉字是两条腿站立的形象，是由思考着的动物形象简化而来的；表示"虎"的汉字暗指一头裸露的老虎的形象，四个脚掌上有条纹；而表示"绵羊"的汉字上有羊角，"鸟"字就像挂在钟上的一只铁公鸡，刻印的线条十分清晰。这种首先是图画、形象、象形字和分析事物本身的文字，用克洛岱尔的话来说，就是"倾听的眼睛"。他一眼就观察到了在毛笔墨汁覆盖下的白色表面，或者闪着微光的印刷体汉字中——那流动的液体：部首"水"，古代的形式是流水的形象。我在这首诗的84个汉字中发现12个汉字都有这个部首。在水上舟中摇晃的白色空间里写下这首诗的第一个韵脚，"水"这个汉字以现代的形式保留了古代汉字的优雅，是在江上航行的帆船简化了的船首形象。

　　翻译《江上吟》意味着删减诗的某个重要方面。这要求我们盲目地品味本来是为耳朵、眼睛以及心灵构想的东西。构成中国诗的特征描写、暗示，它们相互对立、相互组织，并相互呼应、相互补充。这首诗给我们展示了一幅画，而我们用对这幅画的描述来代替它。我们通过这逐字翻译的译文看到了什么？

首先看见江上飘着一条船，花楸木为船身，木兰为船桨。人在船的两头吹笛子，船首吹响的是一支金黄色的笛子，船尾吹响的是一支玉笛。酒瓶里盛满美酒。人们带上美妇，顺着河流前行。传说中的圣人——"不朽者"的两句诗①说，他骑在黄鹤（不死的象征）背上飞走了。我们看见江上的人是谁，是谁在无忧无虑地看着海？诗中提到的屈原是谁？李白在诗中提醒读者说他是辞赋"悬日月"的作者。楚王的宫殿又在哪里？接着，宫殿突然不见了，只剩下空无一人的空山……此时此刻，他喝醉了，兴奋起来，挥舞着毛笔，撼动了山岳。接着，一切又再次变得黯淡：诗人似乎想说，美德、成功、财富、荣耀都不会持久，就像汉水绝不会自西向北流。

感谢上帝，并非所有的中国诗都那么难懂。但是，由于它们暗指那些异于我们的风俗和习惯，那些不为我们所知的哲学或宗教，那些我们一无所知的历史事件，我们未曾读过的古代作品很少不暗示着复杂的含义，如果不了解这些，就不能很好地欣赏中国诗。在这首诗里，开头几句诗的优雅描写向我们介绍了诗人和伎女（Ki "伎"这个词并不跟法语词 courtisane（指妓女）严格对应；"伎"精通音乐和高雅艺术，是歌者、舞者、演员和伎女，日语词 geisha（艺伎）的含义或许会让我们理解……）我们看到前行的船，金玉笛子的吹奏者，酒瓶和江水。但从第一个诗节的第五、第六句诗开始，事物就变得不清楚、不明晰了。这些黄鹤忽然来做什么？它们与不朽又有什么关系？

有学问的中国读者记得，李白的朋友、他同时代诗人崔颢写过一首题为《黄鹤楼》的诗。他在这里象征或暗示了人弃绝一切、与生命之流相融的状态，是道家圣人臻至内心完美后的状态，由此他放弃一切，甚至放弃自身，于是有一天，他骑着一只黄鹤飞走了。

在李白诗的中心，暗含着整个生命理念，道家哲思的智慧，从容弃

---

① 指崔颢的诗句"昔人已乘黄鹤去，此地空余黄鹤楼"。

绝欲望、激情、行动，以至于无欲、无为。在老子和庄子看来，这样才能引导人至于真正的不朽，并逃脱时间的监牢。同时，有着文学上的二度引用，一首诗回声的回声，就像忽然在阿波利奈尔的诗句里发现了一处对龙萨诗句的引用，或者在阿拉贡的诗句里发现对彼特拉克或阿波利奈尔的引用。李白渴望智慧，渴慕他的朋友诗中那位隐士所达到的完美状态。李白很清楚，他自己内心的自由还没有达到那种程度。他只是一个做梦者，坐在船上顺水漂流，他看到的不是有着超然智慧的黄鹤，而是在水面上任性追捕四下逃逸鱼儿的白鸥。

至于屈原，连中国最懒散的小学生都知道他的伟大。关于屈原，郭沫若写过一部很优秀的剧作。我在南京经历过端午节。人们在这一天把米团子扔进湖水里，以纪念诗人。屈原生活在李白一千多年前的战国时代，也就是公元前4至公元前3世纪之间。他是残暴国君楚王的大臣，楚王听不进屈原对他的理性劝谏。屈原不被理解，遭到流放，投江自尽。如今，楚怀王的宫殿早就在山水天地间消失了，什么也没有留下，而屈原的诗却依然存在，是中国人的智慧和欢乐之源。屈原反对国君，与其遭受不公正的对待，不如赴死以抗争。

我们现在可以考虑诗中丰富的隐喻、诗歌和历史典故，以及隐含在《江上吟》十二句诗中的情感。诗中写到了水、酒、女人和飞翔的海鸥，以及人们在平静水面上停泊小船里无忧无虑的快乐。诗中也写到了不朽，和所有人一样，诗人梦想不朽，还写到了黄鹤的智慧以及与此相对的贪婪白鸥的聒噪。但这片水既是诗人的乐土，同时也是屈原的自沉之地。他不愿放弃正义感，为此宁愿自沉。如今他的诗歌依然散发着光芒，而楚国早已消失在虚无之中。这个例子和回忆比酒更能表达诗人的情感，尽管他是爱喝酒的。他拿起笔，写了一首诗。诗写完了，他就放松地开怀大笑起来：他知道一切都是虚空，相信功绩、成功、荣誉和财富就像要求江水自西向北流、回到源头一样徒劳。对所有人来说，那一天总会到来。但他将享受在江上一边聆听金玉笛声、一边创作诗歌的快乐。

李白是一部传道书，他微笑着，重复着说一切都不过是"虚无中的虚无"。他是中国的欧玛尔·海亚姆（Omar Khayyám，1048—1131），或半个龙萨（Pierre de Ronsard，1524—1585）。他既有智慧，又像个疯子——可能正是因为他接受自己的疯狂才有智慧。他要求生活从今天开始给予他玫瑰，此外每天晚上还要给他斟满一杯酒。

现在我们通过《江上吟》认识了一点儿李白的敏感、幽默、清醒的智慧和微笑的忧郁，现在我们穿过了把我们和他的诗隔开的一扇又一扇门——历史和地理的木门，中国文字的铁门，语言和声调的铜门，文学典故的银门，哲学和道德、道家和中国智慧的金门，那么，我们到达水晶门面前了吗？我们能够跨过这扇门，进入这首诗了吗？

在前辈和朋友们之后，我费了很大的劲，尝试给出既精确又"法国"的法语版《江上吟》。我知道我失败了，但也只能如此：

> Barques de sorbier, rames de magnolia
> Flûte de jade l'avant, flûte d'or à l'arrière,
> Une jarre de vin pleine à déborder,
> Les jeunes femmes et moi avons suivi le flot.
> Immortel, celui-là l'est devenu qu'emportent les grues jaunes.
> Moi, sur l'eau, sans souci, je suis des yeux les mouettes blanches.
> Les poèmes de Chou Yuan sont éternels comme le soleil et la lune,
> Des palais du Roi de Tchou rien ne demeure sur la montange nue.
> Je prendrai mon pinceau, mon poème ébranlera les montagnes.
> Quand j'aurai achevé, je rirai, moqueur, glissant au fil de l'eau
> Mérite ni succès, richesses ni honneurs ne durent,
> Non plus que la rivière ne remonte son cours.

诗是不可译的。然而，经过叛逆、削减、错误和褪色，当人们将诗之酒从红酒杯倒入啤酒杯，再从啤酒杯倒入咖啡杯，经过杯中唯一留存的残余，一首诗就只剩下一个苍白的影子，脆弱而转瞬即逝，不可靠却抹不去，只剩下逐渐减弱的一声回音，影子的影子。

中国诗对我们来说是最遥远、最不可捉摸的远方公主。我们为了爱中国诗，就得接受起初的失败，变得和18世纪的一位耶稣会士一样，他说翻译一首中国诗就像"用木炭笔临摹一幅细密画"。然而，这种音乐遭受风雨的侵蚀，经过回声和迷宫里的拐角已经变形，由于距离，也由于我们的闭塞受到抑制，我们的乐器把它漫画化了，我们的音乐家使它枯燥无味，这种音乐变得面目全非，它是被我们窃取，而不是被复原了，我们再次听到了这种音乐。尽管与李白、王维、陆游和苏轼隔着历史、空间和语言上的三重遥远距离，我们却相信他们是在对我们说话。这些来自如此遥远的声音靠近我们了，它们是我们同类的声音。就像歌德（Johann Wolfgang von Goethe，1749—1832）、爱伦坡（Edgar Allan Poe，1809—1849）和荷尔德林（Johann Christian Friedrich Hölderlin，1770—1843），即使没有奈瓦尔（Gérard de Nerval，1808—1855）、波德莱尔（Charles Pierre Baudelaire，1821—1867）、普雷沃斯特（Jean Prévost，1901—1944）、安德烈·杜·布歇（André de Bouchet，1924—2001）的翻译，对我们来说也是陌生人，尽管在我们看来他们绝不陌生，尽管有时候是平庸的法语译者使然；同样的，在我们看来，唐宋诗人并没有由于人种、历史、时代、异国风景等"不可沟通"的长城而和我们截然分开来。我们不是很懂他们说什么，怎么想；我们不完全懂得他们的文字和词汇；他们的思想对我们来说显得有些奇怪；他们的习惯和我们不一样；但他们还是打动了我们。因为词语和形象、思想和传统并非诗歌的基本构成成分。诗在人类共同的唯一内心出现，在这个内在空间，只有词语、声调、形象、思想、传说、寓言和音乐的暗示。诗是带着情感创作出来的，是人类唯一的天赋。有一千零一种观察天地、社会和法则的方式；而爱、恨、后悔、希望、忧愁、欢笑、受苦或者心情平静的方式却是极少变化、极其相似的。

二

　　法国国王们为消遣，也为取悦情妇创作优雅的诗歌。不过，要是一部法国诗选集忘记选入"好王"亨利四世（Henri Ⅳ，1553—1610）写的《可爱的嘉贝丽》（*Charmante Gabrielle*），或者弗朗索瓦一世（François I，1494—1547）和路易十四（Louis ⅩⅣ，1638—1715）写的短歌，这并不是什么大错。与此相反，直到"文化大革命"，在人民中国出版的中国古典诗集都小心翼翼地不遗漏那些同时是大文人的伟大皇帝们写的诗。从中国早期传说中的王子到汉代的诗人皇帝——公元前2世纪的汉高祖、汉武帝，从5世纪南朝梁代的梁武帝萧衍，到蒙古族金朝的最后一位皇帝，他们一手把持权杖，另一手掌握着笔墨，当他们立好国家的法规和法则，就创作诗歌和散文。

　　在当代历史上最惊人的军事冒险——长征途中，毛泽东延续了他的国家政治家—诗人合一的传统，违背了他自己颁布的戒律，忘记了应该用简易的语言对单纯的人说话，用通俗的语言对穷人说话，他拿起"古典"诗人的毛笔写诗，在诗中运用中国古代的隐喻和典故，引用古代皇帝、诗人和思想家的文字。

　　在西方，只有意大利能和中国一样强烈地把日常情感沉浸在几千年的历史中。历史、过去并非遥远的背景，只有档案和书籍孤单地守护着记忆。即使是最贫困、最没有学问的中国人，也是这些人的后代，他们自公元前几世纪的汉代开始，已经开始发展出土地耕耘以及人与人关系的艺术。中国缺少我们西方意义上的宗教，如果这并非出于偶然，中国长期以来已经形成了对祖先的崇拜，而不是崇拜概念极其模糊的神。当人们在杭州看到老百姓往两千年前的两名叛徒塑像上吐痰；端午节当人们在南京看见孩子们往湖水里扔粽子，以纪念屈原这位两千三百年前自杀的诗人，以便给他那个不称职的国君一个教训；当人们在中国农村散步，那里往往到处都是坟墓、石碑，上面刻着纪念一位古代英雄的一首诗，或者纪念传说中的一项功绩，或是纪念一位高古时代的思想家，人们就会感到自己被历史包围了，这不是抽象的东西，而是最初的印象，记忆中的风景，就像黄土地上的大草原或者竹子环绕的湖面一般真实。

我的一位考古学家朋友认为，当他不确定某样事物或中国文明的年代，唯一能确定的是中国的考古学家会略微倾向于将这一过去事物或文明的年代往前推得更早一些，而盎格鲁—撒克逊的考古学家则将其断为更接近我们的时代。这当然是个玩笑。但可以肯定的是，中国的仰韶文化是一个已经种植黍和大米民族的文化，至少在公元前3000年，他们制作陶瓷的技术明显已臻至完美。

在中国，历史本身和诗歌同源，而诗歌与历史同源。最古老的颂歌、民歌和政治颂诗集《诗经》，汇集了宗教和世俗的歌曲、历史编年史或传说，它们以诗句的形式在公元前1000年汇集起来，记载了更为古老时代的习俗和文明。《诗经》里的一首祭祀诗颂扬周王朝的创始者，建立中国农业的国君，在地里种植作物，并建立对天地和祖先的祭祀。人们把这位农学家国王和组织者称为"后稷"，《诗经》叙述了后稷传说般的出生，这是历史上最早的对于无痛分娩的描绘。

在周朝中叶，公元前6世纪前后，出现了"百家齐放"的哲学家和思想家，其中最著名的是孔子和孟子、老子和庄子。如果说中国历史和诗歌同时起源，诗歌和历史同时起源，中国思想也是这样。老子的《道德经》像许多圣书一样，是一首关于智慧的诗，关于贫乏和弃绝、柔软和放弃、寂静和无为的智慧；是关于芦苇比橡木更持久、卑微者比学者更有学问、柔弱者比强壮者更坚强的智慧。《道德经》是一首谜一般的讽刺诗，是一堂关于谦虚和隐退的课。只是圣人白白传授了关于无视和无谓的"道"，国王们并不听圣人的。他们要管理王国，缔造民族，要防御边疆。第一位中国皇帝秦始皇在前255—前206年之间开始建立起一个统一的中国。为了防守边疆，他召集被迫服劳役的奴隶，让他们修建长城。为了推广法律，他统一了文字。为了统一思想，传说他下令用火烧毁了所有对国家无用的书籍，还活埋了那些胆敢反抗他的文人。庄子谴责（帝王）"于是乎斩锯制焉，绳墨杀焉，椎凿决焉。天下脊脊大乱，罪在撄人心"，秦始皇正是符合庄子所描述的第一位皇帝。

多少个世纪以来，在朝廷和篡位者之间的内部斗争之外，在农民起义和农民反叛之外，中国历史都将被一个伟大中央集权帝国的防御问题支配，或倾向于如此，以此抵抗以行进为生的"蛮族"的入侵。在581—618年间，隋朝皇帝发动了一场远征，直达朝鲜半岛、台湾岛，并向南部挺进。在618—907年间，唐王朝相继夺取了蒙古、塔里木和里海岸边的防御工事。在汉武帝时代，朝鲜半岛曾经被统治过。有一首古老的战歌是写给将军曹操的，他的身份集冒险家、战略家、政治家和诗人为一体。如果谁看过京剧的现场演出，就会见到一个蓄着黑须的高大武士，脸上画着吓人的红色、黑色和白色，他是几十出戏的主人公：这就是大将军曹操，历史人物摇身变成了戏剧里的角色。

许多世纪以来，"中国治世"（Pax Sinica）之梦将追随中国人和他们的诗人。这个梦从未长久地实现过。帝国既有在六大边境之外抗击外部蛮族入侵的战争，也有国内战争。中国历史就像一支军队在行军中原地踏步，处处充满了屠杀、酷刑和骚乱。对六大边境战争的恐惧，再加上残酷的叛乱和国内战争，到了唐朝末年，国家在军事上的失败终于引发了反对唐玄宗的大叛乱。这位伟大的文人皇帝是艺术、戏剧的保护者，对他的嫔妃杨贵妃怀有强烈的爱情。中国戏剧将这个历史故事重写了一百遍，故事中皇帝被迫同意看管他的士兵将自己的爱人处死。然而，杨贵妃自杀，或者说被谋杀之后50年，756年，唐朝最伟大的诗人之一白居易创作了他最有名的一首诗，来纪念美人杨贵妃。白居易一边反对官僚压迫和苛捐杂税的不公，为人民辩护，一边却为哀悼悲痛的皇帝洒泪。一般来说，中国诗人既不是谄媚者，也不是阿谀奉承的侍臣，而是人民历史的见证人。许多个世纪以来，他们为士兵辩护，反对将士兵带上战场的将领，比如16世纪的王世贞写下了《战城南》这首类似"将军床上死"的诗。自神话传说时代直至清王朝，为了实现国家统一和维持国内和平，中国经历了五千年的艰苦战斗。1840年6月，一小队英国炮舰航行在扬子江上，沿江轰炸城市，强占了厦门、上海和南京。中国人犯了一个大错，他们的政府禁止鸦片，而英国人则需要卖鸦片。于是殖民时代开始了，漫长的战争也开始了。这最终导致了1911年中华民国成立，以及1949年中华人民共和国成立。

三

在发现真实的中国之前，在我长期受到中国诗人和画家的滋养之后，我怀疑唐宋诗歌和画卷里的风景是否只有修辞的形象、想象的文学风景，而非真实自然的反映。例如，18世纪的法国诗充满了牧童和牧女、树林和溪流、家畜群和羊群，它们的存在都只是诗意的和寓意式的。难道中国诗中开满桃花的树枝和颤动的竹子、雾气弥漫的湖面和水墨画上的松树不属于一个类似的修辞世界吗？但我知道在中国有和托斯卡纳一样令人感动的惊喜，乔托或文艺复兴前艺术绘画上的远景并非出自艺术家的想象，而是真实的风景；几个世纪之后，这样的风景继续欢迎着游客：葡萄树和柏树覆盖着赭色的山丘，钟楼俯视着小城的城墙。一两千年来，诗人和画家以令人吃惊的忠实程度还原了中国的大自然和风景。木兰花、荷花的芬芳使他们的诗歌香气四溢，这不是修辞学意义上的花，而是中国真实的自然之花。高耸入云的岩石，树枝垂至山腰的松树，隐居在竹林树林里的隐士，甚至荒凉的黄土平原，宽阔如大海支流的江河深处，他们描绘的风景都是那么美丽和壮观。这些艺术家并不想成为"自然主义者"，而事实上他们却是最自然的。他们并不关心精雕细琢、注重细节的现实主义，却往往是坦诚的。

如果说唐、宋、明代的诗人十之八九是吟咏大自然、乡野或田园生活的伟大诗人，这不仅是由于这些诗人都同样灵敏，也由于中国首先是一个农业国。中国大多数古代文人和画家深深浸淫于道家哲学和道德，浸淫于佛教的特殊形式，即印度思想在中国的本地化，它合并了道家和佛教的某些特点，产生了"禅"，在日本叫作Zen。（奇怪的是，15

年来,"禅"在西方知识界传播开来。)道和禅的共同点是都要求人们静心、弃绝欲念,不仅要在自然中生活,而且要和大自然一道生活,要找到大自然的节奏,和它同步。道教和禅的奥秘是无欲。它要求信徒首先远离城市的喧嚣和激情的动荡,回归寂静、安宁,沉思冥想,超凡脱俗。我们看到大部分中国古代诗人即使做官,也尽可能地远离都市,滋养梦想,寻求迅速退隐到他们的田园家乡,做一名谦逊的隐士,这不完全像贺拉斯(Quintus Horatius Flaccus,前65—前8)或者维吉尔(Virgil,前70—前19),后者退隐是出于对城市生活的厌倦,或是为了逃避城市的喧嚣、污染和消耗,就像今天的城市居民。对中国古代诗人来说,田园生活就像是智慧和快乐的首要条件。在乡下生活对他们来说不仅是一种保健养生方法,同时也是一堂道德课。通常说来,皇帝用来惩罚他们的流放对他们来说不是惩罚,而是一种福祉。

公元前1000年《诗经》的诗歌把我们带进了至今一成未变的中国大自然。当然,《诗经》里提到的大树林大部分已经消失了。在中国的整个中央领土上,森林被砍伐,土地被开发、损害、掠夺,很少有其他大洲是这样。那时,丰沃的大江大河就像今天一样流着,只是比今天更具有破坏性。正是在《诗经》的诗歌里,我们看到了3000年前中国文学第一次写到竹子发芽。这不会是最后一次。在中国,人们画了十万、一百万次竹秆和竹叶。人们也许写了一万、十万首关于竹子的诗、散文或论文。一个没有耐心的读者可能会觉得,中国艺术家是有竹子怪癖的人。成书于公元前5世纪和前4世纪的中国最有名的历史年鉴,就叫《竹书纪年》。人种志学者说远东文明是一种竹子的文明。在这里竹子被用来提供营养和建造房子。人们用竹子制作帽子和工具,也把它用在哲学和艺术中。史前中国文明已经开始食用竹子,用竹子喂养动物,造房子、做衣服,用竹刀在竹板上书写竹子颂歌。两千年以后,唐代画家和诗人站在花园里的竹子前,拿起用丝竹制作的毛笔,耐心地观察竹秆和竹叶,直至将自己视如竹秆和竹叶后,才在竹子上用汉字刻下一首诗,或只是在白纸上画下两片叶子、一根茎秆:这代表了竹子的精神。

在西方早期绘画中，艺术家自身也在画上，与他所表现的中心画面保持一点儿距离，他或者是宠溺圣婴的牧羊人，或者是混在人群中的路人甲，而人群正在围观一位圣人的砍头仪式或者某一奇迹。唐宋画家的风景画上有湖，山洞里有小到几乎看不见的人，隐蔽而谦卑，就像竹秆或松树树干一样纹丝不动。可以肯定的是，这就是画家本人，画家同时也是诗人。9世纪伟大而神秘的诗人王维，在他的画和诗中描绘了中国南方平静如镜的湖面。

中国诗人好像总是在户外写作。春天，他们呼吸森林里充满花香的空气，秋天聆听秋风的呢喃，冬天，冰霜在他们脚下格格作响。李白和白居易的本性是在大自然中自然地生活。

四

几千年来，中国诗人似乎从未提过任何一个这样的问题，而这些问题却折磨和分裂着西方诗人和作家：艺术家是应该只关心个体的问题，耕种造物主的花园，还是应该参与时代的政治和社会斗争？他应该入世还是出世？中国诗人是两者兼具的，他们那最伟大的天性既入世又出世，他们与时代同步，与黄鹂鸟、竹子和孤寂做伴。大部分诗人深受道教和佛教的影响，尝试过一种智慧的生活，被他们放在首位的，是保持内心的平静、超脱、精神自由，引导人们蔑视功名利禄的智慧，对那些无意义的社会骚乱保持清醒的认识，凝视大自然，并认同生命的深层节奏。然而这些沉思的隐士，或者说虚无的无政府主义者在必要时也懂得多管闲事，他们对此往往洞若观火。

文人十之八九是官员（文人的正常职业），或大或小。但很少是谀臣。从屈原开始，由于楚怀王不愿意听从他的建议，屈原自杀了。几百年来，无数中国诗人和当权者对抗，把同胞们的悲苦放在心上，因而遭到囚禁或者流放。公元1世纪，梁鸿看到汉章帝宫廷盛宴与人民悲惨生活之间的对比，感到无比痛心。2世纪，诗人刘桢被迫为皇帝工作。孔融被谋反者曹操处死。陆机被成都王司马颖下令处死。4世纪，颜延之流放南方。6世纪，温子昇死于监狱。陆凯由于其兄死于监狱，过于悲伤而亡。薛道衡在隋炀帝的命令下自杀。7世纪，王勃结束在四川的流放岁月，侯夫人上吊自杀。在或许是最伟大的朝代即唐代，6世纪中叶和10世纪初叶之间，王昌龄在一次叛乱中死去，李白在云南流亡，岑参出征西部边疆，而伟大的杜甫失宠后逃出宫廷。王维和刘长卿受过牢狱之灾。白居易长期流亡，后来才重获尊严。朝廷很不喜欢他描写农民悲惨生活的诗篇。

对中国诗人来说，大自然提供了伟大的和解，他们几乎全都尽最大的可能逃出大城市，长期甚至终生过着隐居生活，住在乡村或某位隐士的房子里。他们同时是伟大的风景画家和伟大的风景诗人，大自然从来没有妨碍所谓"山谷里的文人"，比如王维、苏轼，他们眼里不仅有竹林和瀑布，湖上的烟雾和空中的苍鹭，也有在田里劳作的人们。

在这片大地上，几百万中国农民劳作着。就在昨天，农民的人数还占总人口的90%以上。他们在无边无垠的广阔平原上劳作，连仅值一根火柴的东西都没有落下；他们最大程度地开垦土地，以至于甘肃农民被迫从河床里取出砾石，以防土地遭到侵蚀。这里每挖一平方米就需要付出难以想象的艰辛劳动，施肥、灌溉、种植作物，人民长久地限于贫困，饥荒不断，耕畜很少，水灾、旱灾等自然灾害却频频发生。农民几乎跨越了诗人道路的每一步，这并不令人意外。

我们看见农民光着脚丫、悄无声息地走进来，他们就跟人们现在还能在中国农村遇见的头戴竹叶帽的农民没有太多差别。一首最古老的无名氏诗，学者一般把它的创作年代确定为公元前约2300年，也就是传说中的夏朝，这样写道：

日出而作，日入而息。
凿井而饮，耕田而食。

帝力于我何有哉!

——《击壤歌》

在近四千年的中国诗歌史上，这个农民不停地奔忙着，穿越许多个丰收年和歉收年，又经历了蛮族入侵和封建国家之间的战争。

《诗经》收集了公元前500年古代中国的流行歌曲。就像《圣经》的圣文本里掺入了希伯来游牧人的爱情诗《雅歌》，《诗经》汇集了宗教颂诗和王室战歌，少男少女们在季节性的节日里一边唱着小曲，一边去到野外。多亏了这些诗歌，我们才能清楚地知道3000年前的中国人在做什么：他们劳作、嬉戏、求爱、做爱、繁衍后代。

最优秀的农民诗人无疑是白居易，但他并非来自乡间。由于父亲是一位破落的官员，白居易的童年是沉重而孤寂的，他在学业上相当吃力，最后终于通过考试。他当过集贤校理，也当过一个小县的县尉。他的诗名引起了皇帝的注意，被任命为左拾遗。他是一位好奇心重的左拾遗，负责监察该地区的不公正和滥用权力的现象。他写道："闻《秦中吟》，则权豪贵近者，相目而变色矣；……不相与者，号为沽誉，号为诋讦，号为讪谤。……乃至骨肉妻孥，皆以我为非也。"白居易被贬为江州司马，流放至扬子江南岸。他在那里待了三年，始终观察农民的生活，直到819年被朝廷召回。他被任命为尚书司门员外郎，直至退休，始终是一位体恤民情、深受下属爱戴，并受诗人和文人尊敬的官员。

农民、工匠、收割者、拾穗者，劳动人民是白居易不知疲倦描写的对象。这位高官认真倾听地位最卑微的山路行人、渔夫、烧炭人、猎人和耕地农民的声音。

四千年里，人们在中国诗中听到农民永远的悲吟。他们起义了一千零一次，可一千零一次都被镇压了。这种起义早在公元前就有。公元前293年，白起砍了240000颗起义农民的头；公元前275年，砍了40000颗；公元前274年，又砍了40000颗；公元273年，韦阊砍了150000

颗。几乎每隔50年就有一场农民起义和一场屠杀。不怎么令人意外的是，1939年和1949年之间中国发生的事件里，中国农民的苦难并不陌生。我们不能说这是另一个故事，跟中国诗人四千年来对我们讲述的关于中国农民——"这些人是国家的根"的故事不一样。这并非另一个故事，而是同一个故事的发展和演化。

五

我们知道一位西方历史学家的名言，他说"爱情是十二世纪的发明"。爱情—激情，比如欧洲人所经历和言说的爱情，比如他们愿意为之而死的爱情，是随行吟诗人诞生的，是有毒的异端果实，是纯洁教派（中世纪法国等地的一种异端教派）。这种困惑、眩晕和一切存在的无序曾鼓动了费德尔（Phèdre）、埃尔米奥娜皇后（Hermione）[①]、玛蒂尔德（Mathilde de la Mote，《红与黑》的女主角）和茶花女玛格丽特·戈蒂耶（Marguerite Gautier），它只是一种模式的结果，是分裂的后果，是一些哲学家诗人的创造。有些人认为，大多数文明，不管是原始文明还是十分雅致的文明，都会忽视这种狂热和欢愉，最冷静地面对肉体关系，放弃或几乎放弃在万众中挑选唯一的爱人，而生活在一种缺少"浪漫主义精神"的爱情或夫妇关系中。

这个悖论有一点点真理。事实上，历史学家和人种志学者都观察到，人们对爱情重要性或不信任感的认识，不同文明对年轻姑娘的纯洁和忠贞意义的认识，以及爱情或情欲习俗都极为丰富多样。伟大的汉学家巴西尔·阿列克谢耶夫（Basile Alexiev）讲过，由传教士传授宗教知识的中国最早的宗教初学者无比惊恐地发现，《雅歌》里的所罗门王（la Roi Salomon）几乎在每首诗里亲吻书拉密女（la Sulamite）

[①] 莎士比亚剧作《冬天的故事》里的人物西西里皇后。——译者注

的嘴唇：对中国人来说，唇吻就像是色情描写的极致。而传教士们恰恰相反，他们被中国传统小说比如《金瓶梅》的粗俗描写，或者那些贴在厨房里用来吓唬火神（中国人认为他是个非常害羞的神）的猥亵画吓得惊慌失措。

习俗变了，风俗随之也变了。西方两千年来实行一夫一妻制，至少在原则上如此；而中国几千年来实行的是一夫多妻制。令欧洲人感到不适的习俗对中国人来说却是自然之极，反之亦然。但如果人们相信这些记录诗人心灵活动的仪器，相信这些检测精神深度的精密仪器，人们就仍然会相信，自从黑暗蒙昧时代起，中国人的心就几乎跟法国人、大洋洲人或印度人的心一样跳动着。如果说人们的表情、礼仪、习俗、偏见和表达爱的手势在地球各地并不完全一样，但由语词、仪式、行动和法律表达出的情感则恒常多了，甚至可以说是"千篇一律"的。

卖弄风情、欲望、恶念和青春爱恋的欢乐，世界上最古老的书籍之一——《诗经》表达了所有的爱之青春。人们或许会反对这些看法，认为年轻的中国农民三千年来，就像世界上所有的少年，是微醉的小马；认为感情的深度、微妙和敏感不是他们的强项；认为不能由出身卑微的年轻人来判断中国人的神秘心灵。我们来听听晋代非常有名的女诗人子夜写的爱情诗，她生活在公元265—317年之间。我认为并不仅仅是由于我译文里法语词的语调，并不只是由于我的翻译，才使得她如此接近几百年之后的玛瑟琳·代博尔德-瓦尔莫[①]。

六

我想象中国人。我梦见了想象中的中国诗人。就像人们假如要描绘一位法国诗人的肖像，便在维庸（François Villon，1431—1474）和

[①] Marceline Desbordes-Valmore，1786—1859，法国女诗人。——译者注

雨果（Victor Hugo, 1802—1885）、克里斯蒂娜·德·皮桑（Christine de Pizan, 1364—1430）和波德莱尔、拉封丹（Jean de La Fontaine, 1621—1695）和兰波（Arthur Rimbaud, 1854—1891）中汲取灵感。但直到19世纪，中国比从中世纪直至今天的法国稳定和传统得多——表面上甚至是静止不动的。尽管如此，我仍然认为，一个中国人本主义者的"肖像机器人"虽然过于概括和简单化，却是稳定、有价值的，能揭示较为真实的特征。

中国诗人就像所有人一样懂得新生的爱情，无论是两情相悦还是单恋，是团圆的欢乐还是分离的忧伤，是离异之痛还是忠贞不渝的爱情。他会结婚，会"立"——对人类的脆弱命运而言显得有些沉重的一个词。他会成家，会有自己的子女，在生活中留下烟火家庭之"根"，留下"后代"。他会听孩子们唱传唱了几百年的郊游歌、儿歌，就像我们的"Amstramgram"[①]和"墙上的一只母鸡"。

然后诗人的孩子们会长大。法语里有句俗语说，"孩子们带来很多欢乐，同时也带来很多烦恼"，在中文里应该存在类似的说法。中国诗人结了婚，有了孩子，这些孩子折磨着他，他该如何战胜生活呢？如果他是文人或是读过书的，十之八九会走上艰辛的科举考试之路，成功后获得或小或大的官职，仕宦于朝廷，或者偏远地区。但大多数时候，这个饭碗不会让他失去理智，不会剥夺他的自由精神，也不会让他改变坦率直言的性格，而是可能会让他不断地和权力发生冲突，不断失宠。失宠的后果并非牢狱之灾或者死亡，而是遭到流放或是被遣回家乡，但这种惩罚对他而言并非不堪忍受。他这不是假装对患难无动于衷，而是因为伟大时代的中国人本主义者绝不会真正割断他的乡村之根。他始终怀有一种乡村的、隐居的和简单的生活理想。人们看到，那些大政治家年轻时野心勃勃，曾经是个纯粹的廷臣，当他年事已高，功名幻灭时，便退隐田园，在田园中找到幸福。陶渊明辞官是因为他的上级对他要求太

---

① 法语儿歌。——译者注

多，他决定"不为五斗米折腰"。

田园牧歌式的归隐，与大自然偕行的平凡生活当然不排除友情。中国人很注重和圈内人保持活跃的社交，这涉及和邻居以及四周乡邻的友好关系，在这种有选择性友好精神的引导下，他们会邀约几名同伴带上一壶酒、几卷书画来一场雅集，聊聊艺术和生活，在和友人分别时感到忧伤，友人不在时和他们通信，由于拥有真正的友谊，内心感到更加强大，也更富有。

这些友人在春天夜晚的平台上，或是在冬日寒夜的屋子里，会聊些什么内容呢？他们重复老子和庄子的劝诫：应该表现得渺小、平凡、随意，以免招惹祸害；圣人不仅应该谦虚，还应该放弃野心，抛开对权力和财富的欲望。他们眼望四周，乡村生活给了他们一千个这种智慧的例子。他只选取了岩石上的苔藓或者沟渠里的刺猬：

行似针毡动，卧若栗球圆。
莫欺如此大，谁敢便行拳？

———— 李贞白《咏刺猬》

诗人所接受和传授的关于智慧的这一课，矮墙上苔藓和路上刺猬的道德经常被扩展至对一切生物的普遍性的温柔，我们称为方济各会的道德，对中国人来说就是佛教道德教义的核心内容。

通常，诗不是言说或者朗读，而是歌唱的。关于音乐令人陶醉的主题，唐朝诗人写下了富于音乐性的美丽诗篇。这里举两个例子：

置琴曲几上，慵坐但含情。何烦故挥弄，风弦自有声。

———— 白居易《琴》

蜀僧抱绿绮，西下峨眉峰。为我一挥手，如听万壑松。

客心洗流水，余响入霜钟。不觉碧山暮，秋云暗几重。

——李白《听蜀僧浚弹琴》

但不应把我们的中国诗人想象成特别完美的人，把他们想象成智慧的典范。他有缺点，甚至有坏毛病。譬如说，他是个酒鬼。他独自或有人做伴，自斟自饮，千杯而醉。这种酒和希伯来《雅歌》，波斯诗人哈菲兹（Hafiz）或者欧玛尔·海亚姆，罗马诗人卡图鲁斯（Catulle）以及法国七星诗人喝的葡萄酒不太一样，是一种米酒（很美味，我可以证明——很容易让初次品尝的人喝醉——我承认。我想起在北京的一个美好夜晚，小说家老舍（可惜他1966年自杀了）给我带来米酒，结果把我醉倒了（米酒对我来说后劲很大……）。我很清楚，诗人的醉酒和神秘——几乎所有的中国古典诗人既是诗人，同时又有点儿神秘——经常是沉思式的醉酒，是精神上的微醺状态。诗人在酒中寻找的是比酒更多的东西；一种与宇宙合一的感觉，心灵的轻盈，近乎神圣的迷醉。醉酒就像陷入玄学的迷思，醉态则近似于出神。几百年来，最伟大的中国天才们都是酗酒的。他们是酒鬼，并以此为荣。他们对生活的期待是非常少的：认真却不抱幻想，神秘却不信神，心灵虔诚却是无神论者。他们认为应该从今天开始采集生活的玫瑰，采摘一串串葡萄，或至少在酒精的作用下制造一个个抒情幻象。虽然人类寿命有限，却可以在醉酒的眩晕中找到一种虚幻的不朽感。

事实上，李白可能在流浪、饮酒、创作和歌唱中度过了一生。我们看到他从一个省流浪到另一个省，就像一只候鸟，有点儿疯狂，却是完全自由的。对美酒的爱好使他过着和弗朗索瓦·维庸一样的生活，一种高雅流浪汉的生活，他时而令人倾倒，身边围绕着一群与他不相称的快乐伙伴，任性的迁移者；时而温柔多情，却始终反复无常。他结婚了，十年里满足于在年轻的妻子身边规规矩矩地喝酒。然后，他离开妻子和两个孩子重新上路，一路在酒馆挥洒银子，对穷人显得仁慈慷慨，在权贵面前则不拘礼节。在皇宫，著名的杨贵妃十分纵容他。诗人欧阳修曾写道："召入，而白已醉，左右以水靧面，稍解，授笔成文，婉丽精切无留思。"（《新唐书·文艺列传·李白传》）三年后，李白离开了朝廷，重新过起了流浪生涯。他年岁渐长，疾病威胁着他，但他依旧旅行。他从远方得知了杨贵妃的死讯，后来他自己被叛乱者关进监狱，处以死刑，又被一位将军朋友救出。传说他因试图在长江水中拥抱月亮的影子而溺亡。这或许是真的。

应该接受，最伟大的波斯诗人欧玛尔·海亚姆是个酒鬼，最伟大的亚美尼亚诗人 Yumfus Imré 是个酒鬼，维庸和魏尔伦是酒鬼，最纯粹的中文天才之一李白一生都生活在两种酒——诗之酒和酒之诗之间。我尝试翻译两首他写醉酒和智慧之间梦想的诗：

1

处世若大梦，胡为劳其生？
所以终日醉，颓然卧前楹。
觉来眄庭前，一鸟花间鸣。
借问此何时？春风语流莺。
感之欲叹息，对酒还自倾。
浩歌待明月，曲尽已忘情。

——李白《春日醉起言志》

2

花间一壶酒，独酌无相亲。
举杯邀明月，对影成三人。
月既不解饮，影徒随我身。
暂伴月将影，行乐须及春。
我歌月徘徊，我舞影零乱。
醒时相交欢，醉后各分散。
永结无情游，相期邈云汉。

——李白《月下独酌》

黄昏降临。中国诗人既不反叛也不愤激。他既不求好处，也不求谅解，不求人崇拜一位永恒的上帝，他从来不知道祂是一个人，是一位永恒的父亲，是蝼蚁人生的见证者和引导者。中国诗人接受一切，并在静默中远去。

七

当一名西方读者经常阅读三千年来中国诗人的诗时，对他来说，最有异国情调的并不是竹子比橡树更常见，他们的诗中有荷花而不是玫瑰，他们的酒是米酒而不是葡萄酒，在那里白色是哀悼的颜色。这些与其说是某种异国情调，不如说表明了某种异常寂静的不在。

当我们读完英国、西班牙、意大利或者法国的古典诗，当然会在诗中遇到不信神者、不信教者和叛教者。从乔叟（Geoffrey Chaucer, 1343—1400）到弥尔顿（John Milton, 1608—1674）和拜伦（George Gordon Byron, 1788—1824），从吕特伯夫（Rutebeuf, 约 1245—1285）到维庸和拉辛（Jean Racine, 1639—1699），从但丁（Dante, 1265—1321）到莱奥帕尔迪（Leopardi）和萨巴（Saba），从《歌谣集》到马查多（Machado）和洛尔卡（Lorca），我们只接触一种诗、一种文化，其中完全浸透着关于个人化上帝的思想和情感，或是对祂的拒绝。犹太—基督教精神传统的永恒父亲被颂扬或者被拒绝，被祈求或者被否认，祂既是个人化的又是抽象的，能够创造宇宙和万物，支配人们的命运，赦免或宽恕他们的过错，以其存在或死亡统治着西方诗坛。有些人接受祂，敬仰祂。另一些人接受祂却憎恶祂。还有一些人怀疑祂、否认祂。但即使是不信教或者持不可知论的思想家，如文艺复兴的人文主义者，17 世纪的不信教者，启蒙时代的哲学家，像勒南（Ernest Renan, 1823—1892）那样的精神自由者，或者阿尔托（Antonin Artaud, 1896—1948）那样的反叛者也绝不会愚昧无知，不会仅仅通过一场论辩或思想上的反叛，就站到宗教的对立面。

相反，人们阅读了十万首中文诗，却从来不曾从中读到（过去的古代和原始宗教的）召唤或祈祷，不曾读到责难或发问，不曾向那位独断或者仁慈、善良或者邪恶、全知全能或者心不在焉的父亲发出挑战。中国诗歌和思想好像忽略了祈祷和祈求。他们从来不曾对上苍发出责难，从来没有向天的祈求。对中国人来说，不存在失落命运的办事处，对人类命运至高无上的管理，对生命的普遍性指导，不存在尘世人生这一审上诉法院。假如人们能够臻于道德和不朽，这就意味着人们完全与有序或无序的事物相融，与竹子和荷花相似，就不可能诉诸一位高高在上的父亲，造物主之神，去聆听他的请求，听任他的意气用事，包容他的错误，并帮助他克服弱点。

在遥远的远古时代，史前中国实践的是一种崇拜帝——天的原始宗教，中国的圣诗呼唤上帝，更多是把祂当作一种绝对而严酷的巨大力量，而不是博学多识、善良深情的造物主：

浩浩昊天，不骏其德，降丧饥馑，斩伐四国。

旻天疾威，弗虑弗图，舍彼有罪，既伏其辜，若此无罪，沦胥以铺。

——《诗经·雨无正》

人们通常说中国有三种宗教。孔子是一个伦理学家、政治家、思想家，但肯定不是传道者。道教首先是一种内在的，而不是超越性的智慧，大众的迷信能引发实用法术、幼稚信仰以及关于地狱和天堂的神话，极大地歪曲了原来的老庄思想。佛教由一位不承认神灵的圣人创立，变成了离"宗教"本意很远的一种宗教，在中国跟道家传统相结合。佛教融合了道家，而不是取代了它。佛教要求这片土地上的人们以极度的同情和谦逊进行自救，弃绝一切欲望。应该追随佛的典范，而不等待某个"外因"，比如帮助、上诉甚至一声问候。

当法国的百科全书派由第一批从神州返回的耶稣会士发现了中国"宗教",他们都激动得不能自制。伏尔泰(Voltaire,1694—1778)快乐得两眼放光。他找到了真正的宗教,这种宗教不容许有丝毫的痛苦,也不承诺永恒的奖赏,把道德建立在理性之上,把上帝"掩盖"在由温和的人文主义固定下来的训诫中。他写道:"说实话,许多文人陷入了物质主义;但他们的道德一点儿也没变。他们认为道德对人来说是如此必不可少,而它本身又是如此可爱,人们甚至不需要认识某位神才能遵循道德。"狄德罗(Denis Diderot,1713—1784)同样被中国深深吸引,他在《百科全书》的"中国"词条中写道:"那些假装证明了中国人承认我们所敬仰的上帝存在的人观察得不够仔细。"

我们启蒙时代的哲学家是被论战带来的愉悦和反叛的蛊惑力蒙蔽了吗?他们引用中国宗教是为了猛烈攻击基督教吗?我不这样认为。他们的直觉是相当敏锐的,这一点正如提供给他们的信息过于粗浅一般肯定。他们只掌握不可靠的关系和二手资料,以及翻译得过于自由的文本;尽管如此,他们仍然看到了事情的本质。中国古代哲学产生了完全世俗化、完全不具有超越性的中国"宗教"。葛兰言(Marcel Granet,1884—1940)得出了这样的结论:"(中国人)的情感深受大自然的浸润和影响,他们的智慧完全是人本主义的。"物质与精神、神圣与世俗、自然与社会以及道德与宗教之间的学术性区分——所有这一切对中国而言都毫无意义。

中国的神秘主义者厌恶形而上学。人在自身发现"道"——至高之道、宇宙之轴以及内心的真实。中国哲学既不关心原罪,也不关心神启。

让我们不要滥用礼仪和仪式。它们使人们对中国伟大"教育者"的记忆不朽——更不要贬低这些礼仪,认为它们只是各种迷信的混合(syncrétisme),是形式主义和笃信宗教的信女们的药方。例如,孔子的"宗教",可与法国的一种"宗教"相比——笛卡儿(René Descartes,1596—1650)纪念堂,在固定日期有纪念笛卡儿的专门仪式,还有一些批评家撰文纪念:这是奥古斯特·孔德(Auguste Comte,1798—1857)

所梦想的实证主义宗教。

伟大时代的中国诗里充满隐士与修士、修道院与圣人；它使用传统的隐喻，比如毛泽东像以前李白一样，说黄鹤是不朽之鸟的象征，驮着圣人振翅飞向不朽。但这是已然在人世生活的不朽，是那些剥离和净化的人在此岸而非彼岸体验了的。《山上宝训》或许对中国人并不陌生，但近东或者西方所有神学家的写作则可能是一位唐代诗人完全不能理解的。

中国思想是一种"当下"（hic et nunc）的哲学。中国诗忽略，也想忽略"绝对"。它发现等待（等谁呢？）帮助或安慰、建议或奖赏、回答或赦罪是不合适的。8世纪末9世纪初，中国伟大的散文改革家韩愈和既是伟大诗人又是伟大散文家的柳宗元，很好地表达了这一完全人本主义的态度。更有趣的是，柳宗元要求人类成为人的未来，因为他既非儒家亦非道家，而是佛教徒。我们发现，对柳宗元来说，佛教并非我们平常所理解的那种宗教。

这种对等待上天奖赏和惩罚、对"祈祷、悲叹"和"希望"的拒绝说明中国诗人相信，在这个最好的世界上，一切存在都很好，他们对不满、乡愁、焦虑和快乐交织的情感是陌生的，而这正是所有伟大诗歌的基础。

中国诗人以与众不同的方式颂扬幸福，用最离经叛道的话来说，这种没有历史的幸福似乎无辞可措。诗人住在乡间的房子里，早晨听黄鹂鸟和着溪流声而鸣，夜晚在月光下，在深爱的妻子身边写一首诗，在山间行走，遇见砍柴的樵夫或者某个啰唆的隐士，在山顶欣赏秀丽平静的风景，回到家遇见一位珍贵的朋友，喝完一小杯米酒——存在和生活的乐趣就像一位光着脚丫、手指放在唇上的女客——中国古代诗人写这些诗就跟波斯诗人一样优雅，跟贺拉斯一样简洁。白居易在流放期间写给他的朋友元稹的信，他们互相酬和的诗，为什么法国读者不能从中体会到蒙田（Michel de Montaigne，1533—1592）那英雄式的亲切和七星诗人的质朴和雅致呢？只为流逝的岁月、为即将到来的时代、为可怕却能解救人的死亡，以及朋友的远离而悲伤，像欧玛尔·海亚姆那样激越地歌唱幻想破灭,中国诗人也擅长写这些主题的诗,在这些诗里,忧郁只是满怀喜悦逻辑上的反面。

然而,在这些美好的公共场所之外,真正"公共"的,也就是说通常是真实的情况是,中国诗主导性的基调是忧伤和忧郁。从整体来说,或许没有比这个快乐民族的诗更悲伤的了。身为女人的不幸,作为士兵的恐怖,身为农民的悲惨,对专制君主的畏惧,被流放的忧伤以及被烦忧折磨的痛苦,所有这一切使中国诗歌散发出一种令人揪心、扣人心弦的力量。中国诗人和《传道书》或者莱奥帕尔迪(Giacomo Leopardi, 1798—1837)一样强劲有力,他们感受到人类的脆弱和不确定性,就像李白委婉地说:"人生在世不称意。"

既然浮生如梦,或许更应该做梦。已经看到在中国式道德里投身于大自然的和谐是多么重要,中国贤哲是多么尊重这种疯狂的嗜好,这种忘却的方式:醉酒。中国诗中关于酒的主题和我们诗中过于频繁出现的主题完全不同,我们的诗中是饮酒尽情狂欢。就像马古列斯(Georges Marguliès, 1902—1972)写的,"在西方,遗忘之后是道德败坏,醉酒被视为一种疾病,中国诗则发展出了相反的主题:酒是救星,可以让文人在思想上臻于高度的超然,由哲学沉思进入虚无状态,这正是佛教和道教的理想。中国诗中醉酒的主题有了近乎象征的含义"。

在世界上各种诗歌中,月亮都是一个忧郁的天体。我们要说,在中国诗中,月亮不仅仅是个忧郁的天体,还是个形而上学的天体。中国诗人尽可能避免使用抽象的词语和一般的思想。对他来说,哲学变得具体而生动。孤独和交流不畅的情感,对匆匆流逝、造成人们离别的时间,对不可避免的死亡的焦虑感,以及对到达彼岸的绝望等情感,中国诗人经常诉诸月亮来表达。李白的诗:

> 黄河走东溟,白日落西海。
> 逝川与流光,飘忽不相待。
> 春容舍我去,秋发已衰改。

> 人生非寒松，年貌岂长在。
> 吾当乘云螭，吸景驻光彩。
>
> ——李白《古风五十九首》之一

在中国所有关于死亡的诗中，从来不曾指出今天的生者与昨天的亡者将来会重聚的想法或希望。如果被爱的逝者重新回到生者的梦里，做梦的人知道这个影子只是一个幻象，是一段记忆的记忆。

然而，中国尽管缺少一个至高无上的担保人，缺少人类相对性的一个绝对担保，这并没有妨碍中国圣人和诗人确立了一种道德理想，并对他们自己提出了很高的要求。

在中国，道德扮演着比西方更加绝对和重要的角色。它在中国的地位就相当于宗教在我们西方。自然而然，在诗中，道德审慎而稳定地表现出来。在一个无宗教的国家，不足为怪的是，这就是人与人之间的关系，这些关系建构在和谐的基础上；这是中国人主要操心的事。

在不幸和命运面前保持正直，这就是人们应该努力做到的。永远不要抱怨，不要悲叹，要牢记道家的智慧教训，放低自我，让自我变得淳朴、谦卑和无比柔软，保持正直、纯洁，如果可以，就保持微笑。

这是因为对中国古代诗人来说，生活就像某天李白到四川山中拜访一个隐士友人的经历一样。隐士友人不在家，李白毫无怨言地独自回家了，一路静静聆听树林里的细语声，在树上倚靠片刻，就像一个远离了青春和生命的人，不发一语。我本想把这首诗翻译得更好些，但诗中的寂静应该翻译吗？能翻译吗？寂静既不说汉语，也不说法语。它就是寂静本身：

> 犬吠水声中，桃花带雨浓。
> 树深时见鹿，溪午不闻钟。
> 野竹分青霭，飞泉挂碧峰。
> 无人知所去，愁倚两三松。
>
> ——李白《访戴天山道士不遇》

在这里我没有描绘一幅中国诗歌全景图的野心，甚至汉学家的集体劳动也做不到这一点。有些构成中国诗歌文化历史、哲学或文学主要标志的重要诗歌，被我的尝试工作避开了。我没有史诗般的才华，只能放弃翻译上古时代的许多诗歌，尽管它们非常出色。读者在这里只能看到一个赞叹不已的散步者的主观选本。我并没有写这本书；它是随着年月写成的。这不是百科全书，而只是我的快乐的标本集。1952年，我在杭州西湖湖畔，开始和我的朋友郑定明（音译，Tcheng Ting-ming）、文嘉泽（音译，Wen Chia-Tsé）和杨丹华（音译，Yang Tan-hoa）翻译中国诗。到了北京，我继续翻译，罗大冈教授、王家邱（音译，Wang Hia-chiou）和秀莲芳（音译，Siou Lien-Fuan）教授给了我宝贵的建议。在这项既有趣同时又令人气馁的事业里给了我最大鼓励的是小说家老舍，他在1966年10月"文化大革命"期间去世。我永远忘不了他的微笑，他的涵养，他那善意的嘲讽，也忘不了他对中国人民深沉的爱。

如果没有这么多中国、法国、英国和意大利专家的帮助、建议、合作和友情，我很难将这份采集标本的热情坚持下去。在这里我想感谢他们，如果没有他们，中国诗就不会让我感到如此幸福。我想感谢我的朋友赵无极和陈美琴（May）、陈禅环（音译，Tchen Tchan-Huan）、王晨驰（音译，Wang Tchen-Tchi），感谢李约瑟教授以及《中国诗歌瑰宝》附录书目的作者。

尽管并不尽如人意，但由于在法国使用最广泛，我在这里采用了远东法国学校（l'Ecole Française d'Extrême-Orient）的注音系统。相比之下，威妥玛（Th. Wade，1805—1875）和高本汉（B. Karlgren，1889—1978）的注音系统更忠实于中文的实际发音，但只对懂英语的读者有用（参见戴密微（Paul Demiéville，1894—1979），《基础汉语教育素材》*Matériaux pour l'enseignement élémentaire chinois*, Adrien-Maisonneuve, 1953）。

《古诗十九首》的译者和注释者、博学的桀溺先生写道："作品的味道在移植中消失。既然我们不能变成中国人去找回这种味道，翻译就是一个权宜之计。"我选择了这条权宜的道路。这件"糟糕的事"使我感到幸福。读者或许能体会到一点儿这样的幸福感吧?

(蒋向艳　华东师范大学国际汉语文化学院)

中国俗文学的开端

［法］保罗·戴密微（Paul Demiéville） 著
孟丽娜 译

  译者按：本文为保罗·戴密微（Paul Demiéville）于1952年在法国铭文与美文学院（Académie des inscriptions et Belles-Lettres）所做的报告 Les débuts de la littérture en chinois vulgaire。戴密微教授系20世纪法国著名汉学家、敦煌学家，对敦煌抄本、禅宗、先秦哲学、敦煌佛教文学、中国传统文人诗等方面有精深研究，且独具风格。本文主要基于敦煌文献的发掘，结合古汉语与通俗语的特征、佛教在中国的传播等，追溯中国俗文学的起源。该文成文距今已有70多年，戴密微教授当时基于翔实的论证探讨中国俗文学产生的政治、社会、文化等方面的根源，为后来学者开展相关方面的深入研究提供思路。今天看来，回顾戴密微教授这一报告仍具有启迪意义。

  汉语有一系列的形式或形态。若要阐明中国文学的历史，必须将汉语形态的多样性考虑在内。一方面，是作为古典文学创作工具的文言文。文言文通常被称为"书面语"。究其原因，文言文实际上只能用于写、读的层面，在听的层面是难以理解的。文言文是盛行于整个中国的表意文字，无论人们赋予这些书写符号何种发音，它都是中国文化统一最强的纽带，继而也是中国政治一统和历史延续的纽带。另一方面，是与文言文截然不同的口头方言。口头方言因地而异，不同区域群体方言间的区别，类似我们从拉丁语衍生出的各种罗曼语方言。口头方言中的绝大部分没有文字；除了在民间传说中出现，也从未在文学创作中被使用。但在这些方言中，有一种方言是王朝历代都城均使用的。在该方言的基础上，一种类似普拉克利特语①的通用俗语言很早便产生了。它通行于整个中国，介于纯粹的书面语和方言土语之间。十几个世纪前，一种次级的文学便从这种通用俗语言中产生。该文学不如古典传统文学精致，但趣味性上并不逊色；甚至可以说，自13世纪元代起，这种次级文学给中国带来了最生动、最具意义的作品。事实上，从13世纪开始，中国戏剧和小说的完整形态才得以确立。人们不久前推断俗文学正是从这个时期才刚刚出现。但近来的发现和研究进一步佐证俗文学的起源，使其历史向前推进一大步，可追溯到公元8世纪和9世纪。

距今一千多年、藏于千佛洞的抄本的发掘是20世纪初最主要的发现。千佛洞位于中国西北端的敦煌城，该城地处蒙古、突厥斯坦②、中国西藏接壤处。抄本中品质最好的部分由斯坦因、伯希和两位欧洲学者分别于1907年、1908年收集，今分别藏于伦敦和巴黎，其他抄本则藏于北京国家博物馆或日本。距今约9世纪，印刷术在中国盛行，在替代传统手抄本方面取得巨大成功，以至于在与印刷品的竞争中，传统手抄本后来几乎全部消失。敦煌僧人们正是在这个时期建造其"藏书馆"，因而，敦煌发掘的抄本愈加显得珍贵。由于俗文学受到极低评价，其文本未被制成印刷品，此前也没有一部抄本流传下来，人们也就对俗文学发展初始阶段一无所知。这种状态一直持续到敦煌文献的出土。

敦煌抄本的发掘，时间上略早于1911年中国革命。此次革命对语言与文学产生深刻影响。1917年，一场被发起者定义为"文学革命"

---

① 普拉克利特语为起源于梵文或与梵文同时发展的古代印度语或印度方言。——译者注
② 突厥斯坦：用以表述地理上的中亚地区。——译者注

的运动开始,其主张的核心在于白话文替代文言文,"口语"替代"书面语",让白话文成为文学唯一的、独有的语言工具。为了佐证这一主张,倡议者们援引几百年来的俗文学史为证。人们说,俗文学赋予中国一种既生动又同质,既简明却又易于为大众所接受的俗语言形式。两千年来,文言文逐渐成为死语言、视觉语言。其极度的矫作性,使其只能为极少数文人掌握。以文言文作为专属的文人(儒),实则是些官员、儒家文官。他们凭借通向官场的科举制度成为王朝官员,并在中国社会中建立了一种与民主制度不兼容的形象。对持以上观点的人——顺便说一下,这些观点取得如此广泛认同,以至于今天白话文的成功已成为既定事实——敦煌抄本带来论据,而这些论据正在通过自身积极发挥价值。19世纪,法国中世纪文化研究者从繁杂浩瀚的文献资料中梳理出法国俗文学的起源。30多年来,中国俗文学研究得益于中国学者以及日本同行的细致工作,这是一项可与法国中世文化研究者相媲美的壮举。然而,研究还远未结束;许多地方仍旧含混,许多文献尚未公布;但越是"多变"的材料,越是能得出有用的结论。

中国古典文学和俗文学间的关系并不完全相同于中世纪拉丁文学和法语文学间的关系。对于中国文言文何时、怎样脱离口语,我们无法准确了解。甚至对于文言文曾经的使用程度也不了解。一些专家认为文言文一直都是一门视觉语言,是听说语言的表意象形。自远古至公元前约500年,孔子的《论语》以一种生动活泼的风格写成。编纂《论语》的弟子们可能是想把老师的字字句句都记录下来,书中充满了习语和差别细微的虚词。这种风格很好地体现了该时代口头语言的特征。后来,直到公元初几个世纪,当文体渐渐固定,我们看到史学家直接引用相关人物的话语,这些人物的话语与上下文的叙述语言形成了鲜明的对比;文言文与俗语之间的分隔自此似乎已经完成,而且彼此的距离比同一种语言的书面形式和口头形式之间的正常差距更为明显,例如古典拉丁文和通俗拉丁文之间的距离。六朝时期,即4—6世纪,中国诗歌周期性地重新浸入民间源头,它以一种逆向精进的方式模仿民间语言的通俗形式和技巧。但是，这不是真正意义上的俗文学，而是文人的文人游戏；因为没有一位文人想着其创作是面向不识字的大众，或至少想着要通过文字记录下为大众创作的作品。

公元1世纪末传入的佛教，经过二三百年的酝酿才进入文人世界，也正是这一时期，佛教开始介入中国文学史。儒家是一种公共秩序学说，其目的是在高度分化的社会基础上组织国家。而佛教则不同，它是一种开放的、普遍的、平等的宗教，其讲经的对象是所有的人，没有社会差别，且必须适应不同文化的受众。中国佛典译者们已经发展出一种特殊的语言来解释佛教的梵文经文，这种语言虽然不完全是口语化的，但无论是在词汇和句法方面，还是在节奏方面，都不同于古典风格；它相较于书面语，节奏更从容、更自然。至4世纪，当皈依佛教的文人们开始用汉语创作原创作品时，他们所使用的，是受此类翻译语言影响的一种语言。

唐代（公元7—10世纪），佛教在中国达到顶峰；所有的文化生活都受其影响，佛教一度甚至想要通过取代儒家和道家成为中国国教，最终未能如愿。自公元8世纪起，大乘佛教已高度汉化。神秘、寂静的大乘佛教中，人们开始用完全通俗的语言记录大师们的对话、佛语、箴言。马伯乐素有敏锐性，他早在1914年就率先研究了这些文集的语言。文集语言具有显著的同质性，已经接近于现代的俗语。因此，从那时起，就存在着一种共同的口语，一种在方言之上的通用语言。来自中国各地的佛教僧侣可以用这种通用语言相互交谈；而且这种语言足够规范，足够固定，以至于它能在现代整个俗文化传统中保留下来，没经历过多变化。创作俗文学的工具已经准备就绪。

其实，在佛教寺院中，人们一方面用这种通用语言记录大乘法师的讲经授业。另一方面，人们还开始撰写适应广大普通信众喜好和教育水平的通俗讲经文本。敦煌出土的抄本中，可推测年代的第一本讲经文本，可追溯到8世纪。这是一本关于佛陀的得意弟子舍利佛与六位非正统大师的神奇辩论的文本，后者自然处于下风。它是对印度佛教中最著名传说之一在中国的故事化再创作。这一故事具有戏剧效果，同时也适合于绘画形象。当时的中国艺术家经常以此为题进行创作。8世纪的传奇故事是诗歌和散文糅合的产物，敦煌出土的大量文本都是隶属此类。诗歌重述散文故事，或以抒情方式对散文内容评论；时有器乐伴奏，以说唱形式呈现，有些类似欧洲古代悲剧中的齐诵；在抄本中，观众时常被邀请齐声诵唱。散文朗诵则可能以大量的手势和舞台效果呈现。

渐渐地，这种通俗讲经文本摆脱了与译自梵文的佛典的联系。在一些文本中，也许是最古老的，人们引述佛教正典的汉语直译文，并将这些直译与其对应的俗语解说上下并置，段对段，句对句。后来，人们摆脱直译，不再引用直译文，意译的阐释也就大行其道。阐释涵盖一个传说或一本圣书的全部内容；它逐步故事化。修饰、创造以及明显的突兀成分不断增多。最终，阐释内容与评论的文本没有关联，这些内容在当时中国文学领域是绝对罕见的，可长达三十多卷。其题材取材于佛陀的生平、圣徒传记，又或者取材于那取之不尽用之不竭的故事、奇妙叙述、教化寓言。这些故事曾经构成了印度的神话源泉，而法国中世纪讲故事的人，也间接从民间故事中汲取灵感。

因此，我们在敦煌出土的其他抄本中可以看到同一文体形式，但内容与佛教毫无关联的作品：汲取自中国历史传统的故事，甚至是出自当时事件的故事；这些故事以类似法国武功歌的形式呈现，歌颂敦煌地区某位将军的丰功伟绩。同时还有各种各样的故事。有一个故事，10世纪中叶敦煌一个抄本以此为蓝本，主人公是舜，儒家的摩西，万世师表。故事中，他化身为唐代一位有德行的文人，是孝道的典范。他被继母百般迫害。继母对他施以棍棒，因陀罗就治愈他的伤口。他刚上阁楼，继母就放火烧，但他凭借两顶农民戴的竹斗笠从高空跳下逃生。继母让他挖井，他刚一下到底部，继母就往里面扔石头。因陀罗指引他从地下通道逃到相连的井。经历每一项磨难后，可怜的舜都只有一个想法：躲进书馆，饱读儒家圣书，以便更好地体悟应给予继母的孝道。最终，他的坚持得到回报：他救赎了这个陷入疯狂和悲惨的悍妇。为此，尧帝将自己的女儿们许给舜，并将王位让与他。这些令人难以置信的故事是用极其通俗、淳朴的语言讲述的。与记录舜的古典文本的庄重性相比，这一故事具有很强的戏剧性。这就是真正的俗文学。

这样一则故事仍具有教化意图，或许是出自一位佛家弟子之手：因陀罗，又名帝释天，一位被佛教吸纳的印度神灵。儒家传奇中没有一位像守护天使因陀罗这样的人物？对于敦煌出土的其他俗文本，我们无法断言，但应注意到，这些文本是出自佛家寺院的藏书洞。敦煌出土文本的语言通常是非常通俗的。其中有一些韵文寓言故事，例如《燕子赋》，故事讲述燕子和雀为争巢的诉讼，实则是对那个时代公正和牢狱的讽刺。另一首散文诗描述茶和酒之间的争辩。水介入调停，让它们知道自己才是那个最不可或缺的（中国的酒实际上是用水和发酵谷物制成）。一些戏剧性故事，例如脾气暴躁的新妇惹婆婆生气；以及叙事诗，或长或短，讲述佛家传奇或中国历史上最著名的故事。至此俗文学历史上所谓的"素材"才被挑选确定。后世的小说和戏剧对这些素材不断进行挖掘。甚至还有爱情歌谣，我们几乎无法想象敦煌僧侣在两场讲道间隔时唱给信众……而我们不禁要问，在俗文学形成的过程中，其首要任务是否为宣扬佛教？民间非宗教习俗、单纯的娱乐追求在俗文学形成过程中没有介入吗？

据编年史作者记载，我们可知唐朝宫廷里不乏各类杂耍艺人、歌舞者、哑剧者、滑稽演员、丑角、杂耍者、杂技者、木偶戏或皮影戏表演者。宫廷之外也是如此。这些艺人完全不从事更文雅的娱乐项目，这一点甚是奇怪。即使艺人们当时有台词文本，但什么也没留存下来。事实上，8—9世纪，长安佛家寺院已是通俗艺术活动中心。此时的长安，同拜占庭一样，是文明世界里最闪耀的大都市。寺院为其充当博物馆和音乐厅。轻佻的女人与情郎在此幽会；人们来此听高僧用俗语讲经；在寺院里，人们可以欣赏装饰在墙上的壁画。佛教的宣传力求将艺术魅力与文学魅力结合起来。同一个"变"字，似乎意指"说唱"，既可用来指俗文学文本，也可指由文本塑造出的绘画；有文学"说唱"（变文），以及图像的"说唱"(变相),这个词甚至被证明相较于文学,其在绘画领域历史更古老。当我们浏览唐代佛教绘画目录时,会发现敦煌通俗文本所有内容都有体现。法国国家图书馆收藏的舍利佛与六弟子辩法,其诗与小彩画并置出现。人们同时说、唱文本,将绘画内容传达给听众。听众眼、耳并用。这是一种中世纪,尤其在意大利,基督教布道的著名方法。

历史学家记录了长安一位兼备多艺的僧侣,名文秀,生活于 9 世纪上半叶。他是长安城里最受欢迎的俗僧,儒家弟子批评他用毫无宗教关联的文艺和音乐娱乐吸引大众。他画壁画。作为杰出的音乐家,他的作品被宫廷乐府里的学生模仿。871 年,文秀去世后不久,懿宗赠予长安一座寺院两座讲道台。通过以下对讲道台的描述,我们可以想象出在此诵读通俗文本的场景。这两个讲道台高六米;由带栏杆的楼梯登入。讲道台用芦荟漆和檀香木制成①,上面有金银雕刻的龙凤、花木等纹饰。锦缎帷幔把讲道台每侧都遮盖住,在每个帷幔的四角都矗立着九米高的人头金鸟,作为圣乐的象征。讲道台高度可完全展开画卷,人从讲台高处讲经。据说,听众可达一万人。人们预订座位,诵经者和乐师有时会得到酬金,这叫对寺院的布施。因为佛教僧人虽然放弃了一切个人财产,但并不禁止他们为寺院谋福利。一份藏于北京国家博物馆的手稿记载了敦煌僧侣某天演奏曲目中的部分曲名:《紫纱鞋上雨》《折扇》《白缎袜》。通过演奏这些曲目,僧侣们获得听众织品实物酬谢。这些曲目证明俗文学在何种程度上涌入寺院,甚至在偏远的、半割据中的小镇中也是如此,敦煌便是一例。

因此,在解释俗文学的形成时,似乎除了佛教成因外,还必须考虑到与唐末社会、经济动荡有关的非宗教因素:城市生活的发展、文化的传播、渴望消遣娱乐的阶层的推动。然而,如果坚持俗文学的佛教渊源,我们可以通过敦煌的大多数文本的结构类型来说明问题,无论是佛

---

① 《新唐书·李蔚传》中记载:"懿宗成安国祠,赐宝坐二,度高二丈,构以沉檀。"——译者注

教文本，还是非佛教的文本。敦煌文本是散文和诗歌的混合体，是一种说唱形式。中国戏剧和小说一直保留着这种说唱形式。这是一种明显的印度形式，在佛教传入中国前是前所未有的。引自梵文，通过佛学翻译及其通俗解说，这种形式成为中国现代所有俗文学的特征。这是亚洲比较文学史的亮点之一。

自11、12世纪起，这类文学形式由寺院流向大众场所。在此，它成为专业说书人的工作，真正的作家逐渐由此产生。13—14世纪的元代，作家们创作出有多人对话的戏剧，用以替代讲故事者独白的戏剧形式；再后来，创作出用于读，而非听的现代小说。尽管文本特征和听众有改变，中国小说仍旧将每一章节命名为"回"，即叙述在每一回中展开，五十回，一百回，类似于说书人每回或每场讲述故事。此外，每一章节结束的传统形式也保留下来："欲听后事如何，且听下回分解。"这些技巧或类似的技巧已在敦煌俗文本中出现。它们是中国小说民间起源的标志。这些技艺与其他特征，以及保留下来的弹唱形式一道，使小说与古典文学能够共存。尽管这种形式之前被有所贬低，且旧政权下的官场精英们曾对此不感兴趣，却在明末以及清代，即16—19世纪达到了完美的高度，产生出可与我们浪漫主义时代著作比肩的杰作。

大致说来，上述就是俗文学在中国起源的条件，或者至少是，俗文学倚借这些条件在中国开始被书写成文。其时间可追溯到公元7—9世纪，这略早于印度开始产生除梵文以外的雅利安俗语书面作品的时期，也略早于法语和在它之后的欧洲其他现代语言摆脱拉丁文的羁绊而出现书面文学的时期。

（孟丽娜　西安交通大学外国语学院）

《金瓶梅》英译本《爱欲塔》前言

［美］阿尔伯特·艾利斯（Albert Ellis） 著

齐林涛 译

译者按：《金瓶梅》在英语世界的译介起步于20世纪初期，迄今为止有两种英文全译本，一是1939年伦敦罗特莱基出版社推出的题名 *The Golden Lotus*（金莲）的译本，由克莱门特·埃杰顿（Clement Egerton）以张竹坡评本为底本译出，翻译过程中得到老舍帮助，但受当时文学审查制度所限，书中大量性描写被译为拉丁文，成为《金瓶梅》英译史上一大奇观；二是由普林斯顿大学出版社自1993年起分五卷逐渐推出，末卷出版于2013年，译者为美国著名汉学家芮效卫，书名为 *Plum in the Golden Vase*（金瓶里的梅花），所据原本为大安本，属词话本系统。《金瓶梅》节译本数量较多，其出版在20世纪五六十年代西方性革命期间达到高峰。其中，1965年，美国加利福尼亚布兰登书屋（Brandon House）发布了一个新译本，命名为 *The Love Pagoda; the Amorous Adventure of Hsi Men and his Six Wives*（爱欲塔；西门与六妻妾艳史）。译本未注译者，但是附有临床心理学家阿尔伯特·艾利斯（Albert Ellis: 1913—2007）所作的前言。这是当时出版界比较流行的做法：延请学术界名家作序，为作品增添学术色彩，突出其文学价值，从而达到逃避审查的目的。在20世纪公认的十大心理学家中，艾利斯排名第二，位列弗洛伊德之前；他同时也是20世纪60年代性解放运动的先驱。基于这一背景，艾利斯在《爱欲塔》的前言中，对《金瓶梅》中的性描写做出了不同于前人的评价，其某些观点超越了所在的时代，在今天仍有积极意义。但同时也应注意，艾利斯的前言以该节译本的内容为基础，必然受其局限，因此，他对《金瓶梅》文学价值的定位虽有中肯之处，但也难免失之偏颇。《爱欲塔》共二十二章，凡238页。1965年出版后多次再版，直到20世纪80年代末仍有重印本推出。

《爱欲塔》中的故事节选自中国著名情色小说《金瓶梅》。《金瓶梅》创作于16世纪后期，总计1600余页，作者可能是嘉靖年间一大名士。该书初刻于1610年前后，1687年康熙诏令禁毁淫书，《金瓶梅》遭禁，但作为一部备受欢迎的小说，仍然长期风行于世。18世纪早期，《金瓶梅》被译为满文，再次受到严厉审查。正如阿瑟·韦利（Arthur Waley）所述："当局态度日趋严厉。1725年，《大清律例》里增加了一条特殊条款，淫词小说再次被禁，所有违反该条款的人（包括作者、刻者及售卖者）均加以严刑。官员降级，兵勇杖一百，流三千里。售卖者杖一百，徒三年。买看者亦杖一百，免于流放。这一法律一直实施到1912年清朝灭亡为止。"[①]

尽管在明代已招致不满，并在清代两度被严厉禁止，《金瓶梅》却一直刻本不断，包括绣像本和无绘画本。其持续风行的原因显而易见，随意翻阅一下眼前的这本书，这一点就不言自明。

首先，这是一部真正的小说，而非涉性场景的无聊汇编——这是多数所谓的黄色小说所干的勾当。小说讲述的故事脉络清晰，书中穿插的主人公西门庆的性冒险片段恰如其分。小说中的人物刻画，尽管远不如列夫·托尔斯泰（Leo Tolstoy）或爱·摩·福斯特（E. M. Forster），但

---

① 见阿瑟·韦利为伯纳德·米奥尔英译《金瓶梅》所作的前言，译本题为《金瓶梅；西门与六妻妾奇情史》，由英国鲍利海出版社1939年出版。——译者注

至少真实可信；人物的人性缺点和理想状态都极为现实地（尽管可能有些过头）在小说中展现出来。诚然，他们无休止地疯狂交媾；但同时他们也流血、受难、卖命，甚至悲惨地死去。虽然《金瓶梅》作者的主要动机也有可能是创作淫秽趣闻，但是作为艺术家和学者，其内在才能使他能够将性欲琐事以巧妙的笔触表达出来，最终的作品足以成为（借用爱伯哈德和菲利斯·克罗豪森[①]十分有益的区分法）情色现实主义小说，而非在文学价值方面乏善可陈的硬性黄色小说。

其次，与著名英语小说《芬妮·希尔》[②]一样，《金瓶梅》文笔典雅；这一点再次将它与其他数以百计的感官刺激小说区分开来——那些小说的作者通常绞尽脑汁，还写不出一句合乎文法的话，更别说使用典雅的词汇。《金瓶梅》大笔如椽的作者（这一点仍与约翰·克里兰[③]相似，后者在一个世纪之后记录了惊世骇俗的芬妮的性冒险）才智过人，可以将性哲学中最难登大雅之堂的方面以最恰当，而且是极为高雅的语言表达出来。确实，这本书里很少使用"脏"字，"狗屁"这样的字眼既不常见，也显突兀。对于一本在人类性事描写方面极尽铺张之能事的小说而言，这一点着实令人惊讶。

我们据此可以找出《金瓶梅》数百年来一直被奉为经典的另一个原因。它不仅事无巨细地描绘各类所谓的正常性行为，同时还涉及很多时至今日仍被视为反常的做法——如女同性恋、窥阴癖、施虐受虐狂、纵欲滥交行为等。此外，所有这些性行为以及其他较为常规的性活动，其参与者，无论男性还是女性，都乐此不疲；小说中这方面的描写不厌其烦，而笔触也极为令人信服。有很多小说将性描述为刺激却又肮脏的行为，而婚姻手册通常给人的印象是，性是美好、愉悦、但无甚乐趣可

[①] Eberhard and Phyllis Kronhausen，美国咨询师、电影制片人和色情艺术展馆组织者。——译者注

[②] 最为著名的英语情色小说之一，描述了欢场女子芬妮·希尔（Fanny Hill）的性见闻和经历，由约翰·克里兰（John Cleland）创作于18世纪，长期被禁，20世纪60年代后期开始在英、美等国陆续解禁。——译者注

[③] 见上注。

言的消遣活动；与此不同，本书所选的《金瓶梅》故事中，两情相悦、开诚布公的性活动总被视为十分有益的极乐享受。确实，需要指出，小说所嘲讽的人物并非书中描述的无情的奸夫淫妇，而是那些温驯的丈夫和妻子，他们由于自身的性不足，无法满足其配偶的无尽欲望。

最后，与大多数优秀小说一样，《金瓶梅》也有其思想层面、哲学层面，以及人格层面。书中善人遭受厄运，恶人反得善报的观念显然早于德·萨德侯爵。[①]的确，主人公西门庆最终（有诗意正义的意味）因性放纵而命丧黄泉，但是招摇撞骗之余，他却拥有丰富多彩的人生；直至掩卷之时，我们都不禁怀疑，作者之所以将西门最终的"因果之报"写进小说，其目的只是帮助该书免受当局审查，多少有些调侃之意。

书中其他的哲学碎语总是穿插于性描写之中。因此，当李瓶儿为了偷欢西门庆并最终嫁入西门府而欺骗丈夫花子虚时，作者这样说道："大凡妇人更变，不与男子一心，随你咬折铁钉般刚毅之夫，也难测其暗地之事。古语云，女子只可委于家务之事。若允妇人掺和家外事务，家无宁日矣。"[②]

总而言之，这是一本非常了不起的小说。它虽然无法跻身有史以来最伟大的小说之列，而且单就文学成就而言，它似乎也得不了国家级小说奖；但是，它绝对是一部真正的小说：人物真实可信，故事引人入胜，对当代民风、习俗的描述虽不无嘲讽，却极为现实；此外，书中还包含纯诗意的文学成分。作为有史以来最知名的"黄色"小说之一，《金瓶梅》能做到这些很不简单。因此，《金瓶梅》能够超越同一领域其他书籍而经久不衰，也在情理之中。

（齐林涛　澳大利亚蒙纳士大学）

---

① Marquis de Sade，18世纪法国著名色情文学作家，作品常宣扬性暴力和性虐待。——译者注
② 艾利斯所据英译本为《金瓶梅》节译本的改编本，因此文字与汉语原著难免会有出入。——译者注

《国际汉学译丛》征稿启事

为了促进国内外汉学（中国学）研究者之间的学术交流和对话，北京外国语大学中华文化国际传播研究院自2022年起每年定期出版《国际汉学译丛》辑刊。

《译丛》主要刊发与海外汉学（中国学）相关的优秀的翻译类文章，字数一般在2万汉字以下。体例格式要求可参见《〈国际汉学〉体例与格式》中有关翻译类文章的部分。作者投稿前需征得原著作权人的合法授权。

《译丛》编辑部设在《国际汉学》编辑部。本编辑部不接受已公开发表或一稿多投之稿件。如稿件在评审过程中，作者欲另投他刊，须致函本编辑部，经同意后方可撤回。

欢迎学者们踊跃投稿。

投稿网址：https://gjhe.cbpt.cnki.net

联系电话：010-88815730

邮箱：guojihanxue@163.com

北京外国语大学中华文化国际传播研究院
《国际汉学》编辑部
2022年6月

《国际汉学译丛》体例与格式

一、基本结构及要求

1. 译文不需要摘要、关键词。

2. 文稿基本内容应包括：题名、原作者、译者、译者按、正文、注释（页下注）。本刊不设"参考文献"。

3. 标题一般不超过2行。题注用星号（*）表示，置于脚注位置。

4. 译文须有"译者按"。"译者按"分两部分：第一部分写明原题名、文章出处，并概述全文内容；第二部分简明扼要地介绍原作者的研究领域和学术成就。字数一般不超过400字。

5. 正文使用五号宋体简体汉字，"译者按"用仿宋字体，西文采用Times New Roman字体。

6. 译文中所涉及的外文文献信息，不译，但须与本刊体例格式保持一致。文献注解中的说明性文字须译出。

二、正文

1. 正文中的各级标题采用"一、""二、""三、""（一）（二）（三）"，"1.""2.""3.","1）""2）"。"引言"（"序言"或者"引

子")、"结论"(或者"结语""跋语""跋文")也需编号。

2. 首次出现的外国人名、书名需翻译为中文并括注原名,已逝人物原名之后要加注生卒年。外国人有通用的中文名者应以其中文名称谓。没有中文名的外国人名通常采取标准音译,可参考新华社编、商务印书馆出版的《英语姓名译名手册》《世界人名翻译大辞典》(上、下)。

如:费正清(John King Fairbank,1907—1991)
丁韪良(W. A. P. Martin,1827—1916)

日本、韩国、越南等亚洲汉字文化圈的人名,由于通用汉字或汉名,一般不再括注原名。

3. 正文中出现大段引文(通常为三行以上)时,另起一段,段首缩进四个字符,字体改为楷体。

4. 中文语境下的年代或页码之间的连接线用"一字线"(—),即破折号的一半;英文之间的连接线用半字线"-"(英文输入法状态下全角)。

5. 插图按其在正文中出现的先后顺序,同时以"先见文后见图"的原则进行编排,用阿拉伯数字统一连续编号,如图1、图2。如果图片非原创,要确保获得使用许可。无论是否原创,均须表明来源。图题和图注放在图片底下,宋体小五号。正文中的图片保留单张图片格式与文稿一并发给编辑部。

6. 表格按照"先见文后见表"的原则编排。表应有序号,单篇文章按照"表1、表2、表3……"连续方式排列;表题置于表格上面,表注置于表格下面,用以说明表格资料来源以及其他情况,通常开头使用"资料来源"字样,宋体小五号。

三、注释

1. 本刊注释采用脚注方式，注释序号为：①②③……，编号方式采取每页重新编号。

2. 所有直接引用的引文都必须注明出处。

3. 所涉文献来源须确保完整性、准确性、一致性。外文文献直接用原文；若文献信息后出现说明性文字，须翻译成中文。文献首次出现时，信息须完整，包括作者、文献名、出版地、出版社、出版时间和页码。

4. 西文文献信息中，著作人著录项须名在前姓在后，作者与文献名之间用逗号","，作者大于等于三位时，作者名之间用顿号"、"（外籍作者名之间用英文逗号","），出版地前的标识符号用句号"."。

具体举例如下：

中文专著：

著作者后不加"著"字，其他著作方式（如编、译等），需在人名后加"编"或"译"等字。如：

刘少奇：《论共产党员的修养》（第2版修订本），北京：人民出版社，1962年，第76页。

外文专著：

西文书名用斜体，引文跨两页以上者用"pp."，如：pp. 29—30。外文文献信息可保持原样，不必翻译。但如译者觉得有必要译出文献名，可以将译文括注在外文文献名后。

Geoffrey C. Ward and Ken Burns, *The War: An Intimate History*, 1941—1945. New York: Knopf, 2007, p. 52.

Philip B. Kurland and Ralph Lerner, eds., *The Founders' Constitution*. Chicago: University of Chicago Press, 1987, p. 12.

Michael Pollan, *The Omnivore's Dilemma: A Natural History of Four Meals*. Ed. Geoffrey Ward and Ken Burns. New York: Penguin, 2006, pp. 99—100.

文集：

杜威·佛克马：《走向新世界主义》，载王宁、薛晓源编《全球化与后殖民批评》，北京：中央编译出版社，1999年，第247—266页。

范文澜：《论中国封建社会长期延续的原因》，载《范文澜历史论文选集》，北京：中国社会科学出版社，1979年，第41页。

李鹏程：《当代文化这些沉思·序言》，北京：人民出版社，1994年，第2页。

John D. Kelly, "Seeing Red: Mao Fetishism, Pax Americana, and the Moral Economy of War," *Anthropology and Global Counterinsurgency*. Ed. John D. Kelly et al..Chicago: University of Chicago Press, 2010, p. 77.

杂志/集刊/报纸文章：

西文文章名用正体，加双引号，期刊与期号之间不加逗号，引文所在页码需标注。例如：

何龄修：《读顾城〈南明史〉》，《中国史研究》1998年第3期，第13页。

Kelly F. Albada, "The Public and Private Dialogue about the American Family on Television," *Journal of Communication* 50. 4（2000）：79（"50"表示总期数，"4"表示本年度期数，"2000"表示出版年份，"79"表示页码）

鲁佛民：《对边区司法工作的几点意见》，《解放日报》1941年11月5日，第3版。

学位论文：

陈默：《抗战时期国军的战区——集团军体系研究》，博士学位论文，北京大学历史学系，2012年，第134页。

Dana Cosby Simmons, "Organizational Culture, Workplace Incivility, and Turnover: the Impact of Human Resources Practices," Diss. University of Louisville, 2008, p. 134.

档案文献：

雷经天：《关于边区司法工作检查情形》（1943年9月3日），陕西省档案馆藏陕甘宁边区高等法院档案，档案号：15/149。

辞书类：

《辞海》，上海：上海辞书出版社，1979年，第952页。

Encyclopaedia Britannica, "Psychology of Culture Contact," Vol.1, London and New York, NY, 1926, pp. 765—771.

电子资源：

引用互联网资料的，需在脚注中标明网址及引用时间。

邱巍：《吴兴钱氏家族研究》，博士学位论文，浙江大学，2005年。据中国优秀博硕士学位论文全文数据，http://ckrd.cnki.net/grid20/Navigator,aspxID=2。

王魏：《夏鼐先生与中国考古学》，《考古》2010年第2期，http://mall.cnki.net/magazine/Article/KAGU201002007.htm，最后访问日期：2012年6月3日。

周纪纶：《生态学研究方法》，http://www.chinabaike.com/article.html，最后访问日期：2008年3月29日。

Philip B. Kurland and Ralph Lerner, eds., *The Founders' Constitution*. Chicago: University of Chicago Press, 1987, accessed

February 28, 2010, http://press - pubs.uchicago.edu/founders/. Jane Austen, *Pride and Prejudice*. New York: Penguin Classics, 2007, Kindle edition.

古籍文献：

作者前须括注朝代，如〔清〕沈家本:《沈寄簃先生遗书》甲编，第43卷。

引用中国古典文献材料一般只需注明书名和篇名。如:《论语·学而》。

翻译著作：

弗里德里希·冯·哈耶克:《经济、科学与政治——哈耶克思想精粹》，冯克利译，南京：江苏人民出版社，2000年，第28页。

5.同一中文著作及文章第二次出注时，省略出版社、出版年、版本（非第1版的，版本信息不能省略），只标注作者姓名、书名或文章名以及页码，如：王瑶:《中古文学史论》，第88页。西文著作可用"作者姓 + *op. cit*., + 页码"来表示，如: Pollan, *op. cit*., p. 101. 如所引文献上下紧挨着，中、西文文献可用"同上"或者"*Ibid.*"来表示。

《国际汉学译丛》编辑部
2022年6月28日